MW01608320

150 IDÉES REÇUES
SUR L'HISTOIRE

PAR LA RÉDACTION
DE *HISTORIA*

150 IDÉES REÇUES
SUR L'HISTOIRE

FIRST ÉDITIONS

© 2010, Éditions First
ISBN : 978-2-266-21051-5

SOMMAIRE

Moyen Âge :
Chevaliers et fausses vérités 103

Ancien Régime : Inepties... royales ! 205

Histoire moderne :
Les révolutions en trompe-l'œil 267

Histoire du XXᵉ siècle :
La propagande se déchaîne 343

SURPRISES GARANTIES

Le propre des idées reçues est qu'elles ne le sont quasiment jamais par hasard. L'histoire officielle, celle que les vainqueurs seuls écrivent, a toutes les chances d'être passée par là. En lançant ce qui n'était alors qu'une rubrique dans *Historia*, je voulais montrer à quel point nous en étions toutes et tous, peu ou prou, imprégnés bien malgré nous. Souvent dès l'école. La lecture de ces pages devrait vous en convaincre aisément.

L'idée reçue dérange car elle révèle bien souvent un savoir erroné. C'est surtout vrai en ce qui concerne les religions (y compris pour le christianisme), mais on peut étendre cette méconnaissance à bien d'autres domaines. Le maître en la matière, souvent imité, jamais égalé, est un certain Gustave Flaubert. Son *Dictionnaire des idées reçues* abonde en clichés navrants, colportés aussi bien aux comptoirs que dans les dîners mondains, sur l'histoire, la politique, la médecine ou les arts. Justes dans leur charme féroce. Pertinents parce que impertinents. Un régal, certes un peu cruel, comme celui des micros-trottoirs, mais toujours opérant.

L'idée reçue est d'autant plus insidieuse qu'elle s'admet facilement : on ne la remet pas en cause.

Pire : elle est donnée – et reçue – comme ayant force de vérité.

L'idée reçue a son mérite. Celle ou celui qui la réfute avec argument fait toujours son petit effet en société. Essayez, vous verrez. Vous allez pouvoir en étonner plus d'un. À commencer par vous-même ! C'est garanti. Sceptique ? Jetez donc un petit coup d'œil au sommaire de cet ouvrage.

Pierre BARON
Directeur de la rédaction de *Historia*

Préhistoire

Balivernes... des cavernes !

Certes, l'écriture n'existait pas, mais tout de même ! On a des ossements, des bijoux, des outils et même des fresques ! Mais, à force de se perdre en conjectures, beaucoup ont réussi à nous faire croire quelques inepties tenaces sur l'homme – et la femme – des cavernes. Petit échantillon, hélas, non exhaustif.

---

5 DATES CLÉS

– *2 millions d'années*
Première « industrie lithique ». Les hommes font usage de la pierre pour leurs outils.

– *650 000*
Domestication du feu.

– *40 000*
Début du peuplement du continent américain par des chasseurs venus d'Asie, à pied, par les glaces.

– *10 000*
Premiers vestiges de maçonnerie trouvés en Syrie.

– *9 000*
Débuts de l'agriculture au Moyen-Orient.

Nous descendons en droite ligne du singe

—— FAUX ——

Notre ancêtre ? Le gorille, l'orang-outang ou le chimpanzé. Quelle que soit l'espèce, notre très lointain aïeul grimpait aux arbres.

Le singe n'est pas notre grand-père mais notre cousin. En effet, le terme « singe » ou « primate » tout comme « animal » inclut l'homme. L'image selon laquelle l'être humain descend du singe nous vient de la théorie de l'évolution de Darwin. Il publie *L'Origine des espèces par le moyen de la sélection naturelle, ou la préservation des races favorisées dans la lutte pour la vie* en 1859. On y lit que « comme il naît beaucoup plus d'individus de chaque espèce qu'il n'en peut survivre et que, par conséquent, il se produit souvent une lutte pour la vie, il s'ensuit que tout être, s'il varie, même légèrement, d'une manière qui lui est profitable, dans les conditions complexes et quelquefois variables de la vie, aura une meilleure chance pour survivre et ainsi se retrouvera choisi d'une façon naturelle. En raison du principe dominant de l'hérédité, toute variété ainsi choisie aura tendance à se multiplier sous sa forme nouvelle et modifiée ».

Vulgarisée, cette thèse a imposé une conception gradualiste qui voudrait que les animaux s'élèvent progressivement vers l'espèce humaine au cours de l'évolution. Il existerait ainsi des êtres intermédiaires, un chaînon manquant entre les chimpanzés et autres gorilles et nous. Si ce raisonnement a suscité de vifs débats, il a fini par s'imposer. À tel point qu'en 1912, un faussaire réussit à faire croire à l'existence d'un tel ancêtre en assemblant des morceaux de squelettes d'homme et d'orang-outang. L'homme de Piltdown, du nom du village anglais où il a été découvert, dupe une communauté scientifique crédule d'autant plus naïve qu'elle y voit une source de fierté nationale. L'Empire britannique est alors à son apogée et persuadé de sa supériorité. Cependant, si l'homme de Neandertal et l'homme de Cro-Magnon ont été découverts en Allemagne et en France, rien n'a encore été mis au jour en Grande-Bretagne. L'homme de Piltdown serait une formidable revanche. Mais au fil du temps, plusieurs autres ossements humains sont découverts, et un « arbre généalogique » de l'homme se constitue. L'homme de Piltdown, lui, ne colle pas avec cette chronologie, et son origine devient de plus en plus difficile à expliquer avant que la supercherie ne soit définitivement prouvée dans les années 1950 grâce à la datation au carbone 14.

Même si l'homme a les mêmes caractères génétiques que le singe à 95 % et 60 % de son anatomie, les scientifiques ont renoncé à cette idée du chaînon manquant. Ils privilégient désormais un ancêtre commun d'une espèce qui aurait vécu il y a 13 millions d'années. L'évolution humaine s'est faite de manière plus « buissonnante » que linéaire. Nous sommes de la même famille que les singes mais on s'était juste trompé sur le lien de parenté.

Olivier Tosseri

Neandertal était plus bête que Cro-Magnon

FAUX

Toutes les études scientifiques en témoignent : ces deux espèces se sont côtoyées. Mais, c'est une certitude, la seconde, beaucoup plus évoluée que la première, l'a finalement supplantée.

Notre lointain parent est découvert en Allemagne en 1856 dans la vallée de Neandertal qui, par un heureux hasard, s'appelle « la vallée de l'homme nouveau ». Car c'est en effet le fossile d'une nouvelle espèce d'homme très proche de la nôtre qui est découvert. Ce qui a du mal à être accepté. Charles Darwin ne publiera sa théorie de l'évolution qu'en 1859 et ne l'élargira à l'homme qu'en 1871.

Certains pensent donc que ces ossements appartiennent à des Celtes, d'autres à un Cosaque qui aurait déserté en 1814. De nouvelles découvertes finissent par le faire accepter et, en 1864, le paléontologue William King le baptise du nom scientifique d'*Homo neanderthalensis* mais sans le qualifier de *sapiens*, le classant dans une sous-espèce. En 1911, le professeur Marcellin Boule publie une étude de l'Homme de la Chapelle-aux-Saints découvert en Corrèze et qui fera référence pendant de nombreuses années. On y lit que « l'absence probable de toute trace de préoccupation d'ordre esthétique ou d'ordre moral s'accorde bien avec l'aspect brutal de ce corps vigoureux et lourd, de cette tête osseuse aux mâchoires robustes et où s'affirme encore la prédominance des fonctions purement végétatives ou bestiales ». Sa réputation est faite et s'appuie plus sur des a priori que sur des données purement scientifiques.

Il est vrai que son portrait est loin d'être flatteur. Mesurant 1,65 mètre et voûté, de corpulence robuste, le front fuyant, des arcades sourcilières proéminentes dans une face allongée avec une vaste cavité nasale. En 1908, le sculpteur italien Montecucco reconstitue le visage d'un neandertalien en lui donnant une expression terrifiante, suggérant la bestialité. Primitif, simiesque, cannibale, fruste, il s'oppose à l'homme de Cro-Magnon, considéré comme notre ancêtre direct et découvert en 1868 en Dordogne. Cette image se renverse autour de la Seconde Guerre mondiale.

L'anthropologue américain Carleton Coon affirme en 1939 que, rasé, coiffé et habillé, il « passerait inaperçu dans le métro de New York ». Pour lui, l'évolution humaine est une succession continue de formes, depuis *Homo erectus* jusqu'à *sapiens*. Neandertal représente un stade intermédiaire entre les deux. Au lendemain d'un conflit marqué par les idéologies racistes, les néodarwiniens refusent de le séparer de l'homme moderne, niant l'existence de races inférieures, qu'elles soient actuelles ou fossiles. Au cours des années 1960, des découvertes archéologiques permettent de mieux connaître ces hommes qui vécurent en Europe et en Asie occidentale au Paléolithique moyen, de – 250 000 à – 28 000 environ. Ils sont à l'origine d'une riche culture matérielle appelée Moustérien. Habiles chasseurs, ils sont capables de fabriquer des outils en pierre, des ornements et des parures, ce qui témoigne de préoccupations esthétiques. Mieux encore : ils ont des sépultures et possèdent le langage. Pendant des dizaines de milliers d'années, hommes de Cro-Magnon et néandertaliens ont coexisté et se sont côtoyés sans que les premiers exterminent les seconds. Cependant de nombreux mystères demeurent. D'où vient Neandertal ? Comment et pourquoi a-t-il disparu ? Une chose est sûre, il n'était pas si bête que ça…

Olivier Tosseri

Les femmes ne font qu'élever leurs enfants

FAUX

À la préhistoire comme au XIXe siècle, le sexe faible reste à la maison, fait la cuisine, coud, s'occupe de sa progéniture et obéit à son mari. En aucun cas l'épouse ne doit travailler.

Homme de Java, homme de Néandertal, homme de Cro-Magnon… L'univers préhistorique semble n'être peuplé que de mâles frustes et forts chassant pour assurer la subsistance des leurs. Seule « Lucy » met une touche féminine dans ce monde d'« hommes des cavernes ». Déterminer le sexe d'un individu à partir de fragments osseux est particulièrement difficile. À chaque découverte de fossiles humains, c'est pratiquement toujours l'identité masculine qui leur est attribuée. La dernière en date effectuée en 2003 près de l'île de Java a mis à jour des squelettes dont le plus complet est celui d'une femme. C'est pourtant du nom d'« homme de Flore » que cette nouvelle espèce a été baptisée. La femme préhistorique est « archéologiquement invisible ». Et pourtant pendant des milliers d'années, les artistes de la préhistoire ont représenté plus d'images de femmes que d'allégories masculines. Malgré cette présence réelle et concrète, la question du rôle et de la place de la femme dans les sociétés préhistoriques est demeurée marginale voire inexistante. Les interprétations données se contentaient d'y voir le désir sexuel de l'homme ou l'expression d'une symbolique religieuse concernant la fécondité ou le pouvoir d'une « déesse mère ».

Les sciences anthropologiques et préhistoriques qui émergent au XIXe siècle enferment la femme dans un stéréotype de mères nourricières véhiculé à travers des ouvrages et des représentations iconographiques. C'est donc une image simpliste qui a longtemps prévalu : elle mettait, à côté de l'homme fort et chasseur assurant la survie du groupe, une femme faible qui s'occupait uniquement des enfants. Entre indifférence et clichés machistes, quelle place pour la femme préhistorique ? Ces dernières années, des études ethnologiques ont réévalué et revalorisé son rôle dans la société.

Au Paléolithique le plus ancien, les activités féminines étaient certainement liées au charognage, au dépeçage et au transport des animaux morts. Puis, dans les groupes de chasseurs-cueilleurs, les femmes jouent un rôle primordial dans la cueillette qui assurait plus de 70 % de la nourriture, comparée à une chasse masculine souvent infructueuse. Ce complément alimentaire était donc la principale source de nourriture pour le clan.

Moins mobiles que les hommes, les femmes ont pu également se consacrer à des activités artisanales telles que la fabrication d'outils et d'armes pour leurs époux, de bijoux pour elles-mêmes, le tissage et le filage pour vêtir leur famille. Certains mouvements féministes américains des années 1950 ont même suggéré que rien n'empêchait les femmes préhistoriques de s'adonner aux activités artistiques que l'on pensait jusqu'alors réservées exclusivement aux hommes. Elles sont peut-être à l'origine des fresques rupestres, par exemple. Ces hypothèses sont corroborées par la pratique en vigueur chez certains peuples australiens chez qui l'art est féminin. On est donc revenu sur cette image « primitive » d'une femme préhistorique, miroir du modèle machiste de la société occidentale du XIXe siècle.

Olivier Tosseri

Antiquité
Des dieux et des mythes

Serait-ce l'influence de la mythologie égyptienne, grecque ou romaine ? Toujours est-il que les contre-vérités colportées sur la période sont dignes de l'Olympe ! Cela va de nos prétendus ancêtres les Gaulois au statut… des statues de l'île de Pâques. C'est dire si la dignité romaine, la majesté égyptienne ou la gloire des cités grecques ont été malmenées !

6 DATES CLÉS

– 2 800
Édification de la pyramide de Saqqara en Égypte.

– 461/– 429
Périclès signe l'âge d'or d'Athènes

– 461/– 323
Règne d'Alexandre le Grand. Son empire s'étend de l'Inde à la Grèce.

– 58/– 51
Guerre des Gaules menée par Jules César.

70 après J.-C.
Destruction du Temple de Jérusalem par les Romains.

455
Sac de Rome par les Vandales.

? L'Atlantide a réellement existé

FAUX

Une terre, riche et prospère, disparue 9 000 ans av. J.-C. au cours d'un cataclysme. Des témoignages corroborent son existence.

C'est dans deux dialogues de Platon, le *Timée* et *Critias*, écrits vers 357 av. J.-C., qu'apparaît pour la première fois l'Atlantide. Solon, le législateur athénien du VIe siècle av. J.-C., aurait reçu les confidences d'un prêtre égyptien lui disant qu'il y a 9 000 ans existait au-delà du détroit de Gibraltar une « île plus grande que la Libye et l'Asie réunies, l'Atlantide, où des rois avaient formé un empire grand et merveilleux ».

Riche en ressources naturelles et précieuses, très organisé et dirigé par le roi Atlas fils du dieu Poséidon, cet empire se lance dans la conquête de la Méditerranée. Une guerre éclate ensuite avec Athènes, seule capable d'arrêter cette expansion, mais un tremblement de terre et un raz de marée font disparaître l'Atlantide en un jour et une nuit sous la mer. Platon présente ce récit comme véridique et digne de foi. Mais, dans l'Antiquité, cette histoire ne rencontre pas un énorme succès, elle est peu reprise et Aristote lui-même, pourtant élève de Platon, est plus que sceptique.

L'Atlantide n'est plus qu'un récit connu des seuls érudits et vu sous l'angle d'un mythe servant à légitimer des rêves d'empire. Elle est pourtant remise au goût du jour à la fin du XIXe siècle et reprise par des mouvements ésotériques ou amateurs de mystères. Elle intéresse également la littérature : Jules Vernes la fait même apparaître dans *Vingt mille lieues sous les mers* au cœur de l'océan Atlantique. Berceau supposé de la civilisation, elle suscite la fascination.

Les recherches pour la retrouver et les spéculations sur sa localisation ne vont plus cesser. On la situe partout, en Amérique latine, dans le Sahara, en mer Noire, dans l'Antarctique. On croit même la découvrir. Le commandant Cousteau, s'appuyant sur des travaux d'archéologues, identifie l'Atlantide à la civilisation crétoise. L'intérêt dans les années 1960 pour la civilisation minoenne, située en Crète, donne une caution scientifique à cette hypothèse. Mais l'éruption de l'île-volcan Santorin qui l'aurait détruite ne remonte qu'en 1 500 ans av. J.-C. Au-delà de la poursuite d'une chimère, scientifiques et historiens s'accordent aujourd'hui pour dire que l'Atlantide n'a jamais existé et n'est qu'un mythe. C'est notamment la thèse de l'helléniste Pierre Vidal-Naquet, pour qui Platon n'est ni un historien ni un géologue, mais un philosophe qui cherche à définir la société idéale. Il souhaite par cette allégorie donner une leçon de civisme aux Athéniens en dénonçant les travers d'une société idéale, qui en se corrompant par son mercantilisme, son impérialisme et sa richesse finit par être punie. Ce qui est novateur également dans ce mythe de Platon, c'est sa façon de présenter une fiction sous les apparences du réel en s'inspirant d'observations qu'il a faites. Vieux de plus de 2 000 ans, le mystère de l'Atlantide continue encore aujourd'hui d'inspirer rêves, œuvres artistiques et désirs d'aventures.

Olivier Tosseri

La circoncision est une obligation musulmane

C'est une pratique bédouine ancienne, « abrahamique » disent les historiens, mais qui n'est nulle part citée dans le Coran. Elle a cependant toujours joui d'une bonne audience dans les milieux populaires où elle est valorisée en tant que seuil, très investi par les familles, et que le jeune garçon franchit pour s'approcher de son âge adulte. Mais l'évidence est là : jamais on ne trouvera dans le Coran que la circoncision contribue à la perfection du bon musulman. Que la circoncision participe pleinement à installer le garçon dans la trajectoire de son âge d'homme, cela est possible et mérite de toute façon une étude approfondie dans les domaines de l'anthropologie culturelle et de la psychologie, mais son rôle dans la perfection du musulman est minime. C'est seulement dans la tradition postérieure que, en effet, elle est fortement recommandée (*sunna mu'akkada*), en tant que « mise en pureté » (*tahara*) de la personne en question.

La circoncision est une excision du prépuce, la petite peau qui recouvre le gland pénien. En Afrique et au temps de l'Égypte pharaonique, la circoncision était pratiquée de manière universelle sur tous les mâles ayant atteint l'âge requis de treize ans. Des hiéroglyphes explicites, gravés sur les temples de Médinet-Habou et datant de Ramsès III, montrent la manière dont les officiants du temple sacré opéraient. Idem dans l'un des temples de Karnak où l'on voit le dieu Min sous les traits d'un personnage ithyphallique et parfaitement circoncis. Rappelons pour mémoire que ces temples datent au moins du Moyen Empire, c'est-à-dire entre 1400 et 1200 av. J.-C. Mieux encore, un savant grec comme Pythagore (VIe siècle av. J.-C.) devait subir l'épreuve du silex afin de pouvoir accéder à la grande bibliothèque de Pharaon et s'initier aux mystères orphiques. Les philosophes grecs qui devaient s'initier aux mystères égyptiens devaient subir l'épreuve du silex avant d'espérer la moindre pratique sacrée. On suppose que cet âge a été choisi en souvenir de la circoncision pratiquée par Abraham sur son fils Ismaël (ou Isaac) alors qu'il avait treize ans. Selon plusieurs sources proches de la patrologie, les premiers chrétiens, surtout les gentils qui devaient être accueillis dans le baptême du Christ, étaient sur le point de subir les affres de la circoncision, vue initialement comme une marque de fidélité, lorsque saint Paul, plus attaché à la dimension spirituelle, dit : « Il n'y a de différence ni de gentil et de juif, ni de circoncis et d'incirconcis, ni de barbare et de Scythe, ni d'esclave et de libre… » (Colossiens, III, 1). Nous savons par ailleurs que la circoncision juive, considérée comme un « signe d'alliance avec Yahvé » (*brit milah*), a lieu au bout d'une semaine et consacre l'entrée du petit enfant dans le règne des hommes. Dans son *Guide des égarés*, Maïmonide, savant médiéval juif, donne toute une série d'explications touchant la circoncision juive, comme signe d'identification à l'Alliance d'Abraham.

Il y a là un ensemble de preuves qui militent pour une antériorité de la circoncision par rapport à l'islam. Les Arabes bédouins circoncisaient déjà leurs enfants mâles avant l'arrivée de l'islam. La pratique allait donc continuer : l'islam ne l'a ni interdite ni encouragée. Aujourd'hui, la plupart des musulmans asiatiques ne sont pas circoncis, tandis que les mâles américains – non musulmans – le sont à plus de 75 %. De même que l'excision, elle aussi pratiquée en Afrique et surtout en Égypte de façon immémoriale. D'ailleurs, la forme la plus grave des excisions est appelée « excision pharaonique ». Sans être recommandée par l'islam, elle n'est plus aujourd'hui combattue comme une barbarie et nombreux sont les imams, notamment égyptiens, et des griots africains qui en font une promotion des plus honteuses. Ils sont secondés efficacement par des rebouteux pratiquant une médecine au rabais et surtout certaines matrones vénales qui en vivent.

Malek Chebel

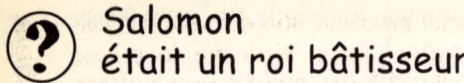

Salomon
était un roi bâtisseur

——— FAUX ———

Le célèbre temple de Jérusalem, détruit par les Romains, mais dont il reste le Mur des Lamentations, est l'œuvre du fils de David.

Les textes nous donnent l'image d'un roi sage et administrateur et pas celle d'un bâtisseur concernant Salomon. Nous ne disposons d'aucune source autre que la Bible sur ce souverain dont on peut cependant fixer le règne entre 970 et 931 av. J.-C. Il aurait construit le premier temple de Jérusalem. Foyer de la vie culturelle et religieuse, il abritait l'arche d'alliance et était recouvert d'or. Mais aucune trace archéologique ne corrobore la construction d'un édifice par Salomon, qui de toute façon devait être de dimension modeste, Jérusalem ayant à l'époque la taille d'un village de montagne. La tradition veut que ce temple ait été détruit par Nabuchodonosor II en 586 av. J.-C., avant que celui-ci n'exile à Babylone une grande partie de la population juive.

La Babylonie s'effondre sous l'attaque du fondateur de l'empire perse Cyrus qui libère les prisonniers et autorise la construction d'un second temple, toujours à Jérusalem, terminé en 516 av. J.-C. Détruit par le Romain Titus en 70 apr. J.-C., il ne nous en reste que le mur occidental ou Mur des Lamentations. L'archéologie ne met cependant pas en doute l'existence d'un royaume juif dirigé par

Salomon mais remet en cause son étendue, certainement plus réduite que la Bible ne le laisse supposer. Le récit biblique sur lequel repose notre connaissance de Salomon nous donne l'image d'un sage et d'un administrateur. « Le plus sage de tous les hommes », comme il est appelé dans la tradition juive.

Lorsque Salomon a douze ans, Dieu lui apparaît dans un rêve et l'invite à lui présenter un souhait. Il lui répond alors : « Je ne suis qu'un petit enfant, donne donc à Ton serviteur un cœur de compréhension pour juger Ton peuple et un cœur qui sache écouter. » Exaucé, ce sont ces aptitudes qui lui donneront une sagesse et un sens de la justice devenu proverbial. Il aurait réglé un différend opposant deux prostituées qui chacune réclamait un enfant. Pour régler le litige il proposa de le partager en deux pour en donner à chacune une moitié. Devant le refus de l'une et l'accord de l'autre il reconnut la vraie mère. De cet épisode vient l'expression « jugement de Salomon ».

Ce sont surtout ses talents d'administrateur qui lui valent sa réputation de « sage ». Il s'entoure de fonctionnaires et de conseillers, créant de nouvelles charges, assurant leur formation dans des écoles qu'il fait ouvrir. Il réorganise l'administration du territoire en le divisant en douze préfectures, dirigées par un préfet nommé par lui. Il développe le commerce et entretient des rapports avec la Phénicie voisine. Il modernise enfin l'armée en introduisant les chars jusque-là peu utilisés et en faisant construire de nombreuses places fortes. Le déclin de son royaume commence néanmoins dès son vivant. À la fin du règne, la levée de lourds impôts et l'institution de la corvée provoquent des révoltes qui aboutiront à la partition du royaume d'Israël après sa mort. Connu uniquement à travers la Bible, Salomon dont l'existence n'est pas remise en question, à l'inverse du temple dont on lui attribue l'édification, réussit avant tout des constructions d'ordre politique.

Olivier Tosseri

Hannibal fait passer ses éléphants en Italie

Sur près d'un siècle se sont affrontés, au cours de trois conflits appelés Guerres Puniques, les impérialismes commerciaux, économiques et militaires des Romains et des Carthaginois. La deuxième guerre punique qui dure de 218 à 202 av. J.-C. est le plus connu de ces affrontements. Elle est restée dans la mémoire pour avoir mis aux prises les deux plus grands généraux de l'époque : Scipion l'Africain et Hannibal, et avoir réalisé un exploit : la traversée des Alpes par des éléphants.

Sachant que sa flotte est plus faible que celle des Romains, Hannibal décide de porter le conflit au cœur de l'Italie, en traversant l'Hispanie et le sud de la Gaule. Sur le chemin, il espère recruter de nombreux mercenaires et s'allier avec des peuples celtes désireux d'en finir avec la domination romaine. Il rassemble sous ses ordres 70 000 fantassins, 10 000 cavaliers et 40 éléphants de guerre, ce qui est peu comparé aux centaines de pachydermes que les armées carthaginoises alignaient habituellement. Ils entament leur longue marche au printemps 218 av. J.-C., franchissent les Pyrénées et se dirigent vers le Rhône qu'ils traversent sur des radeaux, ce qui constitue déjà un premier exploit.

Ils rencontrent cependant des tribus qui leur sont hostiles et perdent au cours d'affrontements plus d'une dizaine de milliers d'hommes, ainsi qu'un millier de cavaliers. À la mi-octobre, Hannibal et ses hommes sont au pied des Alpes.

Le parcours suivi à travers la montagne est toujours sujet à controverses : col du Saint-Gothard, Petit Mont-Cenis, Galibier ? L'événement nous est rapporté par l'historien grec Polybe et le romain Tite-Live. Mais leurs récits restent assez flous. Aucune trace archéologique ne permet de préciser de manière irréfutable un quelconque itinéraire. Aucun ossement d'éléphants n'a, en outre, été retrouvé dans les alpages. Quoi qu'il en soit, la traversée est éprouvante. Le froid, le manque de nourriture et le harcèlement des tribus autochtones ont raison du courage des soldats épuisés. L'armée carthaginoise pénètre enfin en Italie, mais réduite de moitié après la perte de 20 000 hommes. Les éléphants quant à eux n'ont pas supporté le froid et ont presque tous péri dans la traversée. L'humidité des marais de la plaine du Pô aura raison des pachydermes survivants. L'unique rescapé sera utilisé, nous dit-on, comme monture par Hannibal qui vainc les Romains à la bataille du Tessin ; puis à la Trébie, ralliant de nombreuses tribus gauloises à sa cause. Sa victoire de Cannes où il écrase les troupes romaines en 216 av. J.-C. menace un moment Rome qui finit par triompher à la bataille de Zama.

Avec ou sans éléphants, le passage des Alpes d'Hannibal, quel que soit le col emprunté, et la campagne d'Italie constituent un des plus grands exploits stratégiques et militaires de l'Antiquité.

Olivier Tosseri

? Spartacus était un esclave

FAUX

À la tête de l'une des plus célèbres révoltes de l'histoire romaine, Spartacus était un esclave.

L'homme qui fait trembler Rome en 73 av. J.-C. serait, selon l'historien romain Florus dans son *Abrégé d'histoire romaine* (Ier siècle apr. J.-C.), un soldat déserteur devenu brigand, puis « en considération de sa force » gladiateur. D'origine thrace, éduqué à la grecque, connu comme un homme sage et prudent, bon organisateur, Spartacus est un auxiliaire de l'armée romaine. À ce titre, il n'est pas un citoyen romain. Les troupes auxiliaires sont constituées de soldats issus des peuples alliés ou soumis à Rome. A-t-il déserté ? Cela est probable. Il aurait été, dans ce cas, repris, peut-être réduit en esclavage et vendu comme gladiateur. Florus établit bien la distinction, bien qu'elle soit peu flatteuse, entre les esclaves « de la plus basse condition » et les gladiateurs « de la pire condition ». Ces combattants de l'arène, recrutés en général parmi les prisonniers et les esclaves, sont formés comme des champions. Spartacus appartient à l'école des gladiateurs de Capoue, l'une des meilleures de l'Empire.

Prenant un jour la tête d'un groupe de soixante-dix gladiateurs, il s'enfuit avec eux. Tous se réfugient sur les pentes du Vésuve. Le préteur romain chargé de les retrouver envoie trois mille soldats à leurs trousses. Mais Spartacus et ses compagnons sont surentraînés, rompus aux techniques de combat. Après cette première victoire, les insurgés sont rejoints par des hommes venus de partout. Des esclaves, des bergers, des Celtes et des Germains déserteurs viennent grossir les rangs de cette armée improvisée, bientôt grosse de milliers d'hommes. Équipées de bric et de broc, les troupes de Spartacus fondent l'acier de leurs anciennes chaînes pour se forger des épées et des lances. Elles s'emparent des camps romains situés aux alentours, se livrent au pillage, libèrent de nouveaux esclaves et massacrent au passage leurs propriétaires. En 72 av. J.-C., Spartacus contrôle tout le sud de l'Italie. Il choisit de remonter vers le nord, jusqu'aux Alpes, et vainc l'armée romaine envoyée contre lui. Des foules d'esclaves en fuite continuent de rallier ses rangs. Soudain, changeant de tactique, il revient vers le sud, sans doute dans l'idée d'atteindre la Sicile et de s'échapper par la mer. Mais, à Rome, le branle-bas de combat a commencé. Le commandement de l'attaque est confié à Marcus Crassus, à la tête de six légions. Acculé à la pointe du Bruttium, l'actuelle Calabre, Spartacus parvient à s'extraire du piège avec une partie de ses troupes au cours de l'hiver 72-71 mais il lui est impossible de quitter la péninsule. Contraint de livrer bataille au printemps, il mourra au premier rang, les armes à la main, « comme un vrai général », écrit Florus. Le reste des révoltés est anéanti en Étrurie par Pompée, rentré spécialement d'Espagne avec ses troupes pour prêter main-forte à Crassus. Les six mille survivants de l'armée de Spartacus seront crucifiés le long de la via Appia, entre Rome et Capoue. Ainsi s'achève la dernière et la plus célèbre des révoltes serviles de l'histoire romaine.

Véronique Dumas

❓ César était empereur

FAUX

Grand personnage de l'histoire romaine, Caius Julius César fut sacré en grande pompe.

Le premier empereur de l'histoire romaine sera son petit-neveu, Octave. Il régnera sous le nom d'Auguste en 27 ap. J.-C. La carrière militaire et politique de Caius Julius César, né en 100 avant J.-C. dans une famille patricienne, se déroule à l'époque de la République romaine. L'évolution de son pouvoir personnel vers un culte de la personnalité de plus en plus marqué le fera suspecter de vouloir restaurer la monarchie. Il sera assassiné pour cette raison en 44 avant notre ère.

En 59 av. J.-C., César est consul et forme avec Pompée et Crassus le premier triumvirat. Nommé proconsul en Gaule l'année suivante, chargé de sa conquête, il y reste sept ans et y acquiert la gloire et l'argent nécessaires à son ascension. Tout en écrasant les dernières résistances gauloises, le général victorieux continue de surveiller de près le déroulement de la vie politique à Rome. Crassus mort en combattant les Parthes, Pompée a bien l'intention de s'approprier le pouvoir et s'efforce, avec l'aide du Sénat, de tenir César, son rival, éloigné. En janvier 49, celui-ci franchit le Rubicon, frontière entre la Gaule cisalpine et l'Italie, en prononçant ces mots entrés dans la légende : « *Alea jacta est.* » Il marche sur Rome. Parmi les partisans de Pompée, le sauve-qui-peut est général. Réfugié en Égypte, l'ancien consul sera assassiné par le jeune pharaon Ptolémée XIV, désireux de plaire au nouveau maître de Rome. De 46 à 44, César accumule les honneurs. Ses succès militaires sont célébrés lors de triomphes, ces fêtes somptueuses rendant hommage aux vainqueurs. Les monuments dédiés à ses victoires se multiplient. César l'*Imperator* (titre donné au chef des armées) organise son pouvoir politique par étapes. Depuis 49, il accumule les charges de dictateur (ce magistrat souverain nommé en certaines circonstances critiques exerce un pouvoir absolu et fixé à une durée légale) et de consul. Renouvelées chaque année, elles lui confèrent un pouvoir de type monarchique. En 45, le Sénat lui accorde le droit de revêtir en permanence le costume de triomphateur (chaussures et toge de couleur pourpre) et d'être couronné de laurier. Le 14 février 44, il le proclame dictateur à vie. Assis sur un siège d'or, devant le temple de la déesse Vénus Génitrix, son ancêtre déclaré, César reçoit les sénateurs au pied de sa propre statue, venue rejoindre sur le Capitole celles des sept rois de Rome. Le 15, lors des fêtes de Lupercales, le dictateur se fait présenter un diadème, insigne des monarques hellénistiques. Devant la réaction hostile de la foule, César se ravise et le repousse. Comme Alexandre, il s'apprête à faire campagne contre les Parthes. Ses projets militaires et surtout la dérive monarchique du régime, encouragée par une partie des sénateurs décidés à provoquer sa chute, lui valent de nombreux ennemis. Républicains convaincus, césariens déçus et faux ralliés complotent de concert. Le

15 mars, jour des Ides consacré à Jupiter, une cinquantaine de sénateurs l'entourent et le frappent de vingt-cinq coups de couteau. César mort, une nouvelle guerre civile commence. Elle va durer treize ans.

Véronique Dumas

? Cléopâtre descendait des pharaons

───────── FAUX ─────────

Reine d'Égypte connue pour son immense beauté, Cléopâtre est la descendante directe de la lignée de Ramsès.

L'archétype de la reine d'Égypte dans la mémoire collective ne descend pas des pharaons égyptiens. Cléopâtre VII Théa Philopator, de son nom complet, née en 69 avant notre ère, a pourtant pour titres fleuris : « Celle au grand sceptre », « Dirigeante à la tête des Deux Terres » ou encore « Maîtresse de Haute et de Basse-Égypte ». Sur les murs du temple de Dendérah, sur la rive ouest du Nil, elle est représentée, vêtue d'une robe de lin, coiffée d'une perruque et portant les attributs traditionnels (double plume, disque solaire, cornes de vache et *uraeus*, le cobra protecteur) de toute reine égyptienne traditionnelle. Tous ces symboles ont d'ailleurs pour fonction de l'identifier à la déesse mère Isis. Mais Cléopâtre est d'origine macédonienne et de culture grecque. Descendante du général Ptolémée, le fondateur de la dynastie ptolémaïque, elle est la dernière reine de l'Égypte indépendante et le dernier souverain du monde hellénistique. À sa mort, son pays sera réduit au rang de colonie de l'Empire romain.

Cléopâtre, fille de Ptolémée XII, hérite du trône d'Égypte avec son frère Ptolémée XIII. Celui-ci complote pour faire assassiner sa sœur, mais, prévenue à temps, Cléopâtre s'enfuit. Une guerre s'ensuit entre les deux souverains. Croyant plaire à César, venu en personne à Alexandrie, Ptolémée XIII fait tuer son rival Pompée, réfugié en Égypte. Un bien mauvais calcul. En effet, César a décidé de soutenir Cléopâtre et lui rend sa couronne au terme d'un conflit difficile, non sans établir un protectorat romain sur l'Égypte. De cette étroite collaboration entre la reine et le conquérant, naît un fils, Césarion. Après l'assassinat de César et la sanglante guerre civile qui s'ensuit, Cléopâtre est convoquée par Marc Antoine, ancien lieutenant et ami de l'*Imperator*. Il règne sur la partie orientale de l'Empire et est, à son tour, séduit par la reine. Trois enfants naîtront de cette union. Cléopâtre, enfin débarrassée de ses frères et de sa dernière sœur, Arsinoé IV (de dangereux concurrents qu'elle a fait éliminer), rêve de redonner à l'Égypte sa grandeur passée. Les campagnes militaires d'Antoine permettent la reconquête d'une partie des territoires orientaux perdus. Victorieux, Cléopâtre et Antoine se font acclamer à Alexandrie, elle en tant que « reine des rois », lui en tant que roi de Rome et des terres d'Égypte retrouvées. À Rome justement, la propagande se déchaîne contre Cléopâtre. Antoine a fini par répudier son épouse légitime Octavie, sœur de son allié et rival Octave. Celui-ci n'entend pas abandonner la partie et une lutte à mort s'engage entre les deux chefs. En 31 av. J.-C., au large d'Actium en Grèce, sa flotte écrase celle d'Antoine et de Cléopâtre. L'année suivante, Octave entre à Alexandrie en vainqueur. La rumeur prétend que la reine s'est déjà suicidée. Désespéré, Antoine se poignarde. Il est transporté mourant jusqu'à elle et rend son dernier soupir dans ses bras. À son tour, Cléopâtre met fin à ses jours, le 12 août 30. « Personne ne sait avec certitude comment elle est morte », écrit l'historien Dion Cassius. Sur son bras, de petites marques de piqûres évoquent la morsure d'un serpent. Cléopâtre a trente-neuf ans et vient d'entrer dans la légende.

Véronique Dumas

Dolmens et menhirs sont d'origine gauloise

FAUX

*On en trouve un peu partout en France. Leur disposi-
tion, en alignement ou en cercle, rappelle certains
rituels druidiques.*

Jamais Obélix n'a pu être tailleur de menhirs
et aucun d'entre eux n'est jamais tombé sur un
Romain. Quant aux dolmens ils ne sont pas plus
des monuments gaulois. Le menhir est une pierre
oblongue fichée dans le sol pendant la préhistoire
récente (environ 3 500 à 2 000 ans av. J.-C.), le
plus souvent isolée mais pouvant être disposée en
cercle ou en alignement (cromlech). Le dolmen
est un monument funéraire datant du Néolithique,
soit entre la fin du Ve millénaire av. J.-C. et la fin
du IIIe millénaire av. J.-C.

« Table de pierre » constituée d'une ou de plusieurs dalles posées sur des pierres verticales, le
dolmen abrite des tombes individuelles ou col-
lectives qui sont protégées par un tumulus. Elles
ont été utilisées au cours de plusieurs siècles, ce
qui explique que l'on ait découvert dans certains
les restes de centaines d'individus et du mobilier
archéologique de périodes différentes. Ces
monuments mégalithiques auraient été érigés,
essentiellement sur la façade Atlantique en
Europe, par une civilisation qui se serait répandue
du Portugal à l'Angleterre et à l'Irlande. On en

trouve également en Scandinavie, en Afrique du Nord, en Éthiopie, en Syrie et jusqu'en Asie.

Les menhirs quant à eux servaient à marquer les bornes d'un territoire, indiquer un lieu de sépulture ou de culte. Parfois ils pouvaient même être sculptés, et représentaient une divinité, céleste le plus souvent. Certains interprètent ces pierres comme des instruments d'observation astronomique pour calculer l'emplacement de la lune ou du soleil au cours de l'année. On en trouve en Bretagne, à Carnac, par exemple.

Les peuples celtes et bretons qui en prirent possession les utilisèrent parfois à des fins religieuses. Les druides les auraient utilisés pour capter des forces telluriques. Des légendes fleurirent à leur sujet et des rites furent organisés à leurs pieds pour avoir un mari, un enfant ou attirer la pluie. Le christianisme leur enleva par la suite leur caractère païen en surmontant les menhirs d'une croix ou en construisant des chapelles sur les dolmens. Les premiers chercheurs celtomanes des XVIIIe et XIXe siècles attribuèrent ces mégalithes aux Gaulois et aux Bretons. L'un d'entre eux, Théophile Malo Corret de La Tour d'Auvergne, fut le premier à utiliser les termes « dolmen » et « menhir » dans son ouvrage *Origines gauloises. Celles des plus anciens peuples de l'Europe puisées dans leur vraie source ou recherche sur la langue, l'origine et les antiquités des Celto-Bretons de l'Armorique, pour servir à l'histoire ancienne et moderne de ce peuple et à celle des Français*, qu'il publia entre 1792 et 1796. La bande dessinée d'Uderzo et de Goscinny popularisa cette image anachronique

ANTIQUITÉ

des menhirs et des dolmens comme œuvre des Gaulois, alors que les uns comme les autres datent d'époques bien antérieures aux aventures rocambolesques d'Astérix.

Olivier Tosseri

? Les Gaulois
sont d'horribles barbares

---- FAUX ----

Ils ne se lavent pas, mangent du sanglier cru, ne connaissent pas l'écriture et, en plus, pratiquent le sacrifice humain.

Les Gaulois seraient un agrégat de guerriers frustes, pillards et bagarreurs avant que Jules César ne les transforme en un peuple gallo-romain civilisé. S'ils sont effectivement divisés en communautés qui entretiennent des rapports conflictuels, ils obéissent avant tout à des institutions et à des mœurs semblables. C'est une véritable civilisation gauloise que les récentes découvertes archéologiques ont mise en évidence. La société est formée de tribus, unité de base réunissant plusieurs familles. Elles sont dirigées par un roi entouré d'une aristocratie guerrière qui commande une plèbe composée d'artisans, de paysans et d'esclaves. Très tôt des échanges commerciaux sont entretenus à travers le Bassin méditerranéen, avec les Grecs notamment.

Les Gaulois pratiquent la salaison des aliments pour les conserver, en particulier de la viande de porc. Ils développent l'agriculture en mettant au point l'ancêtre de la moissonneuse, sorte de grande caisse à roues dentelées tractée par un bœuf, alors que les Romains se servent encore de faucilles. Ils inventent le tonneau plus commode que l'amphore pour le transport et la conservation du vin. L'artisanat est le domaine dans lequel ils excellent. Leurs poteries sont réputées mais c'est en orfèvrerie et dans la production d'outils en fer qu'ils sont passés maîtres, en témoignent les fibules et autres broches dont la réalisation fait preuve d'un réel souci esthétique. Cela démontre une bonne connaissance des minerais et de la difficile technique de leur extraction.

Les Gaulois accordent en outre une grande importance à leur apparence et à la propreté. Ils adoptent les braies, ancêtres du pantalon, et inventent le savon à base de cendres et de suif utilisé, il est vrai, essentiellement pour laver leur longue chevelure. Les druides, qui jouent un rôle de premier plan dans la société gauloise, pratiquent la médecine et la découverte dans leurs tombes de scalpels et de lancettes laisse supposer qu'ils avaient des notions de chirurgie. Ils s'intéressent au calcul, à la géométrie et à l'astrologie pour déterminer les lieux de cultes mais également pour élaborer des calendriers. Au moment de la conquête de César en 52 av. J.-C., un début d'urbanisation existe avec les *oppida*, ensemble d'habitations fortifiées où la voirie est présente.

Leur mauvaise réputation leur vient des textes anciens. Les Grecs avaient le souvenir du sac de Delphes en 279 av. J.-C. et les Romains celui de la prise de Rome par les Celtes en 390 av. J.-C. Si les premiers reconnaissaient leurs qualités guerrières et les utilisaient comme mercenaires, les seconds, humiliés, en donnèrent une image de fanfarons, désordonnés au combat et pillards. En fait, ils considéraient tout ce qui n'était pas grec ou romain comme barbare. Et César, devant tirer le plus de prestige possible de sa conquête, fit le reste pour laisser dans l'imaginaire collectif des traits qui se prêtent plus à la bande dessinée qu'à la réalité historique.

Olivier Tosseri

Les Gaulois sont tous derrière Vercingétorix

FAUX

Alors que Jules César et ses légions sont en Gaule, un chef arverne, inconnu jusqu'alors, réussit à unifier le peuple qui se soulève.

Un pluriel n'aura jamais mieux convenu pour désigner un peuple. Ce sont les Romains qui nomment les descendants des envahisseurs celtes du ve siècle av. J.-C. *Galli*. Ils sont une soixantaine de peuples à vivre sur un espace compris entre la Méditerranée et les Pyrénées au sud, le Rhin à l'est et la Belgique actuelle au nord. Des vagues successives de migrations expliquent cette diversité de peuplements mais constituent cependant une entité de civilisation. Pendant longtemps la vision que l'on a eue des Gaulois a reposé sur le texte de Jules César, *La Guerre des Gaules*, qui relate sa conquête : il veut la rendre plus difficile et augmenter ainsi son mérite. De là dérive l'image d'une résistance gauloise unie et farouche luttant contre l'envahisseur.

La réalité est quelque peu différente. L'avancée romaine a en effet rencontré de grandes difficultés face à une opposition gauloise que Vercingétorix parvient plus ou moins à cristalliser et unifier. Mais c'est une myriade de peuples divisés qui l'a rendue possible. Ces divisions avaient déjà permis à Rome de fonder la province de Narbonnaise à la fin du IIe siècle av. J.-C. Les Gaulois n'ont aucun sentiment d'unité. Les Éduens du Morvan détestent les Lingons du plateau de Langres qui sont les pires ennemis des Séquanes du Jura. Ce sont d'ailleurs ces rivalités qui donnent le prétexte de l'intervention romaine.

Le concept de « nation gauloise » et le célèbre « nos ancêtres les Gaulois » ne remontent qu'au XIXe siècle. Jusqu'à la Renaissance, les Français croyaient descendre des Francs. La relecture des textes de l'Antiquité au XVIe siècle initie un débat qui va durer jusqu'à la Révolution française. Les origines de la France sont-elles gauloises ou franques ? Le XVIIIe siècle posera le peuple en descendant des Gaulois et la noblesse d'épée en héritière des Francs avant que l'abbé Siéyès ne tranche définitivement pour des origines communes gauloises. Le véritable tournant a lieu au XIXe siècle. Amédée Thierry publie en 1828 *L'histoire des Gaulois depuis les temps les plus reculés*, se basant sur les écrits de César. Il sort Vercingétorix de l'oubli et en donne une image romantique. Puis Henri Martin dans son *Histoire de France populaire* (1867 à 1875) célèbre la « patrie gauloise ». Napoléon III avait conforté cet intérêt pour les Gaulois en contribuant à la découverte du patrimoine archéologique gallo-romain. Mais c'est la IIIe République qui va ériger en mythe le chef arverne et nos origines celtes dans un but purement idéologique. Après la défaite de 1870, elle y trouve l'exemple d'une résistance à l'occupant. La création d'une opposition entre Gaulois et Romains et du Vercingétorix à la tête d'une unité gauloise précaire se trouve instrumentalisée au service du patriotisme et de la revanche contre l'Allemagne.

Les manuels scolaires de Lavisse imposeront ensuite l'idée que « la Gaule fut conquise par les Romains, malgré la vaillante défense du Gaulois Vercingétorix qui est le premier héros de notre histoire ».

Olivier Tosseri

Les Gaulois ont peur que le ciel tombe sur leur tête

Cette expression semble faire allusion à un caractère craintif et naïf mais c'est en fait à un courage et à une violence redoutés qu'elle fait référence. De 700 à 500 av. J.-C. une succession de conquêtes et de migrations celtes déferlent sur des territoires compris entre l'Atlantique, la mer Baltique et les Balkans. Une bande menée par Brennos prend même Rome qu'elle met à sac en 390 av. J.-C. Cet événement, vécu comme un traumatisme par les Romains, est à l'origine du *metus gallicus*, la peur du Gaulois qui ne cessera qu'avec la guerre des Gaules menée par Jules César. Se forge alors une réputation de Gaulois, guerriers implacables et féroces, souvent enrôlés comme mercenaires par les Grecs ou les Carthaginois.

Les Grecs qui ont eu l'occasion de les observer de près lors du sac du sanctuaire de Delphes en 279 av. J.-C. en donnent des descriptions assez stéréotypées. L'historien grec Polybe dans son ouvrage *Les Histoires* (IIIe siècle av. J.-C.) décrit ainsi l'effroi des légionnaires romains face aux Gaulois : « Ils étaient terrifiés par les troupes celtiques et l'effroyable tintamarre, car les sonneurs de cors et de trompettes étaient en nombre illimité (...) L'aspect et les mouvements des guerriers nus qui les affrontaient les remplissaient de terreur. » Un autre historien grec du Ier siècle av. J.-C., Diodore de Sicile, dresse des Celtes un portrait tout aussi effrayant : « Ils ont une apparence terrifiante, une voix rude et caverneuse. (...) Ils pratiquent souvent l'exagération dans le but d'exalter leurs propres mérites et de diminuer ceux des autres. Ce sont des vantards qui ont la menace à la bouche et se font des chantres plein d'emphase de leurs propres exploits ». Les Romains chercheront par tous les moyens à ridiculiser ces ennemis qui les ont déjà humiliés.

Mais l'expression selon laquelle les Gaulois ont peur que le ciel leur tombe sur la tête a pour origine une bravade. Le géographe grec Strabon rapporte l'anecdote dans le Livre VII de sa *Géographie*. Une ambassade celte rencontre en 335 av. J.-C. Alexandre le Grand pour conclure un traité d'amitié. « Le roi, qui les avait accueillis avec cordialité, leur demanda, dans les fumées du vin, ce qu'ils craignaient le plus, persuadé qu'ils allaient le désigner lui-même ; mais ils répondirent qu'ils n'avaient peur de personne, qu'ils craignaient seulement la chute du ciel sur leur tête, mais qu'ils plaçaient plus haut que tout l'amitié d'un homme comme lui. » Ils ne craignaient que l'impossible, donc rien. Par la suite les Romains interprétèrent mal, volontairement ou non, la crainte des Gaulois pour leur dieu Taranis. Divinité du ciel, du tonnerre et du combat, elle occupait une des premières places dans le panthéon. C'est bien plus la foudre que la chute du ciel qui était redoutée. La bande dessinée Astérix popularisa cette expression qui ne doit pas être prise au premier degré mais symbolise le courage d'un peuple longtemps craint et redouté en Europe.

Olivier Tosseri

Les druides coupaient le gui avec une serpe d'or

───── FAUX ─────

Ces mages, en robes blanches, se réunissaient à l'équinoxe dans les forêts de chênes pour célébrer la fête du
gui. De jeunes filles vierges récupéraient avec soin la
précieuse plante.

Les druides celtes n'avaient pas grand-chose en commun avec le vieux Panoramix, reclus dans sa hutte pour préparer sa potion magique et coupant du gui avec sa serpe. Cette image nous vient de la bande dessinée qui s'inspire du mouvement néo-druidique du XVIIIe siècle. Le druide est en effet un personnage central de la société celte. Il est à la fois prêtre, philosophe, gardien du savoir et de la sagesse, historien, juriste, conseiller militaire du roi, diplomate, professeur, médecin, certains sont même maîtres forgerons. Bien que connaissant l'écriture, les Celtes privilégiaient l'oralité.

On ne connaît leurs pratiques que par la transcription par les moines irlandais du Moyen Âge des mythes transmis oralement et également par les récits antiques : ceux de Diodore de Sicile, Strabon, César dans ses *Commentaires sur la guerre des Gaules*, et Pline l'Ancien. C'est d'une de ses descriptions que vient l'image de l'homme vêtu de blanc, cueillant du gui. « Les druides – c'est le nom qu'ils donnent à leurs mages – n'ont rien de plus sacré que le gui et l'arbre qui le porte […] et […]

ils n'accomplissent aucune cérémonie religieuse sans son feuillage. [...] C'est un fait qu'ils regardent tout ce qui pousse sur cet arbre comme envoyé du ciel. [...] On trouve très rarement du gui et, quand on en a découvert, on le cueille en grande pompe religieuse. [...] Un prêtre, vêtu de blanc, monte dans l'arbre, coupe le gui avec une serpe d'or et le reçoit sur un sayon blanc. » Cette image est très réductrice. La société celte était divisée en deux classes principales pour lesquelles travaillait le peuple, celle militaire des guerriers et celle sacerdotale des druides. Ces derniers assurent tous les rites cultuels dont les sacrifices mais cela n'est pas leur seule fonction. Leurs études, qui peuvent durer vingt ans, leur donnent comme responsabilité principale l'enseignement. Ils assument également la charge de juristes et de juges et conseillent le roi. Leur prestige les désigne également pour tout ce qui concerne la diplomatie, de la prévention au règlement des conflits, jusqu'à la participation au combat, la figure du druide-guerrier n'étant pas rare. Leur savoir est également avancé en médecine et en astronomie, comme peut l'attester une partie du matériel archéologique retrouvé dans des tombes (scalpels, aiguilles, sondes...). Ce statut central fait du druide une figure presque plus importante que celle du roi, qui prend la parole après lui et toujours après avoir reçu ses conseils.

Le druidisme ne survécut ni à la romanisation de la Gaule ni à la christianisation de l'Irlande. Ce n'est qu'au XVIIIe siècle en Angleterre que reparut un intérêt pour le druidisme sous la forme du néo-druidisme. Il était inspiré d'une vision romantique des druides et de descriptions historiques erronées. Relevant de la mouvance néopaïenne et d'inspiration franc-maçonne, il prône une spiritualité qui promeut l'harmonie avec la nature. Le néodruidisme se base à l'origine sur les œuvres de John Toland (1669-1722), qui fonde en 1717 le Druid Order. Il se développe au XIXᵉ siècle en s'inspirant de sources diverses et folkloriques. C'est de cette époque et de ce mouvement que nous provient l'image du druide telle qu'elle est présentée dans la bande dessinée *Astérix*.

Olivier Tosseri

Des statues, témoins d'un peuple disparu

FAUX

Elles font la célébrité de l'île de Pâques. Les plus hautes atteignent 21 mètres. Elles ont été sculptées dans le basalte. Ces Moaïs sont les seules traces d'une civilisation perdue.

Ces statues ont été élevées par les Pascuans, les habitants de l'île de Pâques dont l'ethnie est celle des Rapa Nuis. L'île, l'une des plus à l'ouest du monde, située dans l'océan Pacifique, est découverte par des Polynésiens au IXᵉ siècle. Son nom actuel lui vient du Hollandais Jakob Roggeveen, qui y accosta le dimanche de Pâques 1722. Elle passe sous domination espagnole en 1770 avant de devenir une possession chilienne en 1888. Mais l'île est avant tout connue pour ses statues monumentales dont l'origine fut longtemps un mystère.

Certains évoquent les restes d'une civilisation disparue, d'autres les vestiges d'un continent englouti, d'autres les Atlantes et même des extra-terrestres. En 1774, le capitaine britannique James Cook, qui explore l'île au cours de son deuxième voyage dans les mers australes, remarque que beaucoup de statues sont renversées et que les insulaires n'y prêtent pas grand intérêt. Il émet alors l'hypothèse qu'elles sont l'œuvre d'une autre civilisation, qui n'existe plus. Leur fabrication et la façon dont elles ont pu être érigées sont en outre une énigme alors que la population ne semble pas avoir un niveau technique particulièrement avancé.

Ce sont pourtant les Rapa Nuis qui en sont les auteurs. Ils avaient instauré une société de clans très hiérarchisée et à l'origine avancée technologiquement. Ils construisirent des *ahus*, plates-formes de pierre sur lesquelles ils élevèrent entre 300 et 900 statues monumentales appelées Moaïs. Elles font de 2 à 21 mètres de haut pour un poids de 75 à 270 tonnes, avec leur socle, et furent taillées dans du basalte qui provient du volcan Rano Raraku. Certaines sont terminées et dressées au pied de la pente et d'autres sont encore à l'état d'ébauche ou proches de la finition. Ce n'est qu'au XXe siècle que l'on commença à s'intéresser à ces statues et à les étudier vraiment. Grâce à de récentes recherches archéologiques, à des reconstitutions et à l'utilisation du carbone 14, on a pu dater les statues et répondre à de nombreuses questions. Elles permettent de découvrir que l'île de Pâques était autrefois couverte de forêts, ce qui contraste fortement avec l'absence totale d'arbres aujourd'hui. Un arrêt précipité de la production de statues a également été évalué aux alentours du XVIe ou du XVIIe siècle, donnant lieu à plusieurs hypothèses. Une érosion des sols, d'abord, suite à la déforestation résultant du transport des blocs de pierre, aurait provoqué pénurie, famine et conflits internes. Une période de sécheresse, ensuite, aurait poussé les Pascuans à ériger les statues pour que la pluie revienne. Voyant leur inefficacité, ils se seraient vengés en les renversant. L'arrivée des Européens, enfin, fit décroître la population de l'île en la déportant en esclavage ou en la décimant par les maladies amenées avec eux.

Les auteurs et la construction de ces statues monumentales ne sont en tout cas plus une énigme, le doute reste sur leur rôle précis et les causes de l'arrêt de leur construction. Divinités, rituel pour les morts ou pour obtenir quelque chose des dieux, les statues de l'île de Pâques conservent néanmoins une part de mystère.

Olivier Tosseri

Jésus est né d'une immaculée conception

FAUX

Tout le monde connaît l'histoire de l'archange Gabriel qui annonce à Marie toujours vierge qu'elle est enceinte de Jésus – une conception due au seul et unique Saint-Esprit, sans intervention... humaine.

L'immaculée conception ne doit pas être confondue avec la conception virginale de Jésus. Ce dogme de l'Église catholique a été proclamé le 8 décembre 1854 par le pape Pie IX dans sa bulle *Ineffabilis Deus*. Il affirme que Marie, mère de Jésus-Christ, a été conçue exempt du péché originel. La bulle déclare « que la bienheureuse Vierge Marie a été, au premier instant de sa conception, par une grâce et une faveur singulière du Dieu tout-puissant, en vue des mérites de Jésus-Christ, Sauveur du genre humain, préservée intacte de toute souillure du péché originel ».

Si le dogme est récent, sa croyance s'est imposée très tôt. On ne trouve pourtant rien dans les Écritures qui puisse l'accréditer. Une source indirecte de cette croyance se trouve dans le Protévangile de Jacques, texte apocryphe du milieu du IIe siècle qui relate la naissance miraculeuse de la Vierge. Ses parents Anne et Joachim, ne pouvant avoir d'enfant, voient un ange leur apparaître pour annoncer une naissance prochaine. Il n'est cependant pas fait mention de l'exemption du péché originel. Dans l'Empire byzantin, une fête de la « Conception de la Très Sainte Mère de Dieu » est célébrée le 9 décembre à partir du VIIIᵉ siècle. Elle est introduite au retour des croisades en Occident qui voit se développer alors une dévotion particulière à l'égard de la Vierge et un culte marial de plus en plus important. Les prémices du dogme de l'immaculée conception apparaissent au XIIᵉ siècle, sous la plume d'un moine anglais appelé Eadmer. Elle fait néanmoins débat et rencontre réticences et oppositions, y compris chez de grands théologiens.

Pour saint Augustin, très attaché à la notion du péché originel, Marie n'a pas échappé au péché mais a été sanctifiée très tôt. Saint Thomas d'Aquin et saint Bernard de Clairvaux considèrent la sainteté de la Vierge comme initiale mais pas originelle. Saint Bonaventure essaie de concilier les différentes positions en proposant la conception selon laquelle Marie n'a pas échappé au péché originel mais en a été préservée par la grâce de Dieu. Le débat rebondit au XIVᵉ siècle avec le franciscain Jean Duns Scot (1266-1308), qui se fait un ardent défenseur de l'immaculée conception.

La question se cristallise autour de la querelle entre les franciscains, qui en sont de fervents partisans, et les dominicains, qui en sont de farouches détracteurs. La croyance en l'immaculée conception se répand et sera même affirmée lors du concile de Trente (1545-1563). Au XIXᵉ siècle, un fort renouveau du culte marial pousse le pape Pie IX à consulter les évêques du monde entier et à définir ce dogme en 1854. Il sera confirmé par les apparitions de Lourdes quatre ans plus tard en 1858. La Vierge Marie qui apparaît à Bernadette Soubirous, dans la grotte de Massabielle, se présente elle-même ainsi. La petite fille, en effet, affirme l'avoir entendue prononcer ses mots en gascon : « *Que soy era immaculada councepciou* », « Je suis l'immaculée conception ».

Olivier Tosseri

Jésus
est né le 25 décembre

───── FAUX ─────

Le calendrier de l'Avent qui égrène les jours jusqu'au 24, la messe de minuit qui célèbre la naissance de l'Enfant-roi… même l'arrivée de prodiges stellaires cette nuit-là. Tout concorde…

Aucun évangéliste ne donne de précision de date. Luc mentionne que les bergers couchaient dans les champs, ce qui signifie que nous sommes au printemps ou en été. Les Pères de l'Église se sont livrés à de nombreuses spéculations, les uns sont partisans du 25 ou du 28 mars, les autres du 19 avril ou du 20 mai. Il faut savoir qu'avant le IVe siècle, les chrétiens ne célèbrent pas la naissance de Jésus – l'Église n'accorde aucune importance à ce qui n'est pour elle qu'une péripétie. Les chrétiens d'Orient, cependant, fêtent le 6 janvier la « manifestation » (épiphanie) de Jésus sur la terre. Dans le monde païen, au IIIe siècle, le culte solaire de Mithra, « Soleil invaincu », a pris une importance considérable dans le monde romain. L'empereur Aurélien, pour fédérer tous les peuples de l'Empire, décide de faire de Soleil invaincu le dieu principal du monde romain. Chaque année, il fait célébrer des grands jeux pour le *dies natalis* (anniversaire de naissance) de Soleil invaincu, qui, d'après son mythe, serait né le 25 décembre.

Au siècle suivant, pour contrer la popularité du culte de ce dieu païen, l'Église décide de placer le 25 décembre le jour de naissance du Christ, le nouveau « Soleil invaincu ». Par conséquent, le 25 décembre, les chrétiens ne célèbrent pas une date historique, mais une réalité importante pour eux, la manifestation sur terre de Jésus. L'année de naissance ? Matthieu dit que Jésus est né sous le règne d'Hérode le Grand. Or celui-ci meurt en 4 av. J.-C. Donc Jésus est né… avant Jésus-Christ, sans doute en 5, 6 ou 7.

Pourquoi alors parler de l'an I ? Au VIe siècle de notre ère, un moine, Denys le Petit, entreprend de savants calculs pour déterminer le début de l'ère chrétienne et la fixe en l'an 754 depuis la fondation de Rome. Il s'est manifestement embrouillé dans ses calculs et, de plus, il n'a pas pensé qu'il fallait une année 0 entre − 1 et + 1. Bethléem et la crèche ? Marc, chronologiquement le premier évangéliste, écrit que Jésus est un Galiléen originaire de Nazareth, ce que dit aussi Jean. Matthieu et Luc, qui sont les seuls à avoir consacré deux chapitres à la naissance de Jésus, n'ont pas voulu faire un récit historique, mais un enseignement catéchistique en démontrant que la naissance de Jésus constitue la réalisation plénière des anciennes prophéties.

Ils désignent Bethléem comme le lieu de la nativité, tout simplement à cause d'un passage prophétique de Michée : « Et toi Bethléem, terre de Juda, tu n'es certes pas le plus petit des chefs-lieux de Judée. Car c'est de toi que sortira le chef qui fera paître Israël mon peuple. » La crèche ? Luc parle de la salle d'un caravansérail où se seraient arrêtés Joseph et Marie. Matthieu évoque une maison. La « grotte de la nativité » est une invention ultérieure. Aucun Évangile ne mentionne le bœuf et l'âne. Ils apparaissent tardivement dans la tradition de Noël et sont inspirés par un verset du prophète Esaïe : « Un bœuf reconnaît son propriétaire et un âne la mangeoire chez son maître. » Il est bien question de mages chez Matthieu, mais ce sont des savants astronomes et astrologues venus d'Orient intrigués par une étoile particulièrement brillante (peut-être une comète). Leur nombre n'est pas déterminé. Au VIᵉ siècle, un livre arménien racontant l'enfance de Jésus dit que ce sont trois rois, en raison des trois présents offerts à Jésus : l'or, l'encens et la myrrhe. On leur donnera les noms de Melchior, Gaspard et Balthazar.

Que reste-t-il du Noël que nous connaissons ? Pas grand-chose ! Mais la mythologie qui s'est développée autour de cet événement est devenue plus forte que le message primitif.

Catherine Salles

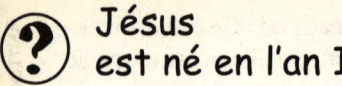

Jésus
est né en l'an I

Jésus est né avant Jésus-Christ, même s'il est difficile de situer exactement la date de sa naissance. Plusieurs éléments des Évangiles entrent en ligne de compte pour fixer la datation de la Nativité. Luc situe l'accouchement de Marie au moment d'un recensement : « En ce temps-là parut un décret de César Auguste pour faire recenser le monde entier. Ce premier recensement eut lieu à l'époque où Quirinius était gouverneur de Syrie. » Or le seul Quirinius attesté est celui qui a effectué un recensement en 6 de notre ère, ce qui placerait la naissance de Jésus beaucoup trop tard par rapport à d'autres événements des Évangiles dont la datation est sûre. Par ailleurs, Matthieu dit que les mages viennent à Jérusalem parce qu'ils ont vu un astre extraordinaire en Orient. Or il n'y a eu aucun phénomène astronomique remarquable aux alentours de l'an I. En revanche, en 6 av. J.-C., s'est produite la conjonction exceptionnelle des planètes Mercure, Jupiter et Saturne, qui pourrait être le phénomène astronomique observé par les mages. Enfin, Matthieu raconte que le roi Hérode, craignant de se voir détrôner par l'enfant trouvé par les mages, ordonne le massacre de tous les enfants jusqu'à deux ans dans la région de Bethléem. Or le

roi Hérode est mort en 4 av. J.-C. Ces rapprochements permettent d'affirmer que Jésus est né entre
6 et 4 av. J.-C.

D'où vient donc l'erreur dans la datation de la
Nativité ? Pendant cinq siècles, les chrétiens,
comme l'ensemble des habitants de l'Empire, utilisent le calendrier romain qui a pour point de départ
la fondation de Rome et le temps chrétien pendant
trois siècles se réfère au calendrier romain. Puis,
après la paix de l'Église, l'Église primitive se
réfère pour dater un événement au commencement
du règne de l'empereur Dioclétien, le dernier grand
persécuteur des chrétiens. Entre 500 et 545, un
moine originaire de Scythie, Denys le Petit, auteur
de très nombreuses œuvres théologiques, décide de
fixer le début de l'ère chrétienne à l'année de la
naissance du Christ, et non plus au règne de Dioclétien : « Puisque le premier cycle de saint Cyrille
commence en l'an 153 après Dioclétien et se termine en 257, nous n'avons pas voulu lier ce cycle
au souvenir de cet impie persécuteur des chrétiens,
mais nous avons préféré fixer le début du temps en
fonction des années depuis la naissance de Notre
Seigneur Jésus-Christ, afin que le commencement
de notre espérance nous devienne plus familier et
que l'origine de la restauration de l'humanité, à
savoir la Passion de notre Sauveur, ressorte plus
clairement. » À l'issue de savants calculs (hélas
erronés !), il fixe la naissance du Christ au
25 décembre 753 après la fondation de Rome, alors
qu'il aurait fallu reculer d'au moins quatre ans
pour parvenir à la date réelle. De plus, Denys le
Petit a commis l'erreur de ne pas situer une année 0
entre − 1 et + 1. Cependant, toute fautive qu'elle
soit, la chronologie de Denys le Petit se répand

rapidement et prouve l'intérêt d'une datation chrétienne unifiée. Elle est adoptée par la chrétienté et est définitivement en usage à la fin du premier millénaire.

Catherine Salles

FAUX

Il exista trois Rois mages, venus s'informer de la naissance du Messie à Bethléem et lui apporter des cadeaux précieux.

Les mages sont des savants persans, spécialistes de l'astrologie et de l'astronomie et dont nous ne connaissons pas le nombre. Ayant observé dans le ciel un astre extraordinaire, ils le suivent jusqu'à Jérusalem. Persuadés que l'astre annonce la naissance du roi des Juifs, ils vont interroger le roi Hérode. Après consultation des grands prêtres et des scribes de la Loi qui, selon une prophétie de Michée, indique que cette naissance doit se produire à Bethléem, Hérode envoie les mages dans ce village pour s'informer sur la naissance du Messie : « Allez vous renseigner avec précision sur l'enfant. Et, quand vous l'aurez trouvé, avertissez-moi pour que, moi aussi, j'aille lui rendre hommage. » Au moment où les mages arrivent à Bethléem, l'astre qui les suit depuis l'orient s'arrête au-dessus de la maison où se trouvent l'enfant et Marie sa mère. Si Matthieu fait intervenir les mages dans son récit de la Nativité, c'est que ces étrangers représentent la Sagesse du monde qui vient s'incliner devant l'enfant-messie. Matthieu n'indique pas le nombre des mages, mais, comme ils offrent à l'enfant trois dons, l'or, l'encens et la myrrhe, la tradition en conclut qu'ils étaient trois. Leurs dons ont une valeur symbolique : l'or représente la royauté, l'encens, la divinité, la myrrhe qui sert à embaumer les corps, la mortalité et la passion du Christ. Pour Matthieu, la visite des mages est l'accomplissement de prophéties sur l'hommage rendu par les nations païennes au dieu d'Israël. Après avoir ainsi honoré l'enfant, les mages sont divinement avertis par un songe des véritables desseins d'Hérode ; ils retournent dans leur pays par un autre chemin.

Les Évangiles apocryphes voient dans les mages des rois, sans doute à cause de leurs précieux cadeaux, symbolisant l'hommage des puissants de ce monde au Messie, ce qui modifie le message de Matthieu. Leur nombre n'est pas encore fixé avec certitude et, dans l'iconographie primitive, il y a beaucoup de variantes : ils sont deux dans les catacombes de saint Pierre et saint Marcellin, quatre dans celles de sainte Domitille, douze dans la tradition syrienne. Cependant, l'accord se fait assez vite sur le chiffre trois, à cause des trois cadeaux qu'ils apportent à l'enfant et en référence à la Trinité. L'Évangile arménien de l'enfance leur donne des noms : Melchior, roi de Perse, Balthazar, roi des Indiens, et Gaspard, roi des Arabes. Tardivement, on en fait des rois qui symbolisent les trois nations issues des fils de Noé, Melchior l'Éthiopien descendant de Cham, Balthazar le Sémite descendant de Sem, Gaspard descendant de Japhet. On a aussi figuré les mages sous les traits des trois continents connus, un Arabe pour l'Asie, un Noir pour l'Afrique, un Blanc pour l'Europe.

Dans l'Église primitive, et plus particulièrement en Orient, on fête le 6 janvier l'Épiphanie du Fils de Dieu, c'est-à-dire l'apparition ou la manifestation du Christ sur la terre. Comme beaucoup de datations chrétiennes qui substituent une liturgie chrétienne à des cérémonies païennes, la célébration du 6 janvier prend la place de grandes fêtes en l'honneur d'Osiris et de Dionysos. Au IVᵉ siècle, les chrétiens honorent pendant la nuit du 5 au 6 janvier la naissance du Christ et, pendant la journée du 6, son baptême. Lorsque Constantin fixe la date de la Nativité au 25 décembre, l'Épiphanie continue à être fêtée par les chrétiens orientaux comme étant le jour de la naissance de Jésus, mais devient en Occident « l'apparition de l'étoile » et la fête des Rois.

Catherine Salles

Jésus a été enterré dans le Saint-Sépulcre

FAUX

Après sa crucifixion, Jésus a été inhumé dans le tombeau de Joseph d'Arimathie, sur l'emplacement duquel fut ensuite édifié le Saint-Sépulcre.

Le Saint-Sépulcre est un édifice de l'époque constantinienne édifié à l'endroit où on suppose que Jésus a été inhumé après sa crucifixion. Jésus et les deux brigands ont été crucifiés quelques heures avant le début du sabbat. Dans le monde romain, les crucifiés restent exposés plusieurs jours jusqu'à leur décomposition. À la demande des Juifs qui désirent que les corps ne restent pas sur la croix durant le sabbat, Pilate fait briser les jambes des condamnés, ce qui entraîne une mort immédiate (en fait, Jésus est déjà mort), et autorise leurs familles à prendre les corps pour les inhumer. Un membre du Sanhédrin, disciple de Jésus, Joseph d'Arimathie, qui n'a pas participé à la condamnation de celui-ci, propose à la famille et aux amis de Jésus de leur prêter son tombeau pour y mettre le corps. La proximité du sabbat fait qu'on se contente d'enrouler le cadavre de Jésus dans un tissu sans avoir le temps de procéder aux rites funéraires d'embaumement. Le tombeau de Joseph d'Arimathie, creusé à même le roc, se trouve dans un jardin situé non loin du lieu d'exécution. Ce tombeau est neuf et n'a jamais servi, il est fermé par une grosse pierre ronde. Le surlendemain, lorsque des femmes viennent au sépulcre avec les aromates et les parfums pour embaumer le corps, elles trouvent la pierre roulée et le tombeau vide.

En 325, Hélène, mère de l'empereur Constantin, fait creuser le sol à l'endroit supposé du Calvaire (colline de la crucifixion) au pied d'une statue de Vénus élevée par Hadrien pour écarter les Juifs et les chrétiens du lieu. Ces fouilles mettent au jour un tombeau creusé dans le roc. Tout le monde est persuadé qu'on a découvert le tombeau de Joseph d'Arimathie où a été enseveli Jésus ainsi que l'emplacement du Calvaire. Hélène fait édifier à cet endroit un grand ensemble monumental, comprenant une basilique précédée d'un narthex (vestibule), deux cours bordées de portiques, une rotonde à tribunes abritant le tombeau découvert. Sous le nom de Saint-Sépulcre, cet édifice devient le lieu de nombreux pèlerinages. L'ensemble du Saint-Sépulcre fut détruit en 1009 par le calife Al-Hâkim. Les souverains de Byzance, entre 1030 et 1048, relèvent les ruines de la rotonde et des deux cours, mais ne peuvent récupérer la basilique. Au XIIe siècle, les croisés font construire une église romane unie à la rotonde. À l'heure actuelle, le Saint-Sépulcre est partagé entre les catholiques latins, les Grecs orthodoxes, les Arméniens et les Coptes.

En fait, il est loin d'être assuré que le tombeau exhumé lors des fouilles exécutées sur l'ordre d'Hélène soit celui de Joseph d'Arimathie. Plusieurs raisons permettent d'en douter. D'une part, le lieu de la mise en croix et du tombeau s'est trouvé obligatoirement à l'extérieur de l'enceinte de Jérusalem. Or le tracé des murs d'enceinte à l'époque de Jésus n'est pas connu avec certitude, ce qui laisse planer des doutes sur le lieu de la sépulture. D'autre part, dans l'église du Saint-Sépulcre, le Calvaire n'est situé qu'à trente-huit mètres du tombeau. Or Jean parle d'un jardin entretenu par un jardinier, ce qui paraît surprenant si ce jardin était situé aussi près d'un lieu d'exécutions publiques. C'est pourquoi ni la chapelle du Calvaire ni le tombeau du Saint-Sépulcre, même s'ils ne se trouvent sûrement pas très éloignés de l'emplacement réel du lieu de l'exécution du Christ et de son tombeau, ne peuvent être identifiés avec une absolue certitude.

Catherine Salles

Les chrétiens sont persécutés à cause de leur religion

FAUX

À Rome, les chrétiens sont poursuivis et persécutés, jetés aux lions dès qu'ils déclarent leur foi.

Les chrétiens sont poursuivis parce qu'ils refusent de rendre un culte à l'empereur et aux dieux officiels de la religion romaine. Pendant le premier siècle de notre ère, les chrétiens passent pour une secte dissidente du judaïsme et bénéficient ainsi des privilèges particuliers octroyés aux Juifs par Jules César et Auguste (dispense du service militaire, libre exercice du culte, exemption des charges incompatibles avec le monothéisme, en particulier l'obligation du culte impérial). La persécution des chrétiens de Rome par Néron après l'incendie de 64 est de nature exceptionnelle : l'empereur, accusé par ses sujets d'avoir lui-même fait allumer l'incendie, trouve un bouc émissaire dans la secte marginale des chrétiens. Au début du IIe siècle, la correspondance entre Pline le Jeune, gouverneur de Bithynie, et l'empereur Trajan atteste que désormais le christianisme est considéré comme une religion à part entière. Trajan demande de ne pas tenir compte des dénonciations anonymes, de ne pas rechercher systématiquement les chrétiens et de les punir avec retenue s'ils sont traduits en justice.

Les Romains ont toujours été très tolérants à l'égard des religions étrangères qui s'installent généralement chez eux sans problème. En effet, ils pratiquent un syncrétisme religieux qui reconnaît sous les noms des dieux des peuples étrangers leurs propres divinités et ils sont toujours prêts à ajouter à leur propre panthéon des dieux égyptiens, perses ou orientaux. Les chrétiens se mettent en marge de ce syncrétisme, car, par leur monothéisme intransigeant, ils refusent d'adorer d'autres dieux.

Jusqu'à la fin du IIe siècle, seuls des événements particuliers, comme des catastrophes naturelles, provoquent la colère populaire contre les chrétiens considérés comme des athées irritant les dieux. C'est ainsi que sont exécutés en 156 l'évêque de Smyrne, Polycarpe, en 177 les martyrs de Lyon (dont Blandine et l'évêque Pothin), ou vers 185 le philosophe Apollonius à Rome. En 203, cinq chrétiens, dont la noble Perpétue et l'esclave Félicité, accusés devant le procurateur de Carthage, refusent de sacrifier pour le salut de l'empereur. Ils sont livrés aux bêtes fauves dans l'amphithéâtre de Carthage et meurent de façon exemplaire. En 250, l'empereur Decius fait paraître un édit exigeant de tous les habitants de l'Empire de présenter un certificat attestant de leur participation aux cultes officiels sous peine de mort. L'empereur Valérien, par deux édits en 257 et 258, ordonne au clergé chrétien de sacrifier aux dieux de l'Empire. Dans tous les cas, les procès des chrétiens sont menés selon les règles légales : audience publique en présence d'un juge instructeur et rédaction d'un procès-verbal. La sentence, sous peine d'être frappée de nullité, doit être mise par écrit sur une tablette portant le nom de l'accusé, son délit et la nature de sa condamnation. Le délit de christianisme est passible de la peine de mort (bûcher, crucifixion, exposition aux bêtes). Après l'assassinat de Valérien en 260, les chrétiens sont tranquilles jusqu'au règne de Dioclétien. Celui-ci, pour rétablir l'unité morale de l'Empire, lance en 303-304 la Grande Persécution. Les édits de Dioclétien ordonnent la destruction des églises et renouvellent l'obligation faite aux chrétiens de sacrifier à l'empereur et aux dieux de l'Empire. La Grande Persécution dure jusqu'en 311 et se montre particulièrement sévère en Asie Mineure et en Égypte.

Catherine Salles

Le premier pape est saint Pierre

FAUX

Les Évangiles ne rapportent-elles par ces paroles de Jésus-Christ s'adressant à l'apôtre Pierre : « Tu es Pierre et sur cette pierre, je bâtirai mon Église. » (Matthieu XVI, 18) ? Le premier pape fut ainsi saint Pierre.

Le terme papauté désignant la place prépondérante de l'évêque de Rome date du VIe siècle. Pendant les premiers siècles du christianisme, les communautés chrétiennes sont administrées par des évêques ou *episcopoi* (surveillants), des prêtres et des diacres. L'évêque de la capitale d'une province est appelé métropolitain et joue un rôle plus important que les autres : il peut réunir un concile provincial et confirmer les évêques de sa province. Il n'y a pas de direction générale de la chrétienté. Avant la Paix de l'Église, les sièges d'Alexandrie et d'Antioche se détachent au-dessus des autres. Le concile de Nicée (325) reconnaît à l'évêque d'Alexandrie l'autorité sur l'Égypte et la Libye et l'évêque de Jérusalem, mais il n'y a aucune allusion à l'autorité de Rome sur l'ensemble de l'Église. Le concile de Constantinople (381) reconnaît l'existence des évêques d'Alexandrie, d'Antioche et de Jérusalem, et donne à l'évêque de Constantinople la primauté d'honneurs après l'évêque de Rome, parce que « cette ville [Constantinople] est la nouvelle Rome ».

Jusqu'au Ve siècle, l'évêque de Rome n'a pas une place plus importante que les autres évêques. Cependant, les Églises d'Orient reconnaissent un prestige particulier à Rome, à cause de son importance dans l'histoire et parce que, dans cette ville, ont été suppliciés les deux grands apôtres, Pierre et Paul. En 440, est élu comme évêque de Rome Léon Ier qui se présente comme le successeur de Pierre. En s'appuyant sur les paroles du Christ à Pierre (« Tu es Pierre, et sur cette pierre je bâtirai mon église »), Léon Ier affirme que l'évêque de Rome joue un rôle unique et qu'il est le premier de tous les évêques d'Occident comme d'Orient. Cela lui permet de dresser une liste épiscopale commençant avec Pierre et se poursuivant par tous ceux qui ont occupé le siège épiscopal de Rome. La tradition veut en effet que l'apôtre Pierre soit venu à Rome et ait été supplicié par Néron entre 64 et 68, mais rien ne permet d'affirmer qu'il ait pris la direction de la communauté chrétienne de la ville, déjà constituée avant son arrivée. En tant que successeur de Pierre, Léon Ier se reconnaît le droit et le devoir de diriger l'ensemble de l'Église, les autres évêques ne disposant pas de la plénitude de son pouvoir, mais sont appelés « à participer à sa sollicitude pastorale ». Cette prétention à la primauté est fort mal reçue par les Églises d'Orient et le concile de Chalcédoine (451) établit la division du monde chrétien en cinq patriarchats, quatre pour les Églises orientales (Constantinople, Alexandrie, Antioche et Jérusalem), un pour l'Occident (Rome). Léon Ier refuse le canon du concile de Chalcédoine qui a augmenté les juridictions du patriarche de Constantinople dont les droits sont reconnus comme étant les mêmes que ceux de celui de Rome. Mais les protestations de l'évêque de Rome restent sans effet. Depuis le IIIe siècle, il est habituel de désigner les évêques par le surnom affectueux de *papa* (papa) qu'à partir du Ve siècle, seul l'évêque de Rome continue de porter.

La primauté de Rome met longtemps à s'installer en Occident. Au XIe siècle, les rois et les empereurs des pays chrétiens continuent à nommer chez eux les évêques en fonction de leurs critères qui bien souvent sont fort peu chrétiens. Pour libérer l'Église de la dépendance laïque, le pape Grégoire VII (1073-1085) défend aux laïcs de conférer l'investiture religieuse, ce que refuse l'empereur Henri IV d'Allemagne. S'ensuit la longue querelle des Investitures entre la papauté et les empereurs allemands qui se termine en 1122. En 1123, le concile de Latran interdit les investitures contraires aux canons.

Catherine Salles

FAUX

Force du mal absolu, Satan incarne dans la Bible le monstre malfaisant.

Satan à l'origine est un homme. Le nom commun *satan*, qui signifie en hébreu « l'adversaire » ou « l'accusateur », apparaît à plusieurs reprises dans l'Ancien Testament. Mais il n'est pas une force du mal, car, pour les Juifs, Dieu est une puissance totale qui n'a pas en face de lui une puissance antagoniste mauvaise. Le prophète Zacharie voit « Josué le grand prêtre debout devant l'Ange du Seigneur et le satan se tenait à sa droite pour l'accuser ». Il est clair qu'ici le satan joue le rôle de procureur. Il n'incarne pas le mal et est autorisé à se présenter devant le Seigneur. Dans le Livre de Job, les fils de Dieu se rendent à l'audience du Seigneur et le satan se trouve parmi eux. Ce satan dit au Seigneur qu'il parcourt la terre. Il rôde pour observer les hommes, noter leurs mauvais comportements et en rendre compte à la cour du Seigneur. Le satan se montre sceptique lorsque Dieu s'enorgueillit de la vertu de Job et il le met au défi d'accabler Job de malheurs pour voir si cet homme restera intègre et droit. Le satan n'est pas directement responsable des malheurs de Job et, en bon procureur, se contente d'avancer que la vertu de Job est tributaire des bienfaits qu'il a reçus de Dieu. Le satan « adversaire » devient Satan, nom propre sans article, dans un texte des Chroniques qui, reprenant un passage du Livre de Samuel (« La colère du Seigneur s'enflamma contre Israël et incita David à organiser un recensement »), le traduit par : « Satan se dressa contre Israël et incita David à dénombrer Israël. » L'auteur des Chroniques (IVe-IIIe siècle av. J.-C.) a trouvé impossible d'attribuer à Dieu une action mauvaise et par conséquent il personnifie les forces du mal hostiles à Dieu par ce Satan.

Dans la littérature intertestamentaire (textes rédigés entre l'Ancien et le Nouveau Testament), Satan occupe une place importante. On le présente comme étant à l'origine un ange déchu qui a été chassé du jardin d'Éden et il est parfois assimilé au serpent qui tente Adam et Ève. La Règle de la communauté de Qumrân explique que Dieu a créé deux esprits, celui de la Lumière et celui des Ténèbres. Les hommes conduits par l'esprit de vérité sont les fils du Prince des Lumières, leurs adversaires sont les fils du Prince des Ténèbres.

Les auteurs du Nouveau Testament évoquent souvent Satan par sa traduction grecque *diabolos* (diviseur). Satan tente Jésus dans le désert, il est l'adversaire du royaume de Dieu. L'Apocalypse évoque la lutte de celui qu'on nomme « Diable et Satan » contre l'Église. Jean donne plusieurs surnoms à ce Prince du monde, le Malin, le Serpent primitif, l'Ange de l'abîme, Abaddon ou Apollyon (« Destructeur » en hébreu et en grec), la Bête. Satan est l'ennemi par excellence, mais il n'est pas l'égal de Dieu. Ce n'est qu'à partir du Moyen Âge que Satan occupe une place croissante dans la religion chrétienne. Il est devenu une force égale et opposée à Dieu. Il porte différents noms : Lucifer,

Belzébuth ou Méphistophélès. Il est le souverain de l'Enfer où il dirige une armée de démons. Il est doté d'un aspect monstrueux, son corps étant composé de parties de bêtes malfaisantes, réelles (serpent, chauve-souris) ou imaginaires (dragon). Il est capable de prendre toutes les apparences pour venir tenter les mortels.

Catherine Salles

Le baptême a toujours été donné aux petits enfants

FAUX

Jean-Baptiste baptisa Jésus adulte, mais le baptême a très vite été réservé aux seuls nourrissons chrétiens.

Le baptême chrétien jusqu'au Ve siècle concerne uniquement les adultes. À l'époque où vit Jésus, il existe des mouvements « baptistes » populaires, marginaux et généralement contestataires. Les baptistes plongent les prosélytes dans une eau vive (baptême signifie « immersion ») pour les purifier une fois pour toutes de tous leurs péchés, ce qui les distingue des autres juifs qui doivent se purifier rituellement tous les jours. Le baptême est précédé de la confession des fautes que l'eau va faire disparaître. Le cousin de Jésus, Jean le Baptiste, appartient à ces mouvements et a mené une vie ascétique dans le désert près de la mer Morte. Vêtu d'une tunique de poils de chameau attachée par une ceinture en cuir, se nourrissant de sauterelles et de miel sauvage, Jean, par la force de son discours prophétique, attire de grandes foules qui le tiennent pour un prophète et viennent vers lui pour être baptisées dans le Jourdain. Jean se présente comme étant le Précurseur du Christ qui doit venir : « Celui qui est plus fort que moi vient après moi et je ne suis pas digne de me courber et de délier la lanière de ses sandales. Moi je vous ai baptisés d'eau, mais lui vient vous baptiser d'Esprit saint. »

Le premier acte de la vie publique de Jésus est de venir se faire baptiser par Jean. Au moment où Jésus est plongé dans l'eau, une colombe descend sur lui et des cieux vient une voix : « Tu es mon Fils bien-aimé, il M'a plu de te choisir. » Pendant les premiers mois de son ministère, Jésus se montre le continuateur de Jean et baptise lui aussi, si bien que les disciples de Jean se plaignent auprès de leur maître que le succès croissant de Jésus va bientôt supplanter le sien. Après l'arrestation de Jean par Hérode Antipas et son exécution, il semble que Jésus et ses disciples cessent alors de baptiser. D'ailleurs, Jésus n'a jamais baptisé ses disciples. Après sa résurrection, le Christ leur donne comme mission : « Allez, de toutes les nations, faites des disciples en les baptisant au nom du Père, du Fils et du Saint-Esprit. »

Dans les premières communautés chrétiennes, les disciples donnent le baptême qui devient le signe de l'appartenance à Jésus-Christ. Petit à petit s'élabore une liturgie du baptême définitivement établie à partir du IVe siècle. Ceux qui ont demandé le baptême (les catéchumènes) reçoivent un enseignement donné par l'évêque sur le Notre-Père et la confession de foi chrétienne. Le baptême a toujours lieu pendant la nuit qui précède Pâques. Après avoir solennellement renoncé au diable et à ses séductions, au monde et à ses plaisirs, le catéchumène entièrement nu descend dans la vasque du baptistère en affirmant à trois reprises qu'il croit en Dieu le Père tout-puissant, en Jésus-Christ et en l'Esprit saint. À chaque affirmation, l'évêque le plonge dans l'eau. Puis, revêtus de robes blanches immaculées, les nouveaux baptisés pénètrent dans la basilique sous les acclamations des fidèles. Ce n'est qu'au début du Ve siècle qu'on commence à baptiser les nouveau-nés, à l'instigation d'Augustin qui souffre de voir tant de nourrissons mourir sans avoir reçu ce sacrement. Au début du christianisme, les futurs baptisés étaient instruits dans la foi par un parrain et une marraine qui se portaient garants d'eux. Lorsque le baptême est donné aux enfants, on continue de garder parrain et marraine qui deviennent les parents spirituels du baptisé. De nos jours, traditionnellement, dans l'Église catholique, le baptême des adultes a lieu pendant la nuit de Pâques.

Catherine Salles

? Dans le jardin d'Éden, Adam et Ève ont croqué la pomme

FAUX

Le péché originel d'Adam et Ève dans le jardin d'Éden fut de succomber, malgré l'interdiction de Dieu, à la tentation de croquer la pomme.

Adam et Ève ont mangé le fruit de l'arbre de la connaissance dont l'espèce n'est pas précisée dans la Genèse. Lorsque, au début de la création du monde, Dieu plante un jardin en Éden, il y place l'homme et la femme. Il fait germer dans le jardin tous les arbres « d'aspect attrayant et donnant des fruits bons à manger », ainsi que l'arbre de vie et l'arbre de la connaissance du bonheur et du malheur (ou du bien et du mal). Ce verger en Éden contient donc en son centre deux arbres à la fonction bien déterminée. Le premier est « l'arbre de vie » que l'on retrouve dans de nombreuses mythologies. L'arbre de vie, axe du monde, lien entre la terre et le ciel, éternellement vert, est probablement le symbole de Dieu, dispensateur de toute vie. Il a été identifié par les commentateurs soit à l'olivier, soit à la vigne, soit au palmier. Il peut sembler curieux de trouver à côté de cet arbre de vie l'arbre de la connaissance qui n'a pas de parallèle dans les autres civilisations. L'arbre de vie n'aurait-il pas dû suffire à donner la connaissance ? L'expression désignant l'arbre de la connaissance est complexe : l'interprétation classique y voit la possibilité de « distinguer le bien du mal », ou bien de « faire l'expérience du mal autant que du bien ». Dans les commentaires rabbiniques, l'arbre est celui de « la confusion entre le bien et le mal ». En manger signifie alors qu'on entre dans l'ère du chaos, de la confusion. Si Dieu interdit à l'homme d'en manger, c'est pour le préserver de retomber dans le chaos primitif, le tohu-bohu précédant la création du monde. On a vu aussi dans le fruit de cet arbre celui qui fait entrer l'homme dans la connaissance sexuelle. En effet, Adam et Ève, qui « étaient nus sans se faire mutuellement honte », découvrent leur nudité après avoir mangé le fruit de l'arbre et se font des pagnes avec des feuilles de figuier.

Dieu, en demandant à l'homme de cultiver le sol et de garder le jardin, précise : « Tu pourras manger de tout arbre du jardin, mais tu ne mangeras pas de l'arbre de la connaissance, car, du jour où tu le mangeras, tu devras mourir. » Or la femme voit que le fruit de l'arbre de la connaissance est « bon à manger, séduisant à regarder et précieux pour agir avec clairvoyance ». Poussée par le serpent, elle prend un fruit qu'elle mange et en donne un à Adam. Pour punir le couple de sa désobéissance, Dieu le chasse de l'Éden et le condamne à une existence terrestre, limitée et difficile.

Le texte de la Genèse ne précise pas ce qu'est cet arbre mystérieux dont il est interdit de manger le fruit. Les commentateurs y voient un figuier (dont les feuilles servent à Adam et à Ève à se fabriquer des pagnes), un grenadier, une vigne.

D'où vient donc la pomme ? D'un mauvais calembour ou d'un contresens de traduction. En effet, le latin possède deux mots similaires, mais de sens très différent : *malum*, la pomme, et *malum*, le mal. Pour celui qui lit la version latine de la

Genèse, il peut donc y avoir confusion entre « mal » et « pomme », et c'est ainsi que, par l'intermédiaire d'un traducteur ignorant ou facétieux, l'arbre de la connaissance du mal et du bien est devenu un pommier ! Et plusieurs expressions rappellent que la version du pommier est devenue fort populaire. « Croquer la pomme », c'est succomber à la tentation. On imagine aussi que la pomme est restée en travers du gosier d'Adam, d'où la saillie anatomique appelée « pomme d'Adam ».

Catherine Salles

Rome, capitale éternelle de l'Italie

FAUX

Rome est par nature et par définition la capitale de l'Italie... et l'a d'ailleurs toujours été.

La question romaine a longtemps empoisonné la vie politique italienne et constitué un obstacle à l'unification complète de la Péninsule. Rome, siège du pouvoir temporel du pape à la tête des États pontificaux, peut-elle devenir la capitale du royaume d'Italie ?

La France joua un des rôles principaux dans cette controverse. En 1848, une vague révolutionnaire secoue l'Europe et de nombreux pays, dont l'Italie. Palerme, Venise, Milan se soulèvent. L'idée de l'unité de l'Italie, éclatée jusqu'alors en une multitude de royaumes et de principautés et sous domination autrichienne au nord, mûrit dans les esprits. À la tête de ce mouvement d'émancipation, la monarchie de Piémont-Sardaigne et le pape Pie IX qui semble s'enthousiasmer pour cette cause. Mais ce dernier se trouve devant le dilemme de devoir faire la guerre à une puissance catholique et préfère faire volte-face. Après avoir envoyé des troupes, il préfère garder sa neutralité et ne participe pas à la guerre qui se déroule contre l'occupant autrichien. Le 15 novembre 1848, le comte Rossi, chef du gouvernement pontifical, est assassiné. Des troubles éclatent qui poussent Pie IX à fuir Rome et à se réfugier près de Naples. Le 5 février 1849, la république romaine est proclamée. Une expédition française présentée comme une médiation est alors décidée par Louis Napoléon Bonaparte, tout récent président de la toute jeune IIe République, et Odilon Barrot, chef du parti de l'Ordre. Ambiguë, elle donne des gages aux catholiques qui viennent d'assurer le succès de la candidature de Bonaparte et, pour les républicains français, elle est une aide à leurs frères italiens menacés par la répression. Après un premier échec et un siège, l'armée menée par le général Oudinot s'empare de la ville défendue par Garibaldi le 4 juillet 1849. Le pape Pie IX est ensuite rétabli dans ses États et conserve une présence militaire française. Il s'oppose ensuite en 1859 au *Risorgimento*, ce mouvement d'unification de l'Italie aidé par la France qui conserve pourtant des troupes dans la Ville éternelle. Le 27 mars 1861, Rome est néanmoins proclamée capitale du royaume d'Italie.

Mais Napoléon III confirme son rôle de protecteur du pape en signant en 1864 « la convention de Septembre » avec le tout nouveau royaume. Ce dernier est obligé de reconnaître l'intégrité des États pontificaux et transfère sa capitale de Turin à Florence. Garibaldi fera cependant une tentative militaire pour conquérir Rome en 1867, mais l'aventure se terminera par la défaite de Mentana face aux troupes franco-pontificales. En juillet 1870, la France engagée dans une guerre contre la Prusse rappelle ses soldats. La défaite de Sedan le 3 septembre entraîne la chute de Napoléon III. La France n'est plus un obstacle à la prise de Rome. Le 20 septembre 1870, l'armée italienne emmenée par Raffaele Cadorna y pénètre par la porte Pia. Elle est annexée et déclarée capitale officielle le

1er juillet 1871. Le pape Pie IX est contraint de se réfugier au Vatican dans lequel il se considère désormais prisonnier malgré la « loi des garanties » votée par le Parlement italien et qui lui garantissait un statut privilégié. Cette question romaine ne trouve sa conclusion qu'en 1929 avec les accords du Latran signés entre la papauté et Benito Mussolini.

Olivier Tosseri

Les musulmans ne reconnaissent ni Marie, ni Jésus, ni Moïse

Ils sont tous dans le Coran, et plus encore qu'on ne le croit. Les musulmans reconnaissent vingt-huit prophètes bibliques, dont Abraham, Moïse, David et Jésus. Il y a certains prophètes coraniques que la Bible ne reconnaît pas comme tels, ou ne cite pas nommément. C'est le cas d'Adam, d'Ismaël et d'Isaac, les deux enfants d'Abraham, d'Aaron, de Joseph, de Salomon, de Saül, de Loth, Noé… D'autres ne sont pas cités dans la Bible : Hûd et Salih, à supposer même qu'ils soient reconnus comme prophètes. Enfin, Marie est citée dans le Coran plus encore que dans le Nouveau Testament. Une sourate, la dix-neuvième, porte son nom et son parcours exceptionnel est rapporté par le menu. Tous ces prophètes sont de « taille » apparemment équivalente. Pourtant, une hiérarchie très discrète les distingue les uns des autres. Elle est dans les termes qui les qualifient : il y a l'envoyé, *rassûl*, le prophète, *nabi*, et le prophète élu et « rapproché » de Dieu. Cette dernière catégorie regroupe Abraham, Moïse, Jésus et Mohammed.

Marie est la seule femme à être identifiée par le Coran. Elle est présentée comme une femme pure, une femme aimée par Dieu. En effet, si le Coran ne reconnaît pas la Trinité, il est au contraire extrêmement loquace quant à la naissance virginale de Jésus. Marie s'isole du clan familial et se réfugie sous un palmier. Là, un « Verbe émanant du Seigneur » (Coran, III, 45) se réalise dans les entrailles de la jeune femme. Elle est fécondée par l'Esprit saint, dès l'instant même où les anges annonciateurs lui font part du miracle en cours. Elle est d'abord offusquée et ne comprend pas : Comment peut-elle avoir un enfant, alors « qu'aucun homme ne l'a touchée… » (Coran, XIX, 20). Mais les anges insistent : « Son nom sera Jésus, 'Issa, il sera le Christ… » Mieux, le bébé sera doté d'un pouvoir extraordinaire, celui de parler dès le berceau, au moins pour défendre l'honneur de sa mère. En tout, plus de trente-huit versets sont consacrés directement à Marie, fille de 'Imran, et mère de Jésus et que les Arabes dénomment, à juste titre, 'Issa ibn Maryam (Jésus, fils de Marie). Par ailleurs, la plupart des occurrences évoquant Jésus – elles sont au nombre de quatre-vingts – ramènent en partie vers sa naissance miraculeuse et, donc, vers Marie. En dehors du Coran, Marie continue à être respectée en islam, tandis que les musulmans la considèrent comme une sainte.

Voici pour mémoire l'ensemble des prophètes cités dans le Coran, à l'exception d'Abraham, Moïse, Jésus et Mohammed qui reviennent régulièrement. Le chiffre qui se trouve à la suite de chaque nom désigne le nombre de sourates où celui-ci apparaît, mais il ne préjuge pas du nombre des versets qui peuvent aller jusqu'à plusieurs centaines (Jésus, par exemple, est cité dans plus de deux cents versets) : Aaron (Harûn en arabe) (17) ;

Adam (11) (Adam est considéré comme un prophète en islam) ; David (Dawûd) (9) ; Élias (Ilyas
en arabe) (2) ; Élisa (Al Yasa') (2) ; Énoch (Idris en
arabe) (2) ; Ézéchiel (Dhul Kifl) (2) ; Hûd (non
mentionné dans la Bible) (7) ; Isaac (Ishaq) (13) ;
Ishmaël (Ismaïl) (9) ; Jacob (Yaqoub) (14) ; Job
(Ayyoub) (4) ; Jean-Baptiste (Yahya) (1) ; Jonas
(Yunus) (4) ; Joseph (Yusuf) (toute la sourate 12
lui est consacrée et qualifiée traditionnellement
« de plus beau récit ») ; Loth (Lout) (15) ; Noé
(Nûh) (38) ; Salih (non mentionné dans la Bible) (7) ;
Salomon (Sûlayman) ; Zacharie (Zakariyya) (4).

Malek Chebel

La femme
n'a aucun droit en islam

FAUX

*La femme musulmane n'est pas l'égale de l'homme ;
elle ne bénéficie pas des mêmes droits.*

La femme est l'égale de l'homme en tout, et cela pour une raison simple : le Coran ne s'adresse pratiquement jamais aux hommes sans leur associer les femmes, autant pour montrer la responsabilité qui incombe aux uns et aux autres que pour définir leurs prérogatives et l'assiette des avantages pécuniaires, moraux et sociaux qui sont accolés à leur statut. L'une des manières utilisées pour s'adresser aux deux sexes, sans les discriminer, a été de les aborder non pas par le biais des appartenances ethniques ou linguistiques, mais par le biais de la croyance. C'est en tant que croyant que le croyant musulman, homme ou femme, jeune ou vieux, riche ou pauvre est jugé en islam, et non pas sur sa fortune personnelle ou sur le clan auquel il se rattache. Bien sûr, dans la pratique, ce principe vertueux a été souvent dévoyé, puisque le riche a, *de facto*, plus de considération que le pauvre, et le puissant l'emporte, hélas, trop souvent sur le plus humble. De la même manière, les rapports de force, les mauvaises habitudes et la tentation de dominer sont à l'œuvre entre les hommes et les femmes. Il n'empêche qu'en droit, la femme a tous les droits qui reviennent à l'homme.

La question qui persiste est de savoir si ces droits ne sont pas bafoués dans nombre de pays conservateurs et si, dans les couples et dans les familles, le sentiment d'exclusion n'agit pas en doublure avec la posture fondamentaliste. En réalité, toutes ces pratiques dévoyées ne relèvent pas de l'islam, mais seulement de l'autorité directe d'un autocrate, le chef de famille, et de ses émules, frères, « grands frères » ou parents de la lignée masculine. Les faits sont persistants, surtout lorsqu'on sait que la force économique est encore, aux deux tiers de la population arabe et musulmane, un fait masculin. Cela étant, on peut avancer sans trop de risques qu'en l'absence de règles plus équitables entre les sexes et tant que l'homme est en charge de la marche du foyer, ne serait-ce que par le salaire qu'il rapporte, il aura toujours la tentation d'en réguler la marche. À ce premier niveau de contrainte, on peut en distinguer un second, plus diffus, car il relève des items culturels qui sont à l'œuvre dans cette région du monde et cela depuis fort longtemps. Mais la femme arabe – et plus largement musulmane – ne cesse de se battre pour conquérir de nouveaux droits, c'est-à-dire tous ses droits. On connaît le chemin qu'elle a parcouru depuis plus d'un siècle : abolition de la répudiation, contrôle très strict de la polygamie, dénonciation explicite de l'héritage inégal entre frères et sœurs, accès à l'école et au travail (avec des réussites parfois spectaculaires), enfin, accès à la vie politique de son quartier, de sa ville et de son pays. Il reste maintenant à conquérir d'autres types de libertés, d'une facture moins conventionnelle : pas de violence conjugale, pas de stress lié à l'absence d'enfants, meilleurs postes au niveau professionnel, équité dans les salaires et finalement plus grande acceptation de la place du féminin dans toutes les sphères de la société, y compris celle de l'image de soi.

Quel constat peut-on faire aujourd'hui ? En théorie, la femme musulmane jouit de tous les droits et prérogatives dévolus à l'homme, mais il lui reste à les conforter, en les inscrivant dans les constitutions des États et en les mettant en pratique. Le plus difficile, cependant, reste de convaincre les juges de province, assez conservateurs, les cadis, les imams et tous les féodaux qui ont la mainmise sur la mentalité des villages, autrement dit sur plus de deux tiers des populations arabes et musulmanes. Les femmes en Occident savent que l'égalité entre les sexes n'est pas un acquis naturel et spontané. Il leur a fallu un siècle pour conquérir la plupart des privilèges impartis aux hommes, tant en matière d'autorité parentale qu'en matière de pouvoir d'achat et de responsabilité. Si les premières générations de « féministes arabes » – qui ont existé – se sont inspirées des luttes de leurs consœurs des pays du Nord, dont la France, il reste aux femmes arabes et musulmanes d'aujourd'hui à bâtir de nouveaux modèles d'émancipation, non seulement pour résister à leur éradication de l'espace public (c'est à peu de chose près le cas en Afghanistan, en Iran, en Arabie Saoudite et dans tous les pays tentés par la perversion fondamentaliste), mais aussi pour s'instruire et instruire leurs filles. Chacun sait, pourtant, que seul l'accès au travail, sans doute le facteur le plus déterminant pour toute émancipation, saura libérer les femmes de leur joug. Force est de constater que le chemin est encore long.

Malek Chebel

Moyen Âge
Chevaliers et fausses vérités

On ne dira jamais assez tout le mal qu'ont pu faire les romantiques du XIXe siècle à cette immense et magnifique période médiévale, la faisant allégrement passer pour obscurantiste et régressive. La réalité historique est autrement plus nuancée, quand elle ne montre pas, bien souvent, tout le contraire. En voici quelques exemples pour le moins probants.

---

6 DATES CLÉS

793
Premières invasions vikings sur les côtes européennes.

962
Création du Saint Empire romain germanique.

1066
Bataille d'Hastings et victoire de Guillaume le Conquérant sur les Anglais.

1227
Mort de Gengis Khan.

1346
Victoire des Anglais à Crécy : la chevalerie est battue par l'infanterie.

1440
Arrestation de Gilles de Rais, compagnon d'armes de Jeanne d'Arc.

Les Vikings ne sont que des pillards

FAUX

Tout au long du IXe siècle, les côtes atlantiques sont ravagées par ces hommes venus du Nord. Ils saccagent, violent, détruisent, massacrent.

Ces « hommes du Nord », ou Nordmanni, comme les nomment les annales des IXe et Xe siècles, sont victimes d'un lieu commun. Ils sont présentés comme des pillards, s'attaquant aux pauvres populations chrétiennes sans défense. Mais la réalité est autre. Le terme « Vikings » désigne des hommes venus de Scandinavie, à la fin du VIIIe siècle, à bord de leurs navires, les *knorr*. Ils se rendent sur tous les rivages de la Baltique et de la mer du Nord. Leurs objectifs sont multiples. Ils exercent d'importantes activités commerciales, mais se livrent aussi au pillage des populations côtières, parfois en remontant les fleuves comme le Rhin, la Seine, la Loire. Le premier grand raid touche les îles Britanniques dans les années 790.

Pendant une grande partie du IXe siècle, le royaume de Francie occidentale est particulièrement ciblé par les Vikings et Charles le Chauve doit leur payer tribut. Parfois, ils s'installent sur ces terres étrangères, d'où l'origine de la Normandie, concédée à Rollon par Charles le Simple en 911. En échange, le chef viking s'engage à protéger les côtes franques de futures attaques. Pour autant, il faut relativiser l'opposition entre Francs et Vikings.

Ces derniers ne sont pas seuls à s'adonner au pillage. Au VIIIᵉ siècle, les Pépinides, à la tête du royaume des Francs, mènent des expéditions contre les Saxons ou les Thuringiens. Le pillage et l'imposition de tributs permettent aux princes du haut Moyen Âge d'alimenter leur trésor et d'entretenir leurs troupes. Le pillage représente d'ailleurs une action héroïque pour les rois carolingiens. Le butin est fréquemment exhibé comme preuve de la valeur guerrière. Les pillages du IXᵉ siècle ne sont donc pas nouveaux. Ce qui est inhabituel, c'est que les Francs en sont devenus les victimes.

Alors, pourquoi cette image de barbares ? Cela s'explique par les sources, essentiellement cléricales et monastiques. Les églises et monastères furent les cibles privilégiées des Vikings, d'où la réaction véhémente des clercs. Certains, comme Alcuin, présentent les Vikings comme une punition divine. Enfin, ils font partie d'un monde étranger, inconnu, terrifiant, où l'on se plaît à situer les monstres décrits par les auteurs de l'Antiquité. Certains missionnaires ont vu des cynocéphales (hommes à tête de chien) parmi les païens du Nord ! Les Vikings apparaissent comme des êtres sales, impies, rudes, contrairement à un monde carolingien qui se représente comme civilisé et chrétien. Le schéma à l'œuvre est le même que celui qui opposait Romains et Barbares. Une image négative, donc, qui nous en dit plus sur les représentations de « l'autre » par des clercs carolingiens que sur la réalité historique de ces Vikings.

Rodolphe Keller

Les Vandales étaient... des vandales !

FAUX

Ce peuple qui, dans le courant du Vᵉ siècle, fond sur l'Empire romain dépasse en violence et en barbarie tout ce que l'on peut imaginer. À tel point qu'on en fit un nom commun.

La réputation de pillards des Vandales est largement exagérée. Ils ne l'étaient pas plus que les autres peuples germaniques qui envahirent l'Empire romain. Le sac de Rome au Vᵉ siècle est même un modèle d'organisation ! Ils passent un accord avec le pape pour diviser la ville en secteurs dans lesquels ils s'emparent des richesses sans provoquer de violences excessives.

Originaire de Scandinavie, ce peuple s'installe en Germanie et en Slovaquie entre le Iᵉʳ et le IIIᵉ siècle. Chassés de leurs territoires par les Huns au Vᵉ siècle, les Vandales se massent un temps sur le Rhin, retenus par l'ensemble défensif du *limes* romain qui sert de frontière à l'Empire. Ils finissent par la franchir avec d'autres peuples en 406, lançant ainsi les « Grandes Invasions ». Après avoir pillé la Gaule, ils migrent avec les peuples alains et suèves vers les Pyrénées. En 409, ils s'installent en Espagne, notamment en Andalousie, à laquelle ils donnent peut-être son nom. Ils s'y fixent une vingtaine d'années, y acquièrent la technique de la navigation en enrôlant de force des marins et se convertissent au christianisme, plus particulièrement à l'arianisme. Une péninsule Ibérique épuisée par les pillages, des adversaires goths de plus en plus puissants et, surtout, la richesse de l'Afrique romaine encore préservée des Barbares les poussent une nouvelle fois à émigrer. En 429, les Vandales traversent le détroit de Gibraltar. Ils pénètrent en Algérie et atteignent Hippone en 430. La ville tombe en 431 après un siège au cours duquel meurt son célèbre évêque saint Augustin. Un moment arrêtés par les Romains, qui reconnaissent leur domination sur l'Afrique du Nord en signant avec eux un traité en 435, ils reprennent leur progression et s'emparent de Carthage en 439. Ils fondent alors un « royaume vandale d'Afrique » ou « royaume de Carthage » regroupant leurs territoires en Algérie et en Tunisie. En 533, l'Empire byzantin fera disparaître ce royaume et réduira sa population en esclavage. L'histoire somme toute classique de ce peuple barbare n'a laissé de trace que dans le vocabulaire.

Le mot de « vandale » est utilisé pour exprimer le pillage, le saccage, les destructions aveugles. C'est Voltaire qui, le premier, l'utilise dans ce sens péjoratif. Mais c'est l'abbé Grégoire qui donne définitivement au terme de « vandalisme » le sens qu'on lui connaît. Il est le premier à utiliser cette expression à la Convention en 1794 pour décrire les violences et les excès révolutionnaires. Cette réputation exagérée pour un peuple devenu l'archétype de la violence des peuples barbares lui vient des chroniqueurs de l'Antiquité et du haut Moyen Âge. Ils reprochaient aux Vandales leur arianisme considéré comme une hérésie. La spoliation des chrétiens dans les territoires sous leur domination et le pillage de Rome renforcèrent cette aversion. Enfin, la mort de saint Augustin, un des Pères de l'Église, porta leur diabolisation à son comble. L'historiographie continua de véhiculer cette image, épargnant d'autres peuples barbares qui, dans l'art de la rapine, du vol et de la violence, excellaient tout autant que les Vandales.

Olivier Tosseri

Attila
était le fléau de Dieu

---- **FAUX** ----

Ce barbare nomade, venu des steppes d'Asie, ravage tout sur son passage. Il est cruel, rustre, sans religion, sans éducation. On dit même que l'herbe ne repousse pas derrière lui.

Les Huns, peuple originaire d'une région allant de l'Europe de l'Est aux steppes d'Asie centrale, jouèrent un rôle déterminant dans les Grandes Invasions qui mirent un terme à l'Empire romain aux IVe et Ve siècles. Un nom les incarne, celui de leur roi Attila, né vers 400. Orphelin, il est recueilli avec son frère Bléda par son oncle le roi Ruga.

Avant de mourir en 434, ce dernier partage l'Empire hunnique entre ses deux neveux. Bléda, qui prend l'ascendant, exerce une pression constante sur l'Empire romain d'Orient, qui lui verse un tribut et lui laisse les mains libres. En 444 ou 445, Attila fait assassiner son frère et s'empare du pouvoir. Il est à la tête d'un empire s'étendant de la Pannonie, l'ouest de la Hongrie actuelle, à la mer Caspienne, avec pour frontières le Rhin, la Vistule, le Danube, la mer Noire et le Caucase vers le sud. Ses habitants sont les nombreux peuples et tribus soumis et alliés : Iraniens, Mongols, Turcs, mais surtout Germains. Éleveurs de bovins et de chevaux, ils étaient aussi d'excellents artisans ; ils perfectionnent ainsi l'arc et la selle. Mais la principale ressource de cet immense empire est le tribut versé par Constantinople. Or, à la mort de Théodose II en 450, son successeur cesse de s'en acquitter. Attila, qui ne peut soumettre l'Empire d'Orient, se tourne alors vers celui d'Occident. Il saisit l'occasion d'une intrigue de cour. Honoria, sœur de l'empereur Valentinien III, est forcée d'entrer dans un couvent de Constantinople. Elle désire alors épouser Attila pour s'en faire un allié et lui envoie un anneau de fiançailles. Ce dernier prend ce prétexte pour lancer une expédition punitive. Il se lance sur la Gaule en 451, brûlant et pillant, mais échoue face à la résistance de sainte Geneviève à Paris et de saint Aignan à Orléans. En juin 451, il affronte les légions romaines de Flavius Aetius à la bataille des Champs catalognes en Champagne. Défait, il se retire sur le Rhin. Au printemps suivant il fond sur l'Italie, arrive aux portes de Rome, mais accepte la trêve négociée par le pape Léon Ier et le consul Aviennus. Il meurt en 453 sur la route de l'Orient, lors d'un festin donné pour ses noces. Son règne n'aura duré que huit ans et son empire se disloque à sa mort.

La légende se forge dès son vivant. Un gardien de vaches aurait trouvé l'épée du dieu de la Guerre Mars sortant du sol et la lui aurait offerte, signifiant ainsi son destin de régner sur le monde. Au Moyen Âge, on lui donne le surnom de fléau de Dieu, un barbare asiatique, détruisant tout sur son passage après lequel l'herbe ne repousse pas. Or les Huns accueillaient une majorité de Germains en leur sein et Attila était fortement romanisé. Sa légende sanguinaire répond à une double propagande. Celle de l'Église, d'abord, qui sort grandie de la résistance héroïque des villes dirigées par les évêques et les nombreux miracles qui eurent lieu. Celle des Romains, ensuite, qui s'érigent en défenseurs de la civilisation face à la barbarie. L'art acheva d'inscrire dans les mémoires ce portrait sombre. Corneille fit d'Attila une tragédie, Wagner et Verdi un héros d'opéra, le présentant toujours sous les traits d'un barbare intrigant et assoiffé de sang. Mais son image est toute différente en Hongrie, qui en fait l'initiateur de son roman national et où son nom y est encore populaire. Les Hongrois descendraient en effet des Huns et de leur roi, un homme raffiné et courageux.

Olivier Tosseri

? Clovis a été sacré roi

FAUX

> *Aucun doute. Chacun a vu au moins une représentation de cette cérémonie qui eut lieu en toute solennité à Reims.*

Il n'y a aucune source connue faisant mention de la cérémonie du sacre de Clovis pour la bonne raison qu'il ne fait son apparition dans le royaume franc qu'au milieu du VIIIᵉ siècle. Lorsque, en 481, il succède à son père Childéric et devient roi des Francs saliens, Clovis est encore païen, comme son peuple. Il est vrai qu'à une date inconnue (entre 498 et 508), il est baptisé par l'archevêque Remi de Reims, ce qui lui vaut le ralliement des élites gallo-romaines et de l'épiscopat. Clovis est en effet le premier souverain barbare baptisé dans la foi catholique. Cependant, aucune source connue ne mentionne de sacre. Pourquoi donc cette légende est-elle si tenace ?

Le rituel du sacre trouve son origine dans l'Ancien Testament. Le grand prêtre oignait le prince avec de l'huile sainte afin de lui communiquer la grâce divine. Ce rite n'était connu ni à Rome ni à Byzance. Il est attesté pour la première fois dans le royaume wisigothique, au VIIᵉ siècle : en 672, le roi Wamba reçoit l'onction royale par l'archevêque de Tolède, afin de stabiliser le royaume, déchiré par de multiples révoltes. Le sacre confère en effet l'inviolabilité à la personne royale. Il rend le roi sacré et le place au-dessus de tous les laïcs. Il en fait également le protecteur des églises.

Parmi les Francs, cette cérémonie est inaugurée par le maire du palais Pépin le Bref. Depuis la fin du VIIe siècle, la dynastie mérovingienne a en effet perdu toute autorité et les Pépinides sont *de facto* à la tête du pouvoir. Dans les années 750, Pépin le Bref décide d'assumer pleinement la fonction royale. En 751, il est élu roi à Soissons par les grands du royaume, selon la tradition franque. Il reçoit également l'onction royale par l'évêque Boniface. L'adoption de cette cérémonie lui permet de légitimer son pouvoir. En 754, le pape lui-même, Étienne II, sacre à nouveau Pépin ainsi que ses fils, ce qui garantit la royauté à sa descendance. Par cette cérémonie, les Pippinides introduisent un nouveau type de monarchie, fondée sur une légitimité d'origine divine et chrétienne.

Avec le temps, Reims s'impose comme le lieu du sacre, grâce à la légende attachée à Clovis. Au IXe siècle, l'archevêque Hincmar de Reims y contribue en formalisant, dans sa *Vie de saint Remi*, l'histoire de la Sainte Ampoule. Celle-ci aurait été apportée par une colombe à l'occasion du baptême de Clovis. Hincmar renforce la dimension symbolique du sacre en le rapprochant de cette légende, d'où la confusion fréquente. Cela lui permet également de fixer la cérémonie dans sa propre cité.

Au cours des siècles suivants, la cérémonie évolue et s'étoffe. Au XIIe siècle, le roi prête serment de protéger l'Église et le clergé. Après le sacre, il reçoit les insignes de la royauté. Au XIVe siècle, s'ajoute le toucher des écrouelles, qui témoigne des pouvoirs thaumaturgiques du souverain. En 1775 encore, le roi Louis XVI tient à ce que la cérémonie ait lieu, car il est conscient de l'importance du caractère sacral de la monarchie française. Celle-ci avait en effet tout à gagner du maintien de cet imaginaire puissant, lié à des mythes fondateurs comme celui de Clovis.

Rodolphe Keller

Clovis
a brisé le vase de Soissons

FAUX

Lors d'un partage de butin après le pillage d'une église, une altercation se produit entre le roi et ses hommes. Un vase est l'objet du conflit. De rage, le souverain le casse.

La réponse est en fait… personne ! Telle est la conclusion du médiéviste Michel Rouche sur la célèbre anecdote du vase de Soissons, rapportée par Grégoire de Tours, évêque du VIe siècle, dans son *Histoire des Francs* (chapitre II, 27). L'épisode se déroule lors de la conquête, par Clovis, du royaume de Syagrius (correspondant approximativement au nord de la France actuelle) en 486 – il a succédé à son père Childéric Ier à la tête des Francs de Tournai (Belgique actuelle) en 481. « En ce temps-là, écrit Grégoire, beaucoup d'églises furent pillées par l'armée de Clovis parce qu'il était encore enfoncé dans les erreurs du fanatisme », Clovis et ses guerriers étant toujours païens. À Soissons, l'armée de Clovis procède au partage du butin, dans lequel se trouve un vase liturgique, « d'une beauté merveilleuse », que l'évêque de Reims, Remi, tente de récupérer par l'envoi de messagers. Clovis souhaite satisfaire l'évêque, mais doit aussi se plier aux traditions concernant le partage du butin, qui se fait par tirage au sort.

Il demande alors à ses soldats de lui donner ce vase hors part. La plupart acceptent, mais l'un d'entre eux s'y oppose, frappe le vase de sa francisque en s'écriant : « Tu n'auras ici que ce que le sort t'attribuera vraiment. » Clovis ravale alors sa colère mais « garda sa blessure cachée dans son cœur ». Quelques mois plus tard, au cours d'une parade militaire, alors qu'il vérifie la tenue de ses troupes, le roi reproche au soldat en question l'état de ses armes et jette à terre sa hache. Lorsque celui-ci se penche pour la récupérer, Clovis brandit sa propre francisque et l'enfonce dans le crâne de l'impertinent : « C'est ainsi que tu as fait à Soissons avec le vase ! » L'épisode se rattache probablement à des faits réels, mais la tradition n'en a pas retenu l'intégralité. Selon Grégoire de Tours, Clovis, après le partage, a tout de même envoyé le vase à l'évêque de Reims. Celui-ci a ensuite demandé, dans son testament, que le vase soit fondu et qu'on en fasse un encensoir et un calice. Le vase devait donc, tout au plus, être un peu cabossé. Comment comprendre cette distorsion ?

Clovis occupe une place particulière dans l'histoire nationale. En 1131, le futur Louis VII est sacré avec l'huile sainte, dont on disait que saint Remi s'était servi pour baptiser Clovis, inaugurant un rituel qui participe à la construction de l'idéologie royale par les Capétiens, que l'on retrouve tout au long de l'Ancien Régime. Perçu comme premier roi chrétien des Français, Clovis synthétise différentes traditions, religieuse, royale, nationale, et occupe une place de choix dans l'histoire de France. Son baptême, qui eut lieu à Reims le 25 décembre 498, est devenu une sorte de mythe des origines, au centre de la mémoire et de l'identité nationale. L'épisode du vase de Soissons est ainsi constitutif de cet imaginaire lié au baptême : il en symbolise en quelque sorte le premier acte, préfiguration du Clovis catholique, ouvert aux revendications de l'Église et fondateur d'une alliance durable entre le trône et l'autel.

Dans cette logique du mythe, le vase brisé fait écho au crâne brisé du soldat. Cela confère une symétrie au récit et valorise le parallélisme entre l'acte violent perpétré contre l'Église et le geste de Clovis, sublimant ainsi l'image d'un roi protecteur et vengeur de la chrétienté.

Rodolphe Keller

Les rois fainéants étaient... fainéants

En réalité, ils ne l'étaient ni plus ni moins… que leurs contemporains, ou leurs successeurs ! Le qualificatif témoigne, en fait, des enjeux politiques de l'époque. Dans les années 750, le maire du palais, Pépin le Bref, fils de Charles Martel, décide de faire coïncider le droit et le fait en se faisant élire roi par l'assemblée des Francs. Pour légitimer cette prise de pouvoir, il est sacré une première fois par saint Boniface en 752 puis par le pape Étienne II en 754. Il devient ainsi le premier roi carolingien. Reste à justifier ce qui peut être considéré comme une usurpation.

Une habile communication se met en place pour discréditer les derniers Mérovingiens. L'expression elle-même est liée au tableau dressé par Eginhard, lettré de l'académie palatine et ami de Charlemagne. Dans les années 820, il rédige une biographie du grand empereur, dans laquelle il prend soin de légitimer la prise du pouvoir. D'après ses dires, la lignée mérovingienne « avait depuis longtemps déjà perdu toute vigueur et ne se distinguait plus que par ce vain titre de roi ». Il se moque de

118

ce souverain, Childéric III, qui « montait dans une voiture attelée de bœufs, qu'un bouvier conduisait à la mode rustique ». Cette image est probablement liée à d'anciens rites païens de fécondité, qu'Eginhard ne peut plus comprendre cent ans plus tard. Le mythe des « rois fainéants » s'est ainsi construit en partie par méconnaissance d'un passé révolu, en partie par rhétorique politique. Il trouve sa place dans le tableau classique d'un Moyen Âge aussi brutal et sanguinaire qu'incompris dans sa complexité politique et symbolique.

Rois fainéants ? L'expression désigne les derniers souverains de la lignée issue de Clovis, les Mérovingiens. Ces derniers gouvernent le peuple franc du Ve au VIIIe siècle. Sous leur férule, les Francs établissent une domination sur l'ensemble de la Gaule et sur certains peuples d'outre-Rhin. Ils connaissent un affaiblissement important durant la seconde moitié du VIIe siècle, qui leur vaut ce qualificatif de « fainéants », mais s'explique en fait par une série de troubles politiques. Des guerres opposent des princes mérovingiens qui doivent s'assurer des fidélités par l'octroi de domaines taillés dans le territoire royal, ce qui diminue leur pouvoir. Surtout, la turbulente aristocratie franque se déchire pour le contrôle des charges plus importantes, les *honores*. Les derniers Mérovingiens sont confrontés à la montée en puissance des maires du palais, sortes de vice-rois.

Après la mort de Childéric II en 675, les rois deviennent des fantoches aux mains des familles qui se disputent cette charge. Thierry III (673-691) est soumis à Ebroïn, despotique maire du palais de Neustrie. Les Pépinides, ancêtres des Carolingiens, contrôlent la mairie du palais d'Austrasie. Après la bataille de Tertry en 687, Pépin de Herstal demeure seul à la tête du royaume. Charles Martel (714-741), son fils, fait et défait les souverains. Les prétendus « rois fainéants » sont donc confrontés à des difficultés politiques profondes, liées à des enjeux qui leur échappent de plus en plus. Leur monde est en train de changer.

Rodolphe Keller

? Dagobert était un roi ridicule

FAUX

Le Mérovingien est un monarque étourdi, maladroit et benêt. Son entourage s'en moque gentiment. Même saint Éloi, son intendant, se gausse de lui.

Le règne du Mérovingien Dagobert Ier (né vers 602-605 et mort en 638 ou 639) a constitué une parenthèse de stabilité et de réformes politiques dans une période troublée. Dès son plus jeune âge, il participe à la prise des décisions du conseil de son père Clotaire II. Il s'y fait remarquer et écouter et obtient le royaume d'Austrasie, sur lequel il exerce son autorité de 623 à 632. Il y montre ses talents d'administrateur, réorganisant la fiscalité pour la rendre plus équitable, encourageant les comtes à rendre une justice moins intéressée et récompensant les plus intègres.

Face à l'augmentation du poids de l'Église et des biens ecclésiastiques, il permit que tout litige puisse être jugé en appel par le roi, renforçant ainsi ses prérogatives. Il enjoignit en outre le clergé à développer l'assistance à la population et l'aide aux plus démunis. Roi des Francs à la mort de son père en 629, il tenta dès lors de reconstituer l'unité du royaume morcelé et de renforcer le pouvoir royal affaibli. Il prend ainsi pour capitale Paris, en raison de sa position géographique plus centrale. Dagobert s'entoure de conseillers compétents tels que le chancelier Didier, le gardien du sceau royal Dadon (canonisé sous le nom de saint Ouen) et l'ancien orfèvre Eligius (futur saint Éloi). Il entreprend un nombre important de réformes, qu'il avait déjà initiées lorsqu'il était à la tête de l'Austrasie. Il lutte contre les revendications autonomistes de certains nobles, réorganise l'administration et la justice du royaume, centralise au palais la frappe de la monnaie. Il développe les arts et fonde de nombreux monastères, notamment l'abbaye de Saint-Denis qui accueillera son tombeau et deviendra nécropole royale. Il est en fait le dernier roi de la dynastie mérovingienne à diriger personnellement son royaume. Son œuvre politique est cependant remise en cause par une révolte de la noblesse d'Austrasie en 634. Elle l'oblige à partager le *Regnum Francorum* avec ses deux fils, encore trop jeunes pour régner. Dagobert meurt en 638 ou 639. Les maires du palais relèvent la tête et profitent de la faiblesse des héritiers pour briser cet élan unificateur et faire replonger le royaume dans les luttes de pouvoir.

C'est la chanson populaire *Le Bon Roi Dagobert* qui le rendit attachant, en lui donnant une image de distraction et de maladresse. Datant de la Révolution française, cette comptine n'avait pas pour but de retranscrire une vérité historique mais de tourner en dérision la monarchie. Derrière Dagobert, c'est de la reine Marie-Antoinette et de son époux Louis XVI que l'on veut se moquer, lui qui était réputé distrait et gourmand. Artifice courant : on prenait un souverain lointain et mal connu pour ridiculiser le monarque actuel. Et puis, plus tard, ce sera au tour de l'empereur Napoléon III d'être visé par certaines strophes. Le poète Charles Peguy ajouta même des couplets à la chanson. Si elle attacha le ridicule à son nom, elle eut au moins le mérite de sauver le Mérovingien Dagobert Ier de l'oubli.

« Le bon roi Dagobert a mis sa culotte à l'envers. Le grand saint Eloi lui dit "O mon roi, votre Majesté est mal culottée !" – "C'est vrai, lui dit le roi, je vais la remettre à l'endroit." »

Olivier Tosseri

Pépin le Bref
a très peu régné

FAUX

Il inaugure la dynastie des Carolingiens. Sacré, deux fois, roi des Francs et patrice des Romains, son règne sera, dit-on, de courte durée, à peine quelques mois.

Bref, il l'est par sa taille, et c'est elle qui lui a valu son surnom et non la durée de son règne. Fils de Charles Martel et père de Charlemagne, le pouvoir de roi des Francs qu'il détient pendant dix-sept ans, de 751 à 768, est riche en événements importants et inaugure la dynastie carolingienne. À la mort de son père, en 741, la charge de maire du palais est, selon la tradition franque, partagée entre ses principaux fils.

Carloman hérite de celle d'Austrasie, Pépin de celle de Neustrasie, à laquelle s'ajoutent la Provence et la Bourgogne. Ils réforment tout d'abord ensemble l'Église en réunissant sous l'égide de l'évêque Boniface de Mayence une série de conciles. Ces réunions, au cours desquelles le clergé prend des décisions d'ordre théologique et disciplinaire, n'étaient en effet plus convoquées. Pépin s'attache également l'Église en lui rendant des terres dont elle estimait avoir été spoliée par Charles Martel.

En 747, Carloman se retire dans un monastère, cédant ses titres à son frère, qui se retrouve ainsi seul en possession de la totalité du pouvoir. En 750, il s'allie au pape Zacharie pour évincer le dernier et faible Mérovingien. Le pontife reconnaissant Pépin comme roi car étant seul à détenir et exercer le pouvoir, celui-ci dépose Childéric III en 751, fondant la dynastie carolingienne. Les liens avec la papauté ne vont dès lors cesser de se resserrer. Le Franc a besoin d'elle pour donner une légitimité à sa nouvelle dynastie et Rome a besoin de sa protection contre les Lombards, ce peuple germanique venu des confins de la Baltique, dont la menace est de plus en plus pressante alors qu'il n'a plus l'appui traditionnel de l'Empire byzantin.

Le pape Étienne II fait lui-même le voyage pour demander l'aide militaire du roi des Francs. Il lui propose de le sacrer à nouveau, lui donnant son appui spirituel en échange d'un domaine qui le mettrait à l'abri de toute agression. La cérémonie a lieu à l'abbaye de Saint-Denis le 27 juillet 754, conférant à la royauté franque un caractère de droit divin et détachant définitivement la papauté de Byzance. Ce principe durera dans la royauté française pendant onze cents ans. Premier roi très chrétien « par la grâce de Dieu », Pépin a donc le devoir – en tant que fils aîné de l'Église, prenant la défense de sa « Sainte Mère » – de rompre l'alliance qui le lie aux Lombards.

Pépin lance alors jusqu'en 758 des expéditions militaires qui chasseront les Lombards de la région de Rome. Trois campagnes qui se soldent chaque fois par un succès. À l'issue de sa victoire, il confie au pape un territoire composé de vingt-deux villes d'Italie centrale qui constituera le noyau des futurs États pontificaux. Cette donation, confirmée par Charlemagne en 778, repose sur un faux. Celui de la donation de Rome et de l'Italie qu'aurait faite le premier empereur chrétien, Constantin le Grand, au pape Sylvestre Ier, au moment de quitter Rome pour Byzance, sa toute nouvelle capitale.

Sur le plan intérieur, Pépin consolide son pouvoir, reprend en main et renforce l'autorité royale. Il meurt en 768 après avoir à nouveau partagé le royaume franc entre ses deux fils, dont le futur Charlemagne, qui confirmera et étendra l'œuvre de son père. Le règne de Pépin III n'aura donc été bref ni dans sa durée ni dans ses conséquences.

Olivier Tosseri

Charles Martel
arrête les Arabes à Poitiers

FAUX

En cette année 732, les Sarrasins venus d'Espagne attaquent le sud de la France. La victoire totale du roi franc à Poitiers va changer le cours de l'Histoire.

Charles Martel n'a pas arrêté une invasion mais un simple raid de pillage. En 732, un siècle exactement après la mort de Mahomet, l'islam s'est répandu comme une traînée de poudre dans le Bassin méditerranéen. En 711, le royaume wisigothique d'Espagne est conquis, puis les guerriers musulmans traversent les Pyrénées. En 719, ils prennent la ville de Narbonne mais sont arrêtés par le duc d'Aquitaine, Eudes, à Toulouse, en 721. Cela n'empêche pas Carcassonne et Nîmes de tomber entre leurs mains en 725. Eudes s'allie alors à Munuza, gouverneur berbère de la Septimanie (actuel Languedoc), à qui il donne même sa fille en mariage. Mais ce dernier entre en rébellion contre ses coreligionnaires d'Espagne. En 732, l'émir de Cordoue Abd al-Rahmân décide de le punir, lui et son allié aquitain. Il lance une razzia pour mater la rébellion, pille ensuite Bordeaux puis sa convoitise se porte sur le sanctuaire Saint-Martin de Tours qui, lui dit-on, regorge de trésors. Devant cette menace, Eudes se résout à faire appel au chef des Francs du nord de la Loire, Charles, avec lequel il entretient des rapports conflictuels. Celui-ci prend la route de Poitiers, joint son armée à celle d'Eudes et, le 19 octobre 732, à Moussais, sur l'actuelle commune de Vouneuil-sur-Vienne, fait face aux Sarrasins. Escarmouches et duels se succèdent pendant six jours avant qu'une bataille soit livrée. À la fin de l'après-midi du 25 octobre 732, premier jour du Ramadan selon les sources arabes, l'armée franque se lance à l'assaut. Brutal et confus, il tourne à son avantage. Abd al-Rahmân y trouve la mort en tentant de galvaniser ses hommes. La nuit interrompt le combat et, le lendemain, les Francs s'aperçoivent que les Sarrasins se sont enfuis. Charles ne les poursuit pas mais profite de son avantage pour s'emparer des évêchés de la Loire, puis descend piller le Midi. Il en chasse les chefs musulmans et y gagne son surnom de « Martel » (celui qui frappe comme un marteau d'armes). Les troupes arabo-musulmanes ne sont pourtant pas complètement battues, elles s'emparent d'Avignon et d'Arles en 735 puis attaquent la Bourgogne, avant d'être refoulées dans le Sud par Charles Martel l'année suivante.

La bataille de Poitiers n'a pas un retentissement important sur le moment même ; elle permet aux chroniqueurs carolingiens de mettre en valeur Charles Martel, père de Pépin le Bref et grand-père de Charlemagne. Ce n'est qu'au XIXᵉ siècle que l'événement prend véritablement de l'ampleur en étant relu à la lumière d'un élan patriotique et colonialiste donnant la possibilité d'exalter la supériorité de l'Occident et les grandes heures de l'Histoire nationale. Le roi Louis-Philippe en fait un outil de propagande au début de la conquête de l'Algérie. Encore aujourd'hui certains mouvements extrémistes en font un cliché du choc des civilisations.

La bataille de Poitiers n'a pourtant pas repoussé une invasion : elle a été simplement le coup d'arrêt d'un raid. Elle n'est qu'une étape dans la prise de pouvoir de Charles Martel, qui a pu affaiblir son rival, le duc d'Aquitaine. Poitiers brisa néanmoins les incursions musulmanes vers le nord de la Gaule, même s'il faut attendre la prise de Barcelone par Charlemagne en 801 pour les stopper définitivement.

Olivier Tosseri

La papesse Jeanne a bien existé

FAUX

Elle vécut vers 855, à Rome. Érudite, cette férue de théologie, élue par le peuple, accoucha en pleine messe. Un scandale.

Dans la liste des papes, à aucun moment le pontificat de Jeanne n'aurait pu s'insérer. Aucune chronique de l'époque ne permet de l'accréditer. La légende connaît différentes versions mais une trame commune. Une femme aurait réussi aux alentours de 855 à être élue pape en cachant sa véritable identité sexuelle. Vers 850, une jeune fille déguisée en homme et connue sous le nom de Jean l'Anglais entreprend des études dans une université en Angleterre puis part étudier la science et la philosophie à Athènes. Elle arrive ensuite à Rome où elle parvient à intégrer la Curie. Sa piété et son érudition la rendent populaire auprès du peuple romain qui l'élit pape par acclamation. Elle se montre le moins possible en public mais un jour, lors de la célébration d'une messe – ou pendant la procession de la Fête-Dieu selon les chroniques –, elle est prise de douleurs et donne naissance à un enfant. Selon les chroniqueurs : elle meurt en couches ; elle est lapidée par la foule ; ou elle est tout simplement déposée.

L'Église, dès lors, aurait été contrainte de vérifier la virilité du nouvel élu en le faisant asseoir sur une chaise percée pour procéder à un examen.

L'inspection terminée, la formule « *Duos habet et bene pendentes* » (« il en a deux, et bien pendantes ») permettait de rassurer tout le monde. L'Église elle-même accrédita cette légende jusqu'au XVIe siècle. Outre le fait que le pontificat de Jeanne n'a pas sa place au IXe siècle, son histoire présente de nombreux anachronismes. Ainsi Oxford, la plus ancienne université anglaise, et la Fête-Dieu, instaurée en 1264, ne datent que du XIIIe siècle.

C'est à cette époque que se développe la tradition. Tout d'abord sous la plume du dominicain Jean de Mailly vers 1255 qui n'aurait fait que transcrire un récit plus ancien. Mais c'est surtout celui du dominicain Martin le Polonais, chapelain de plusieurs papes, dans sa *Chronique des pontifes romains et des empereurs*, vers 1280, qui lui assure le succès. L'Église s'intéresse au cas juridique que l'anecdote présente et impose ainsi sa version de l'événement. Boccace est le premier écrivain laïc à traiter de l'histoire de Jeanne au XIVe siècle, reprise à des fins politiques.

Lors du Grand Schisme d'Occident, elle permet pour les deux partis de se référer à la jurisprudence d'une déposition légale. Jan Hus mentionne cette histoire devant le concile de Constance pour remettre en cause le principe de la primauté romaine : pour lui, Jeanne a définitivement mis fin à la succession apostolique. Il est suivi par Calvin et Luther, choqués d'avoir vu à Rome un monument en l'honneur de la papesse. En Angleterre, le mouvement antipapiste qui suit la création de l'Église anglicane produit un grand nombre de récits sur Jeanne, enrichissant la légende médiévale. Elle est cependant réfutée officiellement dès la fin du XVIe siècle tant en Italie qu'en France. Ce mythe tirerait son origine du surnom donné de son vivant au pape Jean VIII pour sa faiblesse face à l'Église de Constantinople. Il renverrait également aux inversions des valeurs rituelles typiques des carnavals et de la culture populaire au Moyen Âge. La papesse Jeanne a cependant séduit de nombreux auteurs de romans dont elle est l'héroïne et jusqu'au Tarot de Marseille dont elle représente une carte.

Olivier Tosseri

? C'est Charlemagne qui a inventé l'école

— FAUX —

Tous les enfants le savent… et maudissent cet empereur qui voulait que son peuple ait, enfin, la possibilité d'apprendre à lire et écrire.

L'école existe bien avant l'empereur, dès l'Antiquité ! L'image d'Épinal, largement diffusée auprès des écoliers de la IIIe République, montre Charlemagne en train d'inspecter l'école du Palais, de féliciter les élèves pauvres et méritants, de vilipender les fils de nobles, riches et paresseux. L'anecdote, imaginée par le moine Notker de Saint-Gall à la fin du IXe siècle, connaît un immense succès dès le Moyen Âge. L'empereur est canonisé en 1165, l'université de Paris lui attribue à la fin du XVe siècle sa fondation, ce qui, en France, fait de lui le patron universel de l'enseignement… *Quid* de la réalité ? D'après Eginhard, auteur de la première biographie de Charlemagne, l'empereur a reçu une instruction fort médiocre et n'apprend qu'assez tard le latin et le grec : s'il sait à peu près lire, il n'arrivera jamais, malgré tous ses efforts, à écrire correctement. Cet autodidacte rêve de donner un nouveau cadre intellectuel à l'immense empire qu'il gouverne seul, de 771 à 814.

L'Europe occidentale apparaît à cette époque comme un vaste champ de ruines : les invasions barbares ont entraîné le déclin des cités et l'incendie des bibliothèques ; les guerres civiles qui déchirent par la suite le monde franc ne permettent pas un véritable renouveau culturel. Bien au contraire, alors qu'il existe encore au début du VIIe siècle des élites germaniques parfaitement romanisées et des écoles publiques, tout cela disparaît en l'espace de deux ou trois générations. Seule l'Église assure tant bien que mal le maintien de la culture antique, mais les clercs instruits, qui ont appris le latin dans les écoles ecclésiastiques, ont désormais bien du mal à se faire comprendre de leurs ouailles, qui parlent des dialectes romans ou germaniques. Bien des prêtres, insuffisamment formés, ne comprennent d'ailleurs rien aux paroles sacrées qu'ils ânonnent en latin.

Dieu peut-il supporter d'entendre ainsi massacrer les prières qu'on lui adresse ? Certes, non. Et c'est tout le sens du capitulaire général qu'édicte Charlemagne en 789. Dans ce vaste programme de réformes, un chapitre entier concerne l'école : « Que les prêtres attirent vers eux non seulement les enfants de condition servile, mais aussi les fils d'hommes libres. Nous voulons que des écoles soient créées pour apprendre à lire aux enfants. » Objectif fort ambitieux : il s'agit de créer un réseau d'écoles paroissiales gratuites et ouvertes, semble-t-il, à tous les enfants (mâles), pour leur apprendre à lire et écrire (le latin), à compter et à chanter, dans un but religieux, mais dans l'espoir aussi de former les futurs cadres de l'Empire. D'autres édits, régulièrement promulgués, répètent ou complètent ce premier texte, ce qui laisse entendre qu'il a dû rester en partie lettre morte.

À la cour d'Aix-la-Chapelle, Charlemagne attire les plus grands intellectuels de son temps : originaires d'Italie, comme Paul Diacre et Pierre de

Pise, d'Espagne, comme Théodulf, ou des lointaines îles Britanniques, comme Alcuin. Ce sont ces hommes d'exception, Alcuin surtout, qui lancent le vaste mouvement de réforme intellectuelle que l'on appelle la Renaissance carolingienne. S'il n'a pas inventé l'école, Charlemagne a contribué, par une politique éclairée, à sauver la culture antique et à refonder les bases intellectuelles sur lesquelles l'Europe allait se construire dans les siècles suivants.

Rodolphe Keller

Roland a été tué par les Sarrasins à Roncevaux

━━━━━ **FAUX** ━━━━━

La mort est au rendez-vous. Le preux chevalier et son ami Olivier, au retour d'une campagne militaire en Espagne, sont attaqués dans un défilé des Pyrénées, par les Maures.

Roland succombe à une attaque des Basques, le 15 août 778. Pourquoi une telle substitution ? Au printemps 778, Charles (Charlemagne) et son armée se rendent en Espagne à l'appel du *wali* (gouverneur) de Saragosse, révolté contre l'émir de Cordoue. Celui-ci lui promet de lui ouvrir Saragosse. Jusque-là, le roi n'avait pas eu l'intention de franchir les Pyrénées, mais la perspective de soumettre les Vascons (Basques) est tentante. En outre, peu au fait des relations politiques complexes de la région, il pense qu'il doit « libérer » les principautés chrétiennes du « joug très cruel » des infidèles, dit la chronique. Il passe à l'offensive, persuadé que l'affaire sera facile. À l'aller, l'immense armée de Charles franchit le col pyrénéen de Roncevaux sans encombre. Lorsqu'il arrive à Saragosse, le *wali* n'est plus le même et résiste. Charles n'a pas prévu de machine de siège, puisque la ville devait lui être ouverte. Après deux mois, il échoue et se replie sur Pampelune (en territoire basque) qu'au passage il saccage. C'est alors qu'il apprend que les Saxons s'agitent du côté du Rhin. Le gros de l'armée repasse le col de Roncevaux. Mais l'arrière-garde tombe dans un guet-apens tendu par les Basques : Roland, comte de marche de Bretagne, trouve la mort. La légende de Roland, victime héroïque, commence.

Pourquoi la mémoire collective, qui s'est très tôt emparée de cet épisode, va-t-elle transformer les assassins de Roland en Sarrasins ? Si le chroniqueur de l'époque, Eginhard, dans sa biographie de Charlemagne, incrimine bien les Basques, la principale source de la légende de Roncevaux reste *La Chanson de Roland*. Dès le IXe siècle, l'épisode est propagé oralement, avant d'être écrit vers 1180. Or ce poème épique n'est pas un récit historique. Les faits sont déformés pour atteindre deux buts. Politique, d'abord : Hugues Capet (987-996), dans sa volonté d'unification, notamment après le mariage de son frère avec Gersende de Gascogne, ne peut laisser un peuple de son royaume porter la responsabilité de la mort de Roland, déjà grand héros dans l'imaginaire collectif du Xe siècle. Religieux, ensuite : *La Chanson de Roland* s'inscrivant dans le sillage des Croisades (la première date de 1096) et de la Reconquista espagnole (718-1492), la chrétienté a tout intérêt à tirer parti de cette légende, si connue, pour motiver les chevaliers et pour galvaniser les pèlerins contre l'infidèle. La construction de l'identité de l'ennemi devient un miroir de celle des héros.

Le modèle du chevalier valeureux et très pieux qu'est devenu Roland au XIIe siècle doit être opposé à l'ennemi suprême de l'époque, le Sarrasin, celui qui a conquis l'Espagne. Et ainsi la mort de Roland devint un condensé des valeurs chevaleresques et chrétiennes. CQFD !

Amélie de Las Heras

Le passage à l'an mil a suscité une grande peur

---- **FAUX** ----

Il se produisit une éclipse terrible. On vit une comète briller dans le ciel. Et les hommes redoutèrent la venue sur terre du diable. La terreur envahit les Européens.

Une grande partie de la population n'a pas perçu le passage à l'an mil puisque sans calendrier. Incapable de calculer l'année en cours, elle n'a pas eu conscience d'entrer dans un nouveau millénaire. L'année commençait en outre à des dates différentes en Europe (à Noël en Angleterre et en Italie, à Pâques en France) et les ecclésiastiques concevaient un « début de millénaire dédoublé », 1000 pour l'Incarnation et 1033 pour la Passion du Christ.

Au Moyen Âge, et particulièrement au Xe siècle, une place importante était accordée à la dimension eschatologique du christianisme, c'est-à-dire l'attente du salut éternel après le Jugement dernier. Cet élément de la foi se doublait chez certains, et ce dès les premiers siècles de l'Église, d'une croyance millénariste qui attendait la fin du monde mille ans après l'Incarnation du Christ. Ils se fondaient sur l'interprétation d'un verset de l'Apocalypse selon Jean : « Puis je vis descendre du ciel un ange, qui avait la clef de l'abîme et une grande chaîne dans sa main. Il saisit le dragon, le serpent ancien, qui

138

est le diable et Satan, et le lia pour mille ans. Il le jeta dans l'abîme, ferma et scella l'entrée au-dessus de lui, afin qu'il ne séduisît plus les nations, jusqu'à ce que les mille ans fussent accomplis. [...] Quand les mille ans seront accomplis, Satan sera relâché de sa prison. » Pour accréditer cette prédiction, tout phénomène particulier (passage de comète, épidémies, troubles climatiques ou politiques...) était relevé et interprété.

Ce mythe des peurs de l'an mil naît à la fin du XVᵉ et au XVIᵉ siècle. Les humanistes souhaitaient présenter le Moyen Âge comme une période sombre et obscurantiste. Une panique se serait donc emparée de l'Occident. Cette thèse a été reprise par les philosophes des Lumières et les révolutionnaires de 1789 soucieux de présenter le christianisme sous un aspect ridicule. Mais c'est le XIXᵉ siècle qui installa dans les esprits l'image de la « grande peur de l'an mil ». Les historiens romantiques, et en particulier Jules Michelet, interprétèrent mal les textes des moines de l'époque. L'écrivain Eugène Sue y vit même une ruse de la « cupidité » des religieux pour obtenir plus d'offrandes de la part des fidèles. La IIIᵉ République anticléricale reprit ce mythe qu'elle conforta, heureuse de présenter une Église abrutissant les masses pour lui dérober ses biens. Mais, dès la fin du XIXᵉ siècle, l'école positiviste revient sur cette vision des événements. Après la Seconde Guerre mondiale, de nombreux historiens, dont Edgar Pognon, démontent complètement ce qu'ils appellent un « mirage historique », traduisant et publiant les œuvres écrites à l'époque. Malgré tout, les médiévistes Jacques Le Goff et Georges Duby ont nuancé cette interprétation dans des travaux récents. Pas de terreurs mais une attente inquiète de la fin du monde aux alentours de l'an mil. C'est la théorie de « l'inquiétude diffuse » qui corrige cette vision longtemps erronée ou partisane.

Olivier Tosseri

Les Chinois
exportent la poudre en Europe

FAUX

Dès le XIᵉ siècle, des savants venus de l'Empire du Milieu monnayent au plus offrant les secrets de leur invention.

L'invention de la poudre est attribuée aux Chinois il y a deux ou trois millénaires mais son utilisation au combat remonte au VIᵉ siècle apr. J.-C. Elle est le produit d'un mélange de salpêtre, de soufre et de charbon qui lui donne sa couleur et son nom de poudre noire. À l'origine, son usage par les Chinois était assez rudimentaire. Les projectiles incendiaires, ou « feux volants », des tubes de bambou remplis de poudre et entourés de papier, servaient surtout à effrayer les adversaires par le bruit et la fumée qu'ils produisaient. La formule chimique apparaît dans un ouvrage chinois en 1044. L'invention ne cesse alors d'être développée et perfectionnée au cours des XIᵉ et XIIᵉ siècle en Orient.

Ce sont les Arabes qui vont la faire connaître à l'Europe. L'expansion de l'Islam au VIIIᵉ siècle met les hommes en contact avec la civilisation chinoise. En juillet 751, une armée arabe de la dynastie des Abbassides remporte une victoire sur les bords de la rivière Talas, au Kirghizistan, sur une armée chinoise des Tang. À l'issue de cette bataille qui marque le point le plus oriental de l'avancée des troupes musulmanes et initie des échanges commerciaux, de nombreux Chinois sont faits prisonniers et vendus comme esclaves. Parmi eux, certains connaissent les techniques de fabrication du papier et de la poudre. Les alchimistes arabes, certainement parmi les meilleurs de l'époque, perfectionnent l'invention de la poudre noire et la diffusent dans le monde. Alors que les Byzantins ont mis au point le « feu grégeois » (mélange de naphte, de goudron, de soufre, de résine et de salpêtre), inflammable et utilisable essentiellement sur l'eau, les Arabes peuvent se servir de la poudre dans les conflits terrestres et en font usage contre les croisés. Ces derniers la rapportent en Occident.

Un certain Marcus Graecus en décrit la composition vers 1230 dans son *Liber ignium ad comburendos hostes*. Le frère Roger Bacon, moine franciscain anglais, en donne la formule en 1257 dans son ouvrage *De secretis operibus artis et naturae et de nullitate magiae* mais sous la forme d'anagrammes pour ne pas être inquiété par une enquête de l'Inquisition. Au xive siècle, Marco Polo de retour à Venise en 1318 mentionne l'utilisation de la poudre noire par les Orientaux, notamment pour les feux d'artifice. La légende populaire attribue ensuite son invention à un moine chimiste allemand, Berthold Schwartz, dont le nom veut symboliquement dire « noir ». Les premières armes à feu font leur apparition sur les champs de bataille européens dès le début du xive siècle mais de façon très rudimentaire, marquant néanmoins le début d'une véritable révolution militaire.

Olivier Tosseri

Guillaume le Conquérant était aimé des Anglais

FAUX

Ce roi, parmi les plus puissants de l'Occident, était aimé et même vénéré de ses sujets d'outre-Manche.

Le duc de Normandie, couronné roi d'Angleterre à l'abbaye de Westminster en 1066, n'a aucune raison d'être aimé de ses nouveaux sujets, les Anglo-Saxons. Le duc vient de conquérir le trône. Il lui reste encore à vaincre l'opposition de la population.

Pourtant, Guillaume savoure son triomphe. Sa folle entreprise a réussi au-delà de toute espérance. Depuis plusieurs années, il lorgne du côté de la couronne d'Angleterre. Le bon roi Édouard le Confesseur vieillit. Sa santé décline. Par chance, il va mourir sans descendance.

A priori, Guillaume ne peut prétendre à sa succession. Alors le rusé Normand va se prévaloir d'une promesse extorquée à Harold, comte de Wessex. Ce dernier est le beau-frère du roi mourant. Pour son malheur, Harold fait naufrage en baie de Somme. L'usage de cette rude époque veut que les étrangers échoués sur le rivage soient rançonnés. Prisonnier du comte de Ponthieu, Harold fait appel à Guillaume. Celui-ci le fait délivrer. À Harold méfiant, Guillaume raconte une fable : le roi Édouard lui aurait promis son héritage. Harold doit laisser la voie libre. Pour impressionner son invité, le duc, tout-puissant en sa Normandie, convoque au château de Bayeux ses barons. Dans la salle du Conseil, décorée de toutes les reliques disponibles afin de conférer à l'entrevue un caractère sacré, Harold doit, contraint et forcé, réitérer sa promesse.

À la mort d'Édouard, le 5 janvier 1066, le comte de Wessex se fait reconnaître roi d'Angleterre avec le soutien du Conseil saxon. Guillaume bat le rappel de tous les volontaires. Le 28 septembre, une armée de sept mille hommes, embarqués à bord de huit cents navires, débarque sur les côtes anglaises, à Pevensey. Le 14 octobre, le duc de Normandie tue Harold à Hastings et remporte la bataille après un combat difficile. Un autre débarquement, moins connu, a lieu plus au nord, à Romney dans le Kent. Les Normands sont tous massacrés. L'armée de Guillaume remonte jusqu'à Douvres, puis se dirige vers Cantorbéry, non sans piller et incendier sur son passage. Le 25 décembre, Guillaume est couronné par l'archevêque d'York, prudemment rallié à sa cause. La mise en coupe réglée du royaume d'Angleterre peut commencer. Six mois plus tard, les Normands, avec leur brutalité et leur morgue, ont réussi à se faire haïr des Saxons. La première révolte a lieu dans le Kent. Une autre éclate plus à l'ouest. Les Saxons et les Gallois, ennemis héréditaires, se sont coalisés pour l'occasion. À Noël, les insurgés tiennent la ville d'Exeter. Les Normands écrasent la révolte en remontant vers le nord, mais rencontrent une farouche résistance. Une à une, les villes capitulent. Pourtant la rébellion ne plie pas. Partout, les Saxons, alliés aux Gallois ou aux Danois, venus en renfort, se soulèvent. Des offensives sont lancées depuis l'Irlande ou même la Bretagne sur les côtes des Cornouailles ou du Devon. Guillaume le Conquérant, le seul homme ayant réussi à envahir l'Angleterre, devra lutter jusqu'à la fin de ses jours pour conserver son royaume. Lorsqu'il meurt en 1087, la pacification n'est toujours pas achevée.

Véronique Dumas

Toutes les croisades visent les Lieux saints

FAUX

Du XIe au XIIIe siècle, on dénombre huit expéditions. Un seul but : libérer les sites de pèlerinage, occupés par les musulmans.

Sur les huit croisades qui furent lancées entre 1095 et 1270, seule la première fut un succès avec la prise de Jérusalem en 1099. Mais toutes n'eurent pas comme finalité la lutte contre les musulmans ou la délivrance des Lieux saints. En 1198, le pape Innocent III prêche la quatrième croisade, mais, après l'échec de la précédente, son appel ne soulève pas l'enthousiasme. Le but est de conquérir l'Égypte qui pourra ainsi servir de monnaie d'échange pour récupérer Jérusalem reconquise quelques années auparavant par Saladin. C'est la République de Venise, principale puissance commerciale de Méditerranée, qui accepte d'affréter une flotte pour transporter 30 000 hommes. Au cours de l'été 1202, l'armée croisée se réunit sous les ordres de Boniface de Montferrat mais se trouve bien moins nombreuse que prévu. Le doge Enrico Dandolo refuse que les navires quittent le port si la somme fixée pour le voyage ne lui est pas versée. Endettés, les croisés acceptent alors le marché qui leur est proposé. Il s'agirait en échange de la remise de la dette de conquérir le port chrétien de Zara, sur la côte dalmate, et de le livrer aux Vénitiens. Malgré les réticences suscitées par l'idée de lutter contre d'autres chrétiens, la ville est prise, ce qui entraîne l'excommunication des croisés par Innocent III. Mais la croisade ne s'arrête pas là. Le fils de l'empereur byzantin Isaac II Ange a été dépossédé du trône par son oncle Alexis III Ange qui a mis son père en prison. Il propose aux Latins de rembourser leurs dettes à Venise si ceux-ci l'aident à chasser l'usurpateur. Les Vénitiens quant à eux sont ravis. Convaincus que les Byzantins n'avaient pas assez soutenu la lutte contre les musulmans et qu'ils devaient être punis, les croisés prennent d'assaut Constantinople en 1203. Alexis III en fuite est remplacé par Alexis IV. Mais, tenu pour traître par la population, le nouveau *basileus* n'arrive pas à imposer son autorité. En outre, son prédécesseur étant parti en vidant les caisses de l'État, il est obligé de revenir sur la promesse faite à ses alliés. Ces derniers entretiennent des relations de plus en plus tendues avec les Byzantins qui supportent mal leur présence et leur cupidité. Une conjuration renverse alors Alexis IV, qui est assassiné.

Constantinople est prise le 12 avril 1204 et mise à sac pendant trois jours. L'événement, d'une extrême brutalité, choque la chrétienté et cristallise le schisme entre catholiques et orthodoxes qui remontait à 1054. Un Empire latin d'Orient est ensuite fondé alors que les Vénitiens prennent possession de comptoirs et s'assurent le monopole commercial dans l'Empire. Ce nouvel État latin d'Orient n'est pas stable et sera rapidement reconquis par les Grecs. Bilan de cette IVe croisade qui n'a pas vu l'affrontement des croisés avec un seul musulman ? Une chrétienté définitivement et profondément divisée et un Empire byzantin qui, bien que finalement rétabli, sera durablement affaibli face à la menace ottomane.

Olivier Tosseri

Richard Cœur de Lion était sans reproche

FAUX

Le roi d'Angleterre Richard Cœur de Lion fut connu pour sa bravoure, sa grandeur d'âme et sa ferveur.

Richard surnommé Cœur de Lion dès l'âge de vingt ans, roi d'Angleterre de 1189 à 1199, est très populaire de son vivant. Les troubadours de son temps célèbrent sa bravoure extrême et ses hauts faits d'armes, sa piété et sa magnanimité. Désigné comme le « roi des rois terrestres », ce preux, fastueux et lettré, poète à ses heures, incarne à la perfection l'idéal chevaleresque du XIIe siècle. Seulement voilà : la légende dorée passe sous silence certains traits peu flatteurs de sa personnalité, bien loin de l'image du roi superbe et généreux. Colérique et impétueux, de nature versatile et violente, le bouillant Richard est loin d'être irréprochable.

Troisième fils d'Henri II Plantagenêt et d'Aliénor d'Aquitaine, Richard, né en 1157 à Oxford, grandit à Poitiers et à Limoges, capitale du duché d'Aquitaine. Séparée d'Henri II en 1168, la reine y tient sa cour. En 1173, sur son conseil, ses fils Henri le Jeune, Geoffroy et Richard, soutenus par le roi de France Louis VII, se révoltent contre leur père, impatients de prendre leur part de l'héritage des Plantagenêts, un véritable État couvrant l'ouest et le sud-ouest de la France actuelle. Un an plus tard, obligés de se soumettre, ils obtiennent son pardon.

Première manifestation de son caractère changeant, Richard décide alors de prendre le parti de son père et devient son allié contre les barons aquitains qu'il a lui-même contribué à soulever. Cette attitude lui vaudra d'être surnommé « *oc e no* », oui et non, par le poète Bertran de Born. Moins de dix ans plus tard, la discorde renaît entre Henri II et ses fils. Des routiers, des mercenaires engagés par les deux camps, sèment l'épouvante dans les campagnes. Au printemps 1183, Richard en fait arrêter plusieurs centaines. Sur son ordre, quatre-vingts d'entre eux ont les yeux crevés pour l'exemple. Ceux-là ont de la chance. Les autres auront la tête tranchée ou seront noyés.

La mort de ses frères aînés fait de Richard l'héritier de la couronne d'Angleterre. Mais Henri II hésite. Un nouveau conflit éclate entre le père et le fils. Cette fois, Richard est soutenu par le roi de France, Philippe Auguste, auquel il a prêté allégeance pour l'ensemble de ses domaines continentaux. Roi d'Angleterre et duc de Normandie à la mort de son père en 1189, Richard s'engage aux côtés de son suzerain dans la troisième croisade. Tous deux prennent la ville de Saint-Jean-d'Acre. Le roi de France rentre en Europe le premier. L'irascible Richard est laissé à ses démons. Saladin voudrait racheter sa garnison d'Acre, restée prisonnière des Francs, mais les tractations s'éternisent. Le roi d'Angleterre croit-il à une ruse ? Le 20 août 1191, après avoir rassemblé trois mille prisonniers musulmans devant Acre, il donne l'ordre d'égorger « toute cette chiennaille ». Richard le stratège et l'homme de guerre courageux mérite son surnom de Cœur de

Lion, mais sa réputation d'homme cruel et impitoyable, soumis à des accès de violence incontrôlable, attestée par les chroniqueurs de l'époque, sera ensuite occultée par l'aura intouchable du roi croisé.

Véronique Dumas

? L'Inquisition est toute-puissante

FAUX

Délations, arrestations arbitraires, tortures, condamnations sans procès, les inquisiteurs de l'Église romaine ont tous les pouvoirs.

Viennent immédiatement à l'esprit, dès que ce mot est prononcé, des aveux extirpés sous la torture, une justice expéditive, un bûcher… L'Inquisition c'est avant tout un tribunal de l'Église catholique romaine relevant du droit canonique et chargé de statuer sur les cas de non-conformité avec le dogme qui lui sont soumis. Cette juridiction exceptionnelle représente l'autorité du pape lorsque les tribunaux ecclésiastiques s'avèrent inadaptés. Avec le renouveau du droit romain au Moyen Âge, la procédure inquisitoire est d'abord mise en place aux XIIe et XIIIe siècles à des fins de discipline ecclésiastique. L'Église s'en sert ensuite pour lutter contre les hérésies. Concernant les peines, la papauté se contente de reprendre celles émises par les pouvoirs temporels – qui se chargent le plus souvent de condamner et brûler hérétiques, sorcières ou sodomites, sans elle. Dans une société où la foi est prépondérante, les pouvoirs civils veulent avant tout préserver l'ordre social. Quitte à empiéter sur les prérogatives religieuses et à s'en servir pour combattre l'indiscipline ou des ennemis politiques. Ce conflit de juridiction est tranché par l'arrangement de Vérone (1148) : « Les hérétiques doivent être jugés par l'Église avant d'être remis au bras séculier. »

Généralement, c'est l'évêque qui est chargé du procès mais le pape peut déléguer son autorité à un inquisiteur, la plupart du temps choisi parmi les franciscains ou les dominicains. Les procédures religieuses sont tout aussi rudimentaires que celles de l'autorité civile de l'époque. Quelquefois plus progressistes : un notaire transcrit tous les débats, les accusés ne sont pas incarcérés durant toute la procédure et peuvent récuser un juge ou faire appel à Rome. Ceux qui confessent leurs fautes reçoivent une pénitence religieuse – la fustigation publique au cours de la messe, l'entretien d'un pauvre, la confiscation des biens ou l'exil, le pèlerinage ; dans le cas contraire, ils sont excommuniés. L'usage de la torture, ou question, massivement utilisée par les tribunaux séculiers, n'est pas l'apanage de l'Inqui-sition qui n'y recourt que rarement ou de manière exceptionnelle (moins de 10 % des cas). Un ecclé-siastique ne pouvant verser le sang, les aveux obtenus sous la torture ne sont pas recevables. Dans l'ensemble, le tribunal inquisitoire condamne peu.

Alors, si la justice inquisitoriale s'est montrée beaucoup moins expéditive que la civile, pour-quoi cette légende noire ? La mémoire collective a retenu la répression contre les albigeois lors d'une croisade menée de 1208 à 1249 par les grands barons du nord de la France. Mais c'est surtout le fanatisme de l'inquisiteur espagnol Torquemada (XVe siècle) qui a marqué durable-ment les esprits.

La contre-réforme protestante au XVIe siècle, l'antipapisme de l'Église anglicane, Voltaire luttant contre l'obscurantisme et, au final, une IIIe République anticléricale : un ensemble de mutations qui va ancrer durablement la vision erronée mais qui convient mieux aux mentalités de notre siècle.

Olivier Tosseri

Les Templiers ont un trésor

?

FAUX

Riches, ils l'étaient puisqu'ils étaient les banquiers de rois. Alors, après la dissolution de leur Ordre et la mort de leur grand-maître, ils ont très bien su cacher leur fortune.

Cette légende trouve son origine dans la fin tragique des Templiers, au début du XIVe siècle. En 1307, les moines-chevaliers sont arrêtés par les officiers du roi de France Philippe le Bel. Soumis à la torture, ils admettent les graves crimes contre la foi dont on les accuse. L'Ordre est supprimé par le pape Clément V et leur grand maître, Jacques de Molay, est brûlé vif le 18 mars 1314.

Quelques Templiers parviennent à échapper au châtiment : c'est le point de départ de plusieurs légendes. L'une d'elles avance qu'ils adoraient une idole appelée Baphomet, croyance reprise à partir des accusations d'adoration du diable qui leur furent reprochées lors de leur procès. Une autre prétend que l'Ordre existerait toujours et jouerait un rôle occulte.

La croyance en l'existence de leur trésor est particulièrement vivace. Certains affirment qu'il a été entreposé en Écosse, ou en Espagne. D'autres désignent le midi de la France en raison de l'énigme de Rennes-le-Château, dans les Corbières. Un curé de campagne, Bertrand Saunière, y est nommé en

1885. Après des fouilles archéologiques, il aurait découvert des manuscrits, et se serait enrichi de façon mystérieuse. Une autre tradition situe ce trésor au château de Gisors. En 1946, le jardinier du donjon, Roger Lhomoy, affirme avoir trouvé dans une salle secrète des coffres remplis de richesses. En 1962, Gérard de Sède publie un ouvrage dans lequel il étaye les affirmations de Lhomoy avec de faux documents. Une nouvelle légende se crée ainsi, lançant de nouveaux chasseurs de trésors en quête de fortune.

Les chevaliers de l'ordre du Temple apparaissent au début du XIIᵉ siècle à Jérusalem, après la conquête de la ville lors de la première croisade (1096-1099). Il s'agit initialement d'une simple confrérie laïque, composée de chevaliers au service des chanoines du Saint-Sépulcre. Hugues de Payns en fait un véritable ordre religieux, doté d'une règle inspirée de celle des bénédictins. Baudoin II, roi de Jérusalem, les installe dans une partie de son palais, assimilé alors à l'ancien temple de Salomon, d'où ils tirent leur nom. En 1139, la papauté accueille sous sa juridiction cet ordre original de moines-soldats, qui correspond si bien à l'esprit du temps. L'existence de cet ordre permet donc aux chevaliers de concilier métier des armes et aspirations spirituelles.

Les Templiers prennent rapidement de l'importance, reçoivent des terres en donation dans toute l'Europe. Ils s'organisent en commanderies qui sont à la tête de vastes domaines dont ils tirent des revenus conséquents. Ils sont appelés sur plusieurs champs de bataille, comme en Espagne, où ils participent aux combats contre les musulmans et où ils construisent d'importantes fortifications. Chaque commanderie dispose d'une trésorerie, comme tout domaine épiscopal ou seigneurial. Les Templiers développent également des techniques pour transférer des fonds d'une place à l'autre, en se servant des lettres de change. Certains personnages puissants, comme le roi Philippe le Bel, déposent des sommes importantes dans leurs coffres afin de profiter de leurs compétences. Riches, les Templiers l'étaient sûrement. Assez pour se faire spolier leur puissance financière par la puissance... publique ?

Rodolphe Keller

Philippe le Bel n'en veut qu'aux Templiers

FAUX

Le grand maître maudissant la royauté sur le bûcher est l'aboutissement d'une traque menée contre la bête noire du roi, le Temple.

Les Templiers n'ont fait que clore la longue liste des victimes de la cupidité du roi de France Philippe IV le Bel. Ses ambitions politiques nécessitent de l'argent et tous les moyens sont bons pour s'en procurer, notamment la désignation comme ennemis de tous ceux qui s'y opposent. Monté sur le trône en 1285, « le roi de fer » est constamment en quête de fonds. Il hérite de finances dégradées mais aggrave la situation. Il achète le Quercy à l'Angleterre avec laquelle il entre en guerre pour s'emparer de la Guyenne. Il s'attaque au comté de Flandres contre lequel il perd la bataille des éperons d'or en 1302. À cela s'ajoutent les dépenses de sa cour fastueuse et les efforts pour développer une administration royale.

Pour remplir des caisses toujours vides, le petit-fils de Saint Louis use de plusieurs procédés. L'augmentation et la création de nouveaux impôts qu'il fait peser sur ses sujets sont les principaux mais pas les seuls. Il s'illustre surtout dans la dévaluation de la monnaie qui altère sa valeur en touchant à la quantité d'or qui y est présente. Ces pratiques répétées le feront d'ailleurs surnommer le « roi faux-monnayeur ». Mais cela ne suffit pas. Ne pouvant mécontenter davantage une opinion publique de plus en plus rétive, il cherche l'appui de créanciers qu'il déclarera par la suite ennemis du royaume, pour pourvoir sans vergogne confisquer leurs biens. C'est le cas des banquiers lombards, spoliés et expulsés du royaume en 1277, 1291 et 1311, et des juifs en 1306. Puis c'est au pape que Philippe le Bel s'attaque. Il n'accepte pas que l'Église de France enrichisse la papauté et lève en 1295 un impôt occasionnel sur le clergé, la « décime », soit 10 % de ses revenus annuels. Boniface VIII proteste et le conflit s'envenime par la volonté du monarque français de briser ce qu'il estime être un obstacle à son autorité et à son désir de subordonner le pouvoir spirituel au pouvoir temporel. C'est ainsi qu'éclate une querelle qui aboutira notamment à l'excommunication du roi et à la présence de papes français en Avignon de 1305 à 1376.

Ce n'est donc qu'en dernier recours que le roi se retourne contre les Templiers. À l'origine, ils sont en bons termes avec le souverain, un de leurs principaux créanciers. Les 2 000 à 3 000 commanderies disséminées en Europe et qui sont pour l'essentiel des exploitations agricoles assurent à l'ordre du Temple des revenus importants et réguliers, auxquels s'ajoutent des donations généreuses et l'exemption papale de l'impôt. Les « banquiers de l'Europe » comme on les surnomme mettent au point l'ancêtre de notre système bancaire transfrontalier moderne. Ils instituent notamment la lettre de change et le chèque sur dépôt pour les pèlerinages. Les Templiers gèrent depuis 1146 le trésor royal lorsque Louis VII partant pour la deuxième croisade le leur confie. Cette tâche qu'ils assurent également pour d'autres souverains européens prendra fin sous Philippe le Bel qui finira par désigner comme ennemis, après tant d'autres, ceux dont la puissance était un obstacle à son autorité et dont l'éviction et la spoliation constituaient une source d'enrichissement.

Olivier Tosseri

Les Templiers
sont morts excommuniés

FAUX

Le pape Clément V ne pouvait pas faire autrement que d'exclure du sein de l'Église ces moines-soldats, accusés de sodomie, de blasphème, d'idolâtrie et d'apostasie.

Ils n'ont pas été excommuniés, à l'inverse de leur ennemi, le roi de France Philippe IV le Bel, mais leur Ordre a été dissous. C'est au matin du vendredi 13 octobre 1307 que tous les Templiers de France sont arrêtés à la suite d'une opération de police lancée dans le plus grand secret et menée par Guillaume de Nogaret. L'ordre, créé en 1119 par le chevalier Hugues de Payns qui voulait protéger les pèlerins se rendant à Jérusalem, dispose, à l'orée du XIVe siècle, d'un pouvoir considérable. Puissance militaire avec une force évaluée à quinze mille hommes, puissance foncière avec la possession de nombreux fiefs et le profit du travail de son réseau de monastères appelés commanderies ; mais, avant tout, puissance financière.

L'Ordre est devenu un interlocuteur financier privilégié des Grands de toute l'Europe, prêtant des fonds ou gérant les biens de l'Église et ceux de nombreux rois d'Occident dont Jean sans Terre et Philippe le Bel. Ce dernier en voulant détruire les Templiers visait ainsi deux objectifs : l'agrandissement de son domaine et l'enrichissement du trésor royal. À la suite de leur arrestation, les Templiers sont interrogés sous la torture par les commissaires royaux avant d'être remis aux inquisiteurs dominicains qui les condamnent pour hérésie, apostasie, idolâtrie et sodomie. Un certain nombre d'entre eux sont ensuite condamnés au bûcher. Le pape Clément V, dont dépendent les membres du Temple, ébranlé par ces aveux décide l'arrestation de tous les Templiers de la chrétienté.

Des commissions diocésaines et pontificales sont créées pour enquêter sur les membres de l'Ordre. Elles doivent remettre leurs conclusions à un concile qui devra les juger. Ce n'est que le 16 octobre 1311 qu'il se réunit à Vienne dans l'Isère. La culpabilité du Temple est loin de faire l'unanimité. On préfère qu'il soit réformé et non aboli. Ne voulant pas entrer en conflit avec le roi de France, Clément V tarde à statuer. Apprenant au printemps 1312 que Philippe le Bel est à Lyon avec son armée, il prend peur et signe le 3 avril la bulle *Vox in excelso*, supprimant purement et simplement l'Ordre du Temple mais ne le condamnant pas. La bulle *Ad providam* décrète que ses biens seront transférés aux Hospitaliers. Enfin, une troisième bulle annonce que le pape se chargera du jugement de ses dignitaires. Mais ils ne seront pas excommuniés.

Dans la plupart des pays, en Angleterre, dans la péninsule Ibérique, en Allemagne, les Templiers sont innocentés. En France, ceux qui reconnaissent leurs erreurs seront absous. Philippe le Bel échouait ainsi dans ses plans de spoliation totale des biens des Templiers à son profit. Il obtint cependant l'arrestation de leur grand maître Jacques de Molay, qu'il fit condamner au terme d'un procès inique à être brûlé vif à la pointe de l'île de la Cité, le 19 mars 1314. Cette fin tragique contribua à la naissance de nombreuses légendes à leur sujet.

Olivier Tosseri

Au Moyen Âge, on croit la Terre plate

FAUX

Un disque, une crêpe, un tambour… c'est ainsi que les savants des plus grandes universités d'Europe se représentent notre planète.

On savait dès l'Antiquité que la Terre était ronde. Au début de la civilisation grecque certains l'imaginaient comme un tambour ou un disque plat posé sur l'eau dont les mouvements expliqueraient les tremblements de terre. Anaximandre (610-547 av. J.-C.), supposa une terre cylindrique. C'est l'école pythagoricienne et surtout le philosophe Parménide qui affirmèrent au Ve siècle av. J.-C. la sphéricité de la Terre. Platon, Aristote et la plupart des grands philosophes grecs adoptèrent cette représentation sphérique du monde qui devint le postulat de base de toute recherche scientifique.

Avec la chute de l'Empire romain et les grandes invasions, l'étude des sciences recula. Les penseurs chrétiens ne donnèrent plus crédit aux « théories païennes » et les premiers d'entre eux revinrent à une représentation plate. Un moine byzantin du VIe siècle, Cosmas d'Alexandrie, alla même jusqu'à affirmer que la Terre était terminée par des murailles derrière lesquelles se couchait le Soleil. L'image obscurantiste que l'on donna plus tard de l'époque médiévale y trouva matière à accréditer ses thèses. Cependant la plupart des théologiens du haut Moyen Âge continuent à privilégier la vision sphérique de notre planète. Dans ses *Étymologies*, Isidore de Séville (530-636) compare la Terre à une balle. En Orient, Byzance mais aussi des communautés juives de Mésopotamie ainsi que les Perses conservent les enseignements scientifiques des Anciens. La conquête musulmane à partir du VIIe siècle ne remet pas cela en cause. En Occident, le retour à l'étude des sciences initié par le moine Bède le Vénérable au VIIIe siècle ne cessa de prendre de l'ampleur dès lors.

Au XIIIe siècle, sous l'impulsion du dominicain Albert le Grand, maître de saint Thomas d'Aquin, ou du franciscain anglais Roger Bacon, les universités occidentales s'ouvrent aux sciences arabes et grecques ainsi qu'aux philosophes Aristote et Platon. L'image de la Terre comme sphère n'est plus sérieusement remise en cause. Dès le XIVe siècle l'intuition et le désir de pouvoir en faire le tour mûrit. Le *Livre des merveilles du monde* écrit entre 1355 et 1357 par l'explorateur Jean de Mandeville après un voyage de trente-quatre ans en Extrême-Orient laissait entendre la possibilité d'une circumnavigation. Dès cette époque, des missions dominicaines et franciscaines atteignent l'Orient, des marchands l'Afrique, et Marco Polo la Chine en 1275. Le temps des découvertes débute. Le premier globe terrestre est réalisé par le navigateur allemand Martin Behaim en 1491. Vasco de Gama, Christophe Colomb et Magellan n'ont plus qu'à lancer l'exploration de la Terre et à en faire le tour.

Olivier Tosseri

? Le mariage des prêtres a toujours été interdit

FAUX

> Suivant l'exemple de Jésus et de ses disciples, les premiers chrétiens restent célibataires. L'Église impose très tôt cette règle de vie.

L'obligation du célibat des prêtres ne remonte qu'au XIe siècle. Dans la tradition de l'Église catholique latine, l'ordination d'hommes mariés a donc été plus longtemps tolérée qu'interdite. Jésus n'a jamais formulé une telle interdiction, certains apôtres étaient mariés et le judaïsme, dont est issu le christianisme, n'imposait pas le célibat aux rabbins. Pourtant, dès ses premiers siècles, l'Église accorde une place importante à l'ascèse. Une tentative pour faire reconnaître le célibat des prêtres échoue au concile de Nicée en 325, qui institue cependant l'interdiction du mariage après l'ordination. Il semble que cette clause ne fut pas scrupuleusement respectée et les prêtres des premiers temps de l'Église étaient donc pour nombre d'entre eux mariés. Au IVe siècle, de grands évêques tel que Grégoire de Naziance ou Grégoire de Nysse avaient une femme et trente-neuf papes eurent épouse et enfants, quelques-uns succédant même à leur père.

Avec l'essor du monachisme, sa règle de célibat tend à s'imposer à l'ensemble du clergé. D'autant plus que les moines sont de plus en plus choisis pour occuper les premières places de la hiérarchie ecclésiastique. Dès 385, le pape Siricius prend un décret allant dans le sens de l'interdiction de l'ordination des hommes mariés. La multiplication des décisions papales, des conciles et des synodes d'évêques réitérant l'injonction du célibat sacerdotal montre la difficulté pour l'Église de l'imposer. Celle-ci traverse une période de troubles graves avec la chute de l'empire carolingien au xe siècle. Le clergé est le premier concerné. Les maux sont profonds : féodalisation qui éloigne des questions spirituelles, simonie (ventes des biens sacrés et des bénéfices ecclésiastiques) et nicolaïsme (incontinence des prêtres qui se marient ou vivent en concubinage) sont dénoncés. Une réforme est nécessaire. Initiée par Léon IX, c'est le pape Grégoire VII qui donnera son nom à la « réforme grégorienne ». Il poursuit et précise, entre autres, sa critique de l'incontinence des clercs. Il veut un clergé entièrement voué à sa tâche, sans liens familiaux propices à la fondation de castes qui pourraient détourner les biens de l'Église. Au concile du Carême de 1074, le pape fait interdire l'accès aux églises pour les prêtres mariés ou vivant en concubinage.

Que se soit en Allemagne, en France, en Angleterre ou en Espagne, ces décisions sont mal acceptées par les clergés locaux et le concubinage des prêtres persiste. Parallèlement, la population adhère de plus en plus aux décisions papales et rejette ceux qui continuent d'avoir une maîtresse ou qui ont des mœurs dissolues. La volonté d'un meilleur encadrement du clergé et d'une définition plus stricte de sa discipline ne faiblit pas. Les canons des conciles de Latran II en 1139, Latran III en 1179 et Latran IV en 1215 réitéreront l'interdiction de l'ordination des hommes mariés et du concubinage des prêtres. Rappelée à chaque concile, elle sera minutieusement appliquée jusqu'à aujourd'hui dans l'Église catholique latine à l'inverse des chrétientés d'Orient catholique et orthodoxe qui continuent d'ordonner des hommes mariés. La seule entorse à la règle du célibat ecclésiastique apparaît en 1967 lorsque Paul VI restaura le diaconat permanent pour les hommes célibataires ou mariés.

Olivier Tosseri

Le droit de cuissage sévit au Moyen Âge

FAUX

Les textes de l'époque ne cessent d'évoquer ces abus. Un seigneur exige de passer la nuit avec la jeune épousée d'un de ses féaux ; un autre réclame un accès régulier à sa couche.

En réalité, ce droit n'a jamais existé. Certes, des obligations autour du mariage sont nombreuses à l'époque féodale. Ainsi, la taxe de formariage à payer si la fille d'un sujet se marie en dehors de sa seigneurie forme un droit seigneurial renforçant la dépendance personnelle. Le cullage désigne un droit payé par de nouveaux mariés aux célibataires du village, par compensation. Rien à voir avec le droit de cuissage, qui aurait été un privilège du seigneur lui donnant le pouvoir de passer la première nuit de noces avec la jeune épousée de l'un de ses dépendants. Ou du droit de jambage qui autorisait le seigneur à passer une jambe nue dans le lit de la mariée. Or, comme l'a prouvé Alain Boureau dans *Le Droit de cuissage. La Fabrication d'un mythe, XIIIe-XIXe siècle* (Albin Michel, 1995), les preuves du droit de cuissage sont si ténues qu'elles sont négligeables. Seuls cinq documents en témoignant datent bien du Moyen Âge, les autres sont des faux.

Et leur analyse montre que leurs références au droit de cuissage relèvent de la pure fiction juridique. Celui-ci n'est pas une réalité historique mais plutôt un mythe à l'origine de ce que nous appelons désormais le harcèlement sexuel. C'est au XIIIe siècle que des représentations favorables à cette invention juridique se mettent en place. Les redevances matrimoniales deviennent alors insupportables car elles touchent à l'autonomie du corps et à la virginité. Elles forment un point de cristallisation du rejet de l'autorité seigneuriale. Progressivement, dans la langue vulgaire, la confusion lexicale s'opère entre cullage et cuissage, l'opinion étant prête à croire à tous les abus des seigneurs considérés comme des machistes.

À l'époque moderne, ce mythe s'enracine : il est repris d'une part par la littérature libertine et par des auteurs des Lumières, pour mieux dénoncer le système féodal ; d'autre part, par certains seigneurs eux-mêmes, qui se vantent d'avoir exercé un droit les valorisant.

Au XIXe siècle, l'historiographie médiévale est au cœur de querelles idéologiques et, en 1854, s'ouvre la première grande polémique sur le droit de cuissage. Les libéraux anticléricaux s'opposent aux royalistes catholiques, l'enjeu étant la représentation de l'« ancienne France », oppressive et inhumaine. On voit ainsi combien ce droit s'est ancré dans les mentalités depuis le Moyen Âge : les esprits y étaient prédisposés, ce droit de cuissage servant divers intérêts. Ce mythe imprègne ainsi les mémoires, les manuels d'histoire de la IIIe République, les romans, les films enfin. Il n'est donc guère surprenant qu'en 1992, lorsque l'Assemblée nationale donne au harcèlement sexuel sa définition légale, la presse rebaptise très vite ce délit « droit de cuissage ». Aujourd'hui, le mythe continue de nourrir les référents sur ce harcèlement. Il est l'expression symptomatique d'une autre idée reçue, celle d'un Moyen Âge barbare, mais aussi de l'histoire de la condition féminine. Car s'il n'y avait pas un droit, il y avait sans doute une réalité...

Amélie de Las Heras

Louis XI était un roi particulièrement cruel

— FAUX —

Le souverain règne dans une période particulièrement troublée. Pour asseoir son autorité, il est obligé de se montrer impitoyable.

Louis XI n'était ni plus ni moins cruel que ses contemporains. Le roi de France qui régna de 1461 à 1483 a été la victime d'une légende noire. Elle s'est bâtie dès son vivant. Encore dauphin, s'opposant à son père, on le soupçonne de l'avoir fait empoisonner pour monter sur le trône. Plus tard, son intense activité diplomatique, empreinte de cynisme et de sournoiserie selon ses adversaires, le fait surnommer « l'Universelle Aragne (araignée) ». Ennemi acharné du duc de Bourgogne Charles le Téméraire, qu'il finit par vaincre, les chroniqueurs bourguignons le décrivent comme cruel. Les cages de fer dans lesquelles il enferme ses prisonniers, les tortures qu'il inflige à ses ennemis et le sang de fillettes qu'il buvait pour soigner ses maladies participent du portrait noir de ce monarque. Il est décrit comme rusé, fourbe, réaliste avant d'être loyal, n'hésitant pas à faire passer son intérêt et la raison d'État avant la parole donnée ou l'honneur.

Louis XI est ainsi un roi qui trahit les idéaux chevaleresques à une époque de transition entre la féodalité et la Renaissance. Il se méfie de la noblesse et vit dans l'obsession d'un complot. Ses tenues sont d'une sobriété légendaire, il s'habille en bourgeois, aimant se mêler discrètement au peuple et s'affublant de chapeaux sur lesquels il arbore des gourmettes ou des médailles. Les fastes de la cour lui déplaisent. Il affectionne des manières grossières et privilégie la compagnie de gens humbles comme son médecin et son barbier. Ce goût bourgeois se retrouve dans son pragmatisme, sa cupidité qui confine à l'avarice. Très pieux, il comble de privilèges les abbayes et les églises. Très superstitieux, il s'entoure d'astrologues.

La Renaissance et plus tard le XVIIIe siècle, soucieux de faire du Moyen Âge une période d'obscurantisme, érigent Louis XI comme le symbole de cette époque de barbarie. La Révolution française perpétue ce sombre portrait, faisant du roi l'archétype du tyran. S'appuyant sur cette tradition, les romantiques du XIXe siècle reprennent, diffusent et amplifient cette légende. De nombreux auteurs s'intéressent à ce souverain qu'ils présentent comme l'emblème d'un Moyen Âge noir, gothique et barbare. Walter Scott, Balzac, Alexandre Dumas, Victor Hugo, entre autres, consacrent des œuvres à Louis XI. Il incarne à la fois la fin de la féodalité, emblème de la tyrannie et de l'obscurantisme, et le premier roi moderne, s'appuyant sur la bourgeoisie, artisan de l'unité du royaume et de la naissance de la nation française. À la fin du XIXe siècle, l'école républicaine continue de véhiculer cette image d'un monarque hypocrite et cruel. Parallèlement certains jacobins en font le champion du centralisme politique, précurseur de l'État moderne. Loin de ces caricatures ou des utilisations du personnage de Louis XI, le comportement de ce souverain n'a pas différé de celui de ses contemporains.

Olivier Tosseri

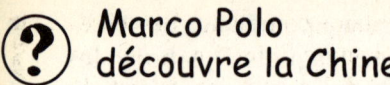

Marco Polo découvre la Chine

FAUX

Pour la première fois, un Occidental atteint le pays du Grand Khan, après avoir voyagé des mois. Un exploit sans précédent.

Guillaume de Rubrouck, un moine franciscain, atteint le premier la cour du Grand Khan (1253-1254) et fait un récit détaillé de son voyage. Dans la première moitié du XIIIe siècle, les Mongols avaient fait trembler l'Europe. Le fils de Gengis Khan avait pris Moscou en 1238, s'était emparé de Kiev et Zagreb, avait envahi la Pologne et menaçait Vienne. Mais les problèmes de succession qui suivent sa mort provoquent le repli des Mongols en Asie centrale. Le risque écarté, l'Occident, alors en pleine croisade, voit dans les hordes des steppes, qui comptent des chrétiens nestoriens, des alliés potentiels contre le monde islamique. Une première mission est confiée en 1244 par le pape Innocent IV au franciscain Jean de Plan Carpin et au dominicain Ascelin de Crémone, pour exprimer au Grand Khan la désapprobation papale sur les destructions qu'il a commises et l'inviter à rentrer dans le droit chemin. Ce dernier, irrité, répondra en se disant prêt à reconnaître le pape comme son… vassal. Néanmoins une alliance avec les Francs est évoquée.

En 1246, alors que Louis IX est à Chypre où il dirige la septième croisade, un envoyé mongol lui propose une action militaire commune. Les chrétiens attaqueraient le sultan du Caire tandis que les Mongols se lanceraient à l'assaut du califat de Bagdad. Mais, lorsque la délégation du dominicain André de Longjumeau arrive à la cour du Grand Khan, celui-ci vient de mourir et tout est à recommencer. Le moine cependant constate que de nombreux nestoriens entourent le souverain et annonce que la femme du nouvel empereur serait chrétienne.

Saint Louis décide d'envoyer une nouvelle ambassade, qu'il confie au frère Guillaume de Rubrouck. Le roi ne souhaite pas une mission trop officielle. Le franciscain doit conserver de bonnes relations entre les deux cours, rester sur place dans un but d'évangélisation et rapporter tout ce qu'il peut observer et apprendre. Il quitte Constantinople en 1253 et met trois mois pour parcourir les 3 000 kilomètres qui doivent le conduire à Karakoroum, au nord du désert de Gobi, là où réside le Khan Mongku. Le 3 janvier 1254, le voilà enfin devant le petit-fils de Gengis Khan. Il entre à ses côtés dans Karakoroum, une première pour une ambassade occidentale. L'accueil est chaleureux et Guillaume de Rubrouck peut constater la présence et l'importance de la communauté chrétienne nestorienne, hérésie qui avait atteint l'Asie au Ve siècle. Ses adeptes, bien qu'ayant mauvaise réputation, occupent les fonctions d'interprètes, de fonctionnaires, de ministres, de précepteurs. Le Grand Khan organise une controverse entre musulmans, bouddhistes et chrétiens au cours de laquelle le franciscain voit tous ses rêves d'évangélisation s'évanouir.

L'ambassade est un échec, les Mongols ne seront pas convertis, pas plus qu'ils ne s'allieront aux

Francs. Guillaume de Rubrouck reprend le chemin du retour en 1255 et, ne pouvant joindre Saint Louis, lui envoie le récit de son voyage. Il précède de quarante ans l'arrivée de Marco Polo.

Olivier Tosseri

Isabeau de Bavière était une dépravée

FAUX

Isabeau de Bavière, épouse du roi Charles VI, était une débauchée, doublée d'une mère indigne.

Pour son malheur et celui de la France, Isabeau de Bavière, petite princesse allemande devenue reine de France, est l'épouse d'un roi devenu fou, Charles VI. Entraînée dans l'un des épisodes les plus douloureux de l'histoire de France, elle y laissera une réputation de mère dénaturée ayant déshérité son propre fils, le futur Charles VII, et de débauchée, maîtresse de son trop séduisant beau-frère, Louis d'Orléans. Si son rôle dans la signature du fatal traité de Troyes (1420) n'est plus à démontrer, sa prétendue liaison avec le frère du roi ne repose sur aucune preuve.

En 1385, le jeune Charles VI épouse une princesse née à Munich, « basse et brunette », au caractère enjoué. Sa mère se nomme Taddea Visconti. D'elle, la jeune femme a hérité sa petite taille et sa peau mate, ses cheveux et ses yeux noirs, peu appréciés en un temps où la mode célèbre les grandes blondes à teint de lis. Mais elle plaît fort au roi et l'aime sincèrement. Sur les douze enfants du couple royal, quatre vivront jusqu'à l'âge adulte. Le 22 août 1389, Isabeau est présentée aux Parisiens. Assise dans un char couvert de drap d'or, vêtue d'une robe de velours bleu fleurdelisé et la chevelure ornée de diamants, la reine fait son entrée dans les rues pavoisées de la capitale, escortée par les princes de la famille royale, sous les acclamations de la foule. Cette fête solennelle est suivie le lendemain par son sacre à la Sainte-Chapelle. En 1392, naît le dauphin tant attendu. La même année, Charles VI est victime d'une première crise de folie furieuse en forêt du Mans. D'autres suivront, entrecoupées de périodes de rémission. Pendant les « empêchements » du roi, la reine dirige le Conseil de régence avec le frère du roi, Louis d'Orléans. Le puissant duc de Bourgogne, Jean sans Peur, en fait aussi partie. Les deux hommes se haïssent. Leurs partisans attendent sans cesse l'occasion d'en découdre et ces batailles rangées menacent de tourner à la guerre civile. Plusieurs fois, la reine s'est entremise pour réconcilier les deux rivaux. L'impopularité du duc d'Orléans, accusé, entre autres griefs, d'écraser le peuple d'impôts mal employés, rejaillit sur la reine jusque-là épargnée par la calomnie. Quelques mois suffiront à la perdre aux yeux de l'opinion. Attisée par les agents bourguignons, la rumeur l'accuse de dépenser avec son beau-frère devenu son amant l'argent collecté, de donner banquets et bals coûteux, de se ruiner en robes et bijoux, de laisser sans soins le malheureux Charles VI et de négliger ses enfants. Les Parisiens ont surnommé Isabeau la « grande Gaure », c'est-à-dire la truie. Lors de la fête de l'Ascension de 1405, un moine prédicateur ose apostropher la reine pendant son sermon et parle des désordres qui déshonorent sa Cour. Deux ans plus tard, le duc d'Orléans meurt sous les coups des spadassins du duc de Bourgogne. Isabeau tente de faire poursuivre le meurtrier et se rend encore plus impopulaire. Aimée de son peuple au début de son règne, la reine est désormais « l'Allemande ». Dans quelques siècles, une autre reine de France appelée « l'Autrichienne » sera à son tour calomniée. Isabeau aura, elle, la chance de finir ses jours à Paris, retirée de la vie politique et oubliée de tous.

Véronique Dumas

Jeanne d'Arc était bergère

FAUX

Devenue figure emblématique de l'histoire de France, la jeune fille gardait, comme quelques autres enfants de son village, ses moutons lorsqu'elle entendit une voix...

C'est la fille d'un agriculteur important, un notable, et sa mère est issue d'une famille aisée de Domrémy, sur la Meuse. Ses parents possèdent des charrues, des animaux et des terres à labourer : à défaut d'être riches, ils sont propriétaires. Le père de Jeanne participe activement à la gestion de la communauté villageoise. Sa mère vient d'une famille plus cultivée que son époux. La pauvreté de Jeanne (v. 1412-1431) n'est donc vraiment qu'une légende. En outre, son père détient quelques animaux qui sont souvent rassemblés dans un château que plusieurs laboureurs du village louent en commun. Ils confient la garde des troupeaux particuliers et communaux à l'un des adolescents des familles engagées à tour de rôle. S'il arrive à Jeanne de garder les bêtes, elle n'est en rien une bergère professionnelle. Jeanne – notamment pendant son procès – s'est toujours élevée contre ce statut qu'on lui donnait, mais elle n'a jamais été écoutée.

Pourquoi un tel glissement d'identité ? C'est qu'il était nécessaire. En fait, la pauvreté de Jeanne arrangeait, de son vivant même, aussi bien ses partisans que ses opposants. Pour ses adversaires, on retient cette assimilation de Jeanne avec une bergère, en soulignant d'autres caractères supposés de cet état : paresse et oisiveté – mère de tous les vices – définissent Jeanne. De plus, le mot bergère (*vaccaria*) est par consonance très proche du mot catin (*vacatio*), il semble même en être devenu un synonyme. Jeanne est ainsi présentée comme une femme légère, aux mœurs attaquables. De même, dans deux des procès de Jeanne d'Arc, les juges insistent sur son état de bergère, malgré les démentis de l'accusée et les rapports d'enquête. La raison est qu'ils conçoivent la vie pastorale comme écartée de tout contrôle social, ce qui aurait permis à Jeanne des apprentissages interdits pour une jeune fille, comme celui de chevaucher, et – pire encore – de porter les armes.

Pour ses partisans, au contraire, elle confirme le choix divin ; c'est donc reconnaître sa pureté, son innocence, son élection divine et enfin sa légitimité de désigner le pasteur des fidèles, le roi. Ce système de propagande est d'autant plus efficace que, depuis Charles VI, l'image royale se confond en partie avec celle d'un pasteur. Au XVe siècle, quasiment toutes les entrées royales donnent lieu à une scène pastorale, soulignant la relation entre le Christ et le souverain, dont la fonction d'orienter les fidèles sur le chemin du salut. Ainsi, alors que le roi devient pasteur, est-il nécessaire que Jeanne soit bergère. Ainsi, le supposé état de bergère de Jeanne est-il construit et interprété de différentes façons dans les deux camps, et ce dès 1429 (début de son aventure).

Si cet imaginaire pastoral entourant le personnage de Jeanne faiblit à partir de 1430, il réapparaît au milieu du XVe siècle et investit les récits sur Jeanne d'Arc. Il s'agit en 1429, comme après la mort de Charles VII, d'une solution politique servant l'imaginaire royal.

Amélie de Las Heras

Gutenberg
a inventé l'imprimerie

FAUX

Il revient à cet artisan de Mayence le mérite d'avoir publié, en 1452, le tout premier ouvrage à l'aide de caractères mobiles en métal.

L'impression a vu le jour en Asie, avant d'être à nouveau « découverte » et perfectionnée en Europe. L'invention capitale est celle du papier, en 105 apr. J.-C. en Chine. Elle ouvre la voie à une plus grande, plus facile et moins coûteuse production de livres. À la gravure sur pierre et à la copie manuelle s'ajoute la xylographie pratiquée notamment en Chine, puis en Corée et au Japon au VIIe siècle. Ce procédé de gravure utilise une tablette de bois comme empreinte d'une image pouvant être reproduite par estampage (ou impression). La xylographie désigne les gravures d'images ou de textes produites avant l'invention et la diffusion de l'imprimerie. La technique est perfectionnée au XIe siècle avec des essais d'impression au moyen de caractères mobiles en terre cuite, mais qui ne peuvent être réutilisés. Ils auraient été mis au point vers 1041-1048 par Bi Sheng, un forgeron alchimiste. Mais le coût élevé et la nécessité d'une main-d'œuvre trop importante empêchent le développement de cette technique en Chine. C'est par contre en Corée que les caractères mobiles métalliques voient le jour vers 1234 et se répandent sous l'impulsion des pouvoirs publics.

Le plus ancien livre imprimé à partir de caractères mobiles en métal date de 1377. L'impression connaît un formidable essor au xvᵉ siècle sous le roi coréen Htai-Tjong qui promulgue un décret en 1403 stipulant que : « Pour gouverner il faut répandre la connaissance des lois et des livres de façon à remplir la raison et à rendre droit le cœur des hommes. Je veux qu'avec du cuivre on fabrique des caractères qui serviront pour l'impression, de façon à étendre la diffusion des livres : ce sera un avantage sans limites. »

Trois fontes de caractères ont lieu en 1403, 1420 et 1434, précédant l'invention de l'imprimerie en Europe en 1439. Ces techniques ne suscitent pas l'intérêt des Européens, qui en prennent pourtant connaissance par les imprimés que rapportent les marchands. Même Marco Polo qui s'émerveille des billets de banque qu'il observe en Chine ne s'interroge pas sur leur impression au moyen de planches gravées.

C'est à l'Allemand Johannes Gutenberg (v. 1400-1468) que l'on doit le perfectionnement ou la redécouverte de ces techniques venues d'Asie. Il met au point les caractères mobiles en plomb reproductibles et utilisables à l'infini, une nouvelle encre d'impression et la presse à imprimer. Il est ainsi considéré comme le père de la typographie moderne grâce à sa Bible dite à « quarante-deux lignes » imprimée à Mayence entre 1452 et 1456 et considérée comme le premier livre réalisé en Europe à l'aide de caractères mobiles. Cet ouvrage est tiré à 180 exemplaires environ : 48 ont été conservés jusqu'à aujourd'hui, notamment en Allemagne. Mais on en trouve trois volumes à la Bibliothèque nationale (dont un sur vélin), un à la bibliothèque Mazarine, un à Saint-Omer. Et même un au fin fond du Japon !

Le renouveau culturel de la Renaissance qui s'amorce au même moment nécessite une production et une diffusion d'ouvrages plus importantes et moins onéreuses. L'Europe connaît alors une « révolution du livre » qui se répand lentement mais, dès lors, inexorablement.

Olivier Tosseri

❓ Christophe Colomb découvre l'Amérique

FAUX

Le 12 octobre 1492, la flotte du Génois touche terre. Il croit être le premier à avoir atteint la Chine par l'Ouest, puis trouvé sinon le paradis terrestre, du moins un nouveau continent.

En 1492, des Européens et peut-être des Chinois l'ont abordée avant lui. Si l'on met de côté les mythes grecs de l'Atlantide ou encore une mention chez Diodore de Sicile au Ier siècle av. J.-C. d'une grande terre qu'un navire phénicien poussé vers l'ouest par la tempête aurait atteinte, il reste deux concurrents sérieux face au Génois pour le titre de « découvreur de l'Amérique ». À commencer par les Scandinaves. Ceux-ci ont laissé des traces de leur passage autour de l'an mil, que l'archéologie a mises en évidence. Leif Eriksson atteint les rives de l'actuel État du Maine en 1003 et, en 1010, Bjarn Karselfni accoste aux environs de Long Island. Les Chinois, au XVe siècle, auraient approché les côtes américaines par l'est.

Christophe Colomb, lui, n'a jamais pleinement réalisé avoir découvert un nouveau continent. La lecture de ses récits ou de ses lettres montre que, jusqu'à sa mort, le navigateur resta persuadé d'avoir atteint la Chine ou le Japon, c'est-à-dire les « Indes », qu'il prétend avoir abordées dans une lettre de mars 1493. S'il se décrit comme un découvreur, c'est celui des abords d'un continent que Marco Polo – dont Colomb était un lecteur assidu – avait déjà décrits. En octobre 1492, après sa rencontre avec les premiers « Indiens », il écrit dans son journal de bord : « [...] Je suis résolu d'aller à la terre ferme et à la cité de Guisay remettre les lettres de Vos Altesses au Grand Khan » – Guisay est la cité royale chinoise décrite par Marco Polo. Quelques lignes plus haut, il déduit, d'après ce que lui disent les Indiens qui lui indiquent Cuba, qu'il est en route vers Cipango, le Japon. Ses certitudes sont un peu ébranlées lors des voyages suivants, mais Colomb n'imagine pas pour autant avoir abordé une terre nouvelle. Son quatrième voyage l'amène selon lui dans la province de « Mago [...] qui touche celle de Catayo » – là encore la Chine. Mais la question des terres qu'il a découvertes se double d'une lecture prophétique. « Je suis convaincu que là est le paradis terrestre [...] », dit-il à propos de l'embouchure de l'Orénoque. Il rédige à son retour un *Livre des prophéties* resté inachevé. Une compilation de citations bibliques, de cosmographes et de prophètes médiévaux dont l'enjeu semble être d'assimiler le Nouveau Monde aux royaumes mythiques de l'Ancien Testament, Tharsis et Ophir, en confrontant son expérience aux indications de la Bible.

À la fin de sa vie, Colomb entrevoit peut-être la possibilité d'avoir découvert de nouvelles terres. Mais il faut encore quelque temps pour que l'idée d'un quatrième continent voie le jour. C'est vraisemblablement Amerigo Vespucci qui lui donne son nom en 1507, dans la préface à l'ouvrage que publie Martin Waldseemüller, l'un des premiers à présenter sur une carte quatre continents. C'était un an après la mort de Colomb...

Antoine Roullet

Les Indiens
ont inventé le scalp

— FAUX —

Arracher une partie de la tête de son adversaire et brandir ce trophée en guise d'acte de bravoure est une pratique barbare initiée par les Indiens d'Amérique.

Des fouilles archéologiques témoignent de l'existence de la scalpation dès la préhistoire. Déjà sous l'Antiquité, Hérodote la décrit chez le peuple asiatique des Scythes. « Voici comment on scalpe une tête, écrit-il, on fait une incision circulaire en contournant les oreilles, puis, d'une brusque secousse, on détache la peau du crâne avec sa chevelure. » Plusieurs siècles plus tard, les peuples germaniques des Francs et des Lombards pratiqueront eux aussi ce rituel. C'est également le cas des Amérindiens et ce, bien avant qu'ils soient en contact avec les Blancs. Ces derniers en font le constat dès leur arrivée. Les Espagnols l'observent au XVIe siècle au Mexique. En Amérique du Nord, les Hollandais, les Anglais ou les Français rapportent avoir vu des scalps. Le mot apparaît dans la langue anglaise au XVIIe siècle et désigne donc une pratique répandue lors des guerres tribales bien avant l'arrivée des Européens. Ces conflits tribaux consistaient essentiellement en expéditions guerrières visant à s'emparer des ressources de l'adversaire ou assouvir une vengeance.

Dans ces raids, le but n'est donc pas l'anéantissement de l'ennemi, mais bien plus un jeu dangereux au cours duquel on fait preuve de bravoure et de courage. Le scalp est donc la preuve de la valeur du guerrier qui le rapporte comme un trophée en signe de victoire. À cela s'ajoute une dimension spirituelle. Le retour au campement avec le scalp est ritualisé et fait l'objet d'une cérémonie. Les Iroquois ou les Sioux notamment croyaient que l'âme résidait dans le cuir chevelu. S'emparer d'un scalp, c'est donc s'emparer de l'âme et de la force du mort. Il peut aussi servir d'amulette protectrice lors des combats ou pour préserver des maladies. Les Européens, jugeant cette pratique barbare, vont pourtant vite l'adopter. En Amérique du Nord, les colonisateurs l'encouragent. La scalpation leur permet de constater les pertes subies par l'ennemi et l'efficacité des tribus indiennes avec lesquelles ils sont alliés. Ils échangent donc des marchandises contre des scalps et vont même jusqu'à les acheter. Des primes sont ainsi instituées dès la fin du XVIIe siècle par les Anglais, les Français ou les Hollandais. Les Français y voient un moyen de s'assurer la fidélité des tribus autochtones et d'inciter les autres à les rejoindre pour combler le manque de soldats dans la guerre contre l'Angleterre.

Cette institutionnalisation de la scalpation conduit à l'émergence de véritables groupes s'adonnant à la chasse aux scalps, y compris chez les Européens. L'appât du gain pousse même certains à réaliser de faux scalps pour toucher la prime. Si elle est à la discrétion du gouverneur chez les Français, les Anglais vont jusqu'à publier des *scalp act* ou des *scalp law* dans leurs colonies. Le XIXe siècle et la conquête de l'Ouest des tout jeunes États-Unis ne changent rien. Les Américains ont également recours au système des primes pour supprimer les tribus gênant leur avancée. Au Mexique, l'État de Chihuahua offre ainsi cent dollars pour le scalp d'un guerrier, cinquante pour une femme et vingt-cinq pour un enfant de moins de quatorze ans. Même après la guerre de Sécession, la chevelure d'un Indien vaut cinq dollars. Des deux côtés, par intérêt chez les Américains ou par vengeance chez les Indiens, des bandes de chasseurs de scalps se constituent. Le scalp devient ainsi un symbole de la légende noire de la conquête de l'Ouest.

D'un rituel tribal ancestral à dimension spiri-tuelle et de prestige guerrier, les Européens puis les Américains, tout en le pratiquant, en ont fait un moyen d'autodestruction des Indiens dont ils stig-matisaient la sauvagerie.

Olivier Tosseri

La tyrannie des seigneurs provoque les jacqueries

FAUX

Les paysans du XIVe siècle sont malheureux. Soumis au bon vouloir des nobles à qui ils doivent payer des impôts, ils se révoltent.

Les paysans révoltés figurent parmi les plus aisés de certaines des plus riches régions d'Europe et sont même rejoints par quelques nobles. Si ce mouvement touche l'ensemble des pays européens aux XIVe et XVe siècles, le plus important en France a été la Jacquerie ou Grande Jacquerie survenue en 1358 dans les campagnes d'Île-de-France, de Picardie, de Champagne, d'Artois et de Normandie. Cette révolte est ainsi appelée en référence au nom de Jacques Bonhomme dont on surnommait les paysans, ou des vestes courtes dites « jacques » qu'ils portaient.

La misère n'est pas la cause principale pour des insurgés essentiellement issus de la paysannerie moyenne ou aisée, sa frange la plus pauvre ne pouvant rien faire. Cette partie plus riche du monde paysan et certains bourgeois sont soucieux de préserver leurs coutumes et leurs privilèges face à une pression fiscale et administrative de plus en plus prégnante de la part de la ville ou du roi. Le contexte est également particulièrement sombre. Après le florissant XIIIe siècle marqué par un formidable essor démographique, technique et commercial, la guerre de Cent Ans commencée en 1337 et la Grande Peste de 1348 mettent un coup de frein brutal à cette conjoncture. D'autant que la guerre, outre son cortège de destructions et de disettes, débute de manière catastrophique. Les défaites de Crécy (1346) mais surtout de Poitiers (1356) déconsidèrent complètement la noblesse incapable d'assurer sa vocation première, la défense du pays. Pire, le roi Jean II le Bon a été fait prisonnier et le paiement de sa rançon aggrave la ponction fiscale. Les communautés villageoises ont reçu le droit de s'armer en vue d'assurer leur autodéfense et celle-ci est souvent tournée contre les bandes de routiers – soldats sans occupation pendant les trêves et qui pillent les villages.

Le 23 mai 1358, cent paysans du Beauvaisis s'attaquent aux châteaux de leur région, violant et tuant les habitants, brûlant les demeures. Leur révolte s'étend très vite à la paysannerie du Bassin parisien. Les révoltés forment des bandes comman-dées par d'anciens soldats comme Guillaume Carle. Plus que de tuer des nobles, leur but est de faire confirmer leurs coutumes. Les Effrois, comme sont appelés ces épisodes de révolte, gagnent de proche en proche la moitié nord du royaume. Ils sont décrits avec horreur par les chro-niqueurs, tel Jean Froissart qui qualifie les émeu-tiers de « chiens enragés ». Le roi de Navarre Charles le Mauvais, craignant pour ses terres normandes, rassemble une troupe et mate le soulèvement qui n'aura duré que quinze jours.

La répression est à la hauteur de la peur suscitée. Le 10 juin 1358 à Clermont-sur-Oise, la révolte est écrasée, ses chefs sont impitoyablement torturés et exécutés même si la clémence royale se manifeste pour beaucoup de meneurs et confirme les coutumes. Ce mouvement populaire reste très hétérogène et ses interprétations multiples : entre banditisme social, lutte antinobiliaire et prémices de lutte de classe, même si des nobles ont fait partie des révoltés. Des jacqueries se reproduiront tout au long du Moyen Âge et marqueront tellement les esprits que le mot finira par désigner toute révolte paysanne.

Olivier Tosseri

❓ Il n'y a pas d'hygiène au Moyen Âge

FAUX

Les hommes sentent mauvais. Ils ne changent pas de vêtements et les paysans vivent avec les bêtes. Les bains n'existent pas et il n'est pas bien vu, de toute façon, de se laver.

L'hygiène existait au Moyen Âge où l'eau était aussi utilisée par plaisir. Inventaires faisant état d'objets servant à la toilette, herbiers pour fabriquer des savons ou enluminures montrant des personnes qui se lavent sont là pour l'attester. Les traités de médecine et d'éducation de Barthélemy l'Anglais, Vincent de Beauvais ou Aldébrandin de Sienne, moines contemporains du XIIIe siècle, montrent un réel souci de mettre en valeur la propreté, notamment infantile. L'eau est un élément thérapeutique important, tant pour prévenir que pour guérir les maladies. Les stations thermales se développent et se laver régulièrement est donc recommandé et encouragé. Les maisons n'étant pas pourvues d'eau courante, les grands lieux d'hygiène sont les bains. Certainement hérités de l'Antiquité, ils ont probablement été remis à la mode par les croisés de retour d'Orient où la tradition avait été conservée.

Dans les villes, la plupart des quartiers avaient leurs étuves publiques, dont l'ouverture était annoncée par des crieurs au petit matin. En 1292,

Paris en comptait vingt-sept mais l'apogée de ces bâtiments se situe au XIVe siècle. On en trouve à Bruxelles, Bruges ; en France dans les villes de Dijon, Digne, Chartres, Rouen ou Strasbourg. Certains de ces établissements florissants appartiennent même au clergé. Le prix d'entrée est onéreux et tout le monde ne peut pas se permettre d'y aller souvent. À l'origine, ceux qui s'y rendent se contentent de s'immerger dans de grandes cuves remplies d'eau chaude. Mais le procédé est perfectionné, avec l'apparition de bains saturés de vapeur d'eau. On distingue alors les étuves dites sèches, chauffées par l'extérieur grâce à un courant d'air chaud, et celles dites humides en raison de la vapeur d'eau. Pour se laver on utilise le savon ou la saponaire, plante qui fait mousser l'eau. Pour se blanchir les dents on a recours à du corail ou à de l'os de seiche en poudre.

Le succès de ces lieux est tel que la corporation des étuviers est réglementée avec des prix fixés par le prévôt, l'obligation de tenir l'eau propre, l'interdiction d'accès aux malades et aux prostituées. En effet, les étuves se transforment de plus en plus en des lieux de rendez-vous galants. Les bains en commun et les chambres qui sont mis à la disposition des clients favorisent la prostitution. Dès le XIVe siècle, des édits sont pris pour séparer les hommes des femmes mais c'est au cours du XVe siècle qu'un changement des mentalités intervient. L'Église d'abord dont la morale se durcit et qui voit tout ce qui a trait au corps d'un mauvais œil. Les médecins ensuite, et surtout, qui ne considèrent plus l'eau comme bienfaisante mais comme responsable et vecteur de maladies et d'épidémies. Selon eux, les pores dilatés de la peau laisseraient plus facilement passer les miasmes et les impuretés. La Grande Peste de 1348 semble leur donner raison.

On se méfie dorénavant de l'eau qui ne doit être utilisée qu'avec modération. Les étuves déclinent puis disparaissent peu à peu. Il faudra attendre le XIXᵉ siècle et le mouvement hygiéniste pour qu'un nouveau renversement de mentalité se produise.

Olivier Tosseri

La culture médiévale est inexistante

Si l'installation des royaumes barbares en Europe ralentit voire arrête la diffusion de la culture en Occident, elle n'est pas morte et n'a pas totalement disparu avec la chute de l'Empire romain. Dès le VIe siècle en Italie, Boèce (480-524) et Cassiodore (485-580) s'efforcent de préserver une partie de l'héritage classique. Boèce traduit en latin l'œuvre logique d'Aristote et compose une série de traités philosophiques. Cassiodore fonde à Vivarium un monastère qui devient un centre d'études classiques ainsi qu'une importante bibliothèque via un considérable travail de copiste. L'évêque Isidore de Séville (562-636) écrit sur tous les sujets : grammaire, théologie, politique, histoire... Il consacre les vingt dernières années de sa vie à la rédaction de son ouvrage *Étymologies* qui couvre tous les champs de la connaissance et sauve, en partie, la culture classique dans l'Occident chrétien.

Le savoir se réfugie dans les monastères, dans le *scriptorium* où sont traduits, copiés et conservés les textes antiques. Ces foyers culturels ne sont pas que des lieux de préservation mais également des lieux de production à travers la figure de moines érudits tels que Bède le Vénérable (672-735). Il est l'auteur d'ouvrages techniques qui forment le socle du savoir scientifique médiéval : l'histoire, la rhétorique, la théologie et la philosophie. Il cite Pline le Jeune, Lucrèce, Ovide, Virgile et connaît le grec.

Le savoir classique ne disparaît pas totalement non plus, grâce aux liens que l'Occident conserve avec l'Empire romain d'Orient. Plusieurs papes sont d'origine grecque et les persécutions religieuses des empereurs ainsi que l'avancée des musulmans provoquent l'exil de nombreux réfugiés byzantins. Au IXe siècle, l'Empire carolingien est le théâtre d'un renouveau culturel et de progrès intellectuels que l'on nommera plus tard « renaissance carolingienne ». Les abbayes de Saint-Gall, Fulda, Ruchenau et Babbio en Allemagne et en Italie jouent un rôle de premier plan. Cet intérêt pour la culture classique émerge aussi dans la civilisation musulmane qui la découvre en envahissant l'Espagne wisigothique au VIIIe siècle et l'Empire byzantin. Ce sont des chrétiens syriaques qui traduisent en arabe et commentent les textes grecs, comme au VIIIe siècle le nestorien Yuhanna ibn Masawayh, médecin et logicien né sous le calife Harun al-Rachid, ou son disciple Hunayn ibn Ishaq. Les *falasifa* (du grec philosophie) tels que Al-Farabi (872-950), Avicenne (980-1037) ou Averroès (1126-1198) s'inspirent des œuvres gréco-latines pour rédiger des traités de mathématiques, d'astronomie, de philosophie, de médecine. Ils seront à leur tour traduits à partir des XIIe et XIIIe siècles en Occident et nourriront le débat intellectuel. Le phénomène se développe surtout après la reprise de Tolède en 1085 par les chrétiens espagnols. Celle qu'on appelle l'« école de Tolède » réunit dans cette région des savants musulmans, juifs, chrétiens qui effectuent un intense travail de traduction du savoir antique. Gérard de Crémone (1114-1187), particulièrement, se penche autant sur les textes grecs que sur les ouvrages arabes qui seront ensuite diffusés en Europe.

C'est cette deuxième renaissance du XIIe siècle qui posera les jalons de celle qui aura lieu après un Moyen Âge où la culture n'était pas si absente que cela…

Olivier Tosseri

Les femmes n'avaient aucun droit au Moyen Âge

— FAUX —

Dans l'obscur Moyen Âge, les femmes vivaient sous la coupe pleine et entière de leurs époux.

Bien que vivant dans une société dominée par les hommes, les femmes jouent un rôle important au Moyen Âge, et ce dans toutes les couches sociales, à la ville comme à la campagne. Le modèle chrétien du mariage, édifié sur l'idée d'une union entre deux êtres égaux, unis de manière indissoluble et liés par des devoirs réciproques, est déjà en soi une amélioration de la situation de la femme dans le couple par rapport à l'Antiquité. « *Nec domina, nec ancilla, sed socia* », ni maîtresse, ni servante, mais compagne, a-t-on coutume de dire aux temps féodaux. La femme n'est plus une perpétuelle mineure, passant de la tutelle d'un père à celle d'un mari, comme l'exigeait le droit romain.

Dès le VIIe siècle, le consentement des parents, c'est-à-dire du père et de la mère, n'est plus, aux yeux de l'Église, indispensable à la validité du mariage. Une véritable révolution. À partir du XIIIe siècle, les intérêts financiers de la femme mariée sont préservés. Majeures très jeunes, dès douze ans dans la plupart des coutumes, les femmes restent propriétaires de leurs biens propres. Les maris en ont l'usage appelé saisine, mais ils ne peuvent, eux, en disposer. À l'inverse, en cas de don ou de vente des biens propres au mari, le consentement de la femme doit toujours être mentionné. Les juristes protègent ainsi la future veuve des éventuelles prodigalités de l'époux et des contestations soulevées en cas de décès par les enfants ou les collatéraux. Par ailleurs, si la femme apporte une dot, le mari doit lui constituer un douaire, une sorte d'assurance décès. En effet, si l'époux meurt, la femme a la jouissance d'une partie des biens de celui-ci, à hauteur de la moitié dans les familles roturières et du tiers chez les nobles. Ce droit au douaire a pour but d'assurer sa subsistance au cas où elle ne se remarierait pas, car une femme dotée ne peut plus figurer au partage successoral avec ses frères. L'épouse peut également remplacer son mari absent ou empêché, à plus forte raison en cas de décès, et nombre de châtelaines, devenues chefs de famille, administrent seules des domaines. Enfin, en ville comme à la campagne, les femmes participent activement à la vie économique. Beaucoup tiennent, avec leurs maris, des boutiques ou des ateliers. Mais une grande partie d'entre elles, célibataires ou veuves, exercent un métier en toute indépendance. D'ailleurs, une commerçante a le droit de témoigner en justice pour tout ce qui concerne son commerce.

Jusqu'à la fin du XVe siècle, les femmes bénéficient de la « capacité juridique », une expression signifiant que l'épouse peut agir sans l'autorisation de son mari. À partir du XVIe siècle, celle-ci va devenir peu à peu juridiquement incapable, c'est-à-dire que ses actes, sans autorisation de son époux, seront nuls. Au fil des siècles, le contrôle marital va devenir de plus en plus pesant. Le point culminant de ce long processus aboutira, au début du XIXe siècle, aux mesures du Code Napoléon faisant à nouveau des femmes d'éternelles mineures.

Véronique Dumas

Ancien Régime
Inepties... royales !

L'arbitraire des princes, la justice aux ordres du pouvoir, la cupidité, le népotisme, la corruption, les privilèges de caste... Insupportables ? Oui. Mais amplifiés, parfois jusqu'à la caricature, pour ne pas dire la propagande, par leurs héritiers républicains qui, sur bien des points, n'ont hélas plus grand-chose à leur « envier ». Démonstrations.

---

6 DATES CLÉS

1519
Charles Quint devient empereur romain germanique.

1587
Marie Stuart, ancienne reine de France et d'Écosse, est exécutée.

1611
Démission de Sully, ministre d'Henri IV.

1627
Richelieu entame le siège de la ville protestante de La Rochelle.

1683
Mort de Colbert.

1685
Révocation de l'édit de Nantes par Louis XIV.

François Ier découvre la Renaissance en Italie

FAUX

À son retour de Marignan, en 1515, le roi, subjugué par l'art italien, importe en France ce savoir-faire inconnu jusqu'alors.

La Renaissance est apparue en France avant son règne. Et le roi ne l'a pas découverte pendant les guerres d'Italie. Il existe bel et bien une tradition pré-humaniste française, qui s'est épanouie dès le début du xve siècle, qui a reçu Pétrarque et a communiqué avec les humanistes italiens, comme en témoigne la correspondance de Jean de Montreuil et Colucio Salutati. Ce pré-humanisme a encouragé des liens avec la péninsule qui se sont développés dès la seconde moitié du xve siècle.

À l'avènement du vainqueur de Marignan, les conditions de l'épanouissement de la Renaissance française, notamment les contacts avec l'Italie, sont déjà réunies. Certains des instruments fondamentaux de la diffusion de cette Renaissance sont déjà présents dans le royaume. À commencer par l'imprimerie, introduite à la Sorbonne par Guillaume Fichet et Johan Heynlein en 1470. Les débats si caractéristiques entre les humanistes et les auteurs scolastiques enflamment la Sorbonne à partir des années 1490, même si c'est Rabelais, sous le règne de François 1er, qui donnera en France la caricature humaniste la plus aboutie des sorbonnards. *Les Annotations aux pandectes* de Guillaume Budé

206

paraissent en 1508 et renouvellent les études du droit romain. En 1496, Robert Gaguin, élève de Fichet, échange des lettres avec Marsile Ficin, le plus grand humaniste florentin du moment. Son néo-platonisme, introduit en France par Philippe Beroalde, arrivé à Paris en 1476, est diffusé début XVIe par Symphorien Champier. Les érudits italiens viennent chercher en France des protecteurs ou des mécènes et y introduisent leur savoir-faire ou leurs méthodes, comme Paul Émile qui rédige, à la fin des années 1480, une *Histoire de France* ou, dans un autre registre, les architectes des premiers châteaux de la Loire. Toutes ces influences ne viennent pas directement d'Italie, mais elles sont parfois véhiculées par des Grecs repoussés par l'avance turque, tel Hermonyme de Sparte qui apprend le grec à Lefèvre d'Étaples à partir de 1475. L'étude de l'hébreu, autre langue ancienne réhabilitée par la Renaissance, est introduite en France par François Tissart qui en publie une grammaire en 1509, à partir des *Rudimmenta linguae hebraicae* de l'Allemand Reuchlin.

Les guerres d'Italie stimulent certes le renouvellement des idées. Pourtant, sous Charles VIII, artistes et savants italiens s'installent déjà en France, tel Jean Lascaris, l'un des introducteurs des études grecques ; de même Louis XII rapporte les manuscrits qu'il trouve dans ses campagnes militaires. L'éducation du jeune François est donc largement empreinte de la Renaissance italienne avant qu'il ne parte au combat. Son nom lui vient déjà d'Italie, en référence à François de Paul, ermite italien arrivé en France en 1482. Sa mère Louise lui apprend l'italien et l'espagnol. L'humaniste chrétien François Desmoulins lui enseigne l'histoire biblique et le latin, sans grand succès d'ailleurs. Peut-être également a-t-il été l'élève de l'humaniste flamand Christophe de Longueil. Son père, Charles d'Angoulême, est amoureux des lettres et de la peinture. À Cognac, il s'entoure de Jean de Saint-Gelais, chroniqueur officiel du règne de Louis XII, et de son frère Octavien, poète et traducteur d'Ovide et Virgile, de sorte que le jeune François baigne déjà dans ce retour à l'antique que ses voyages en Italie ne feront qu'accentuer.

Laurent Vissière

De Vinci est mort dans les bras de François Ier

—— FAUX ——

2 mai 1519, au Clos-Lucé, l'artiste italien est allongé dans son lit, mourant. Son ami et mécène, le roi de France, est auprès de lui.

À l'évocation de la mort de Léonard de Vinci, nous vient à l'esprit un tableau d'Ingres commandé par l'ambassadeur de France à Rome en 1818. On y voit l'artiste rendant le dernier soupir dans sa chambre du Clos-Lucé près d'Amboise, le 2 mai 1519. À son chevet, François Ier désespéré lui tient la tête en versant une larme. Cette scène émouvante n'est qu'une mise en scène. L'amitié entre les deux hommes est, elle, authentique. En 1515, le tout jeune roi de France reconquiert le Milanais en remportant la victoire de Marignan. Il rencontre le pape Léon X à Bologne en décembre de la même année. Se trouve présent Léonard de Vinci au sommet de sa gloire, et qui est à ce moment-là au service du pontife. Le jeune souverain de vingt et un ans charge le génie de soixante-trois ans de concevoir un lion mécanique pouvant marcher et dont la poitrine s'ouvrirait pour révéler des lys. Souhaitant introduire l'art italien en France et s'attacher son plus illustre représentant, François Ier l'invite ensuite à sa cour.

L'artiste accepte et traverse les Alpes pendant l'hiver 1516-1517, la légende voulant qu'il fasse le voyage à dos de mulet, emportant trois de ses plus belles œuvres : *La Joconde*, *Sainte Anne* et *Saint Jean-Baptiste*. Son nouveau mécène l'installe au manoir du Clos-Lucé près du château d'Amboise, alors demeure royale. Il lui attribue une pension de 10 000 scudi et la charge de « premier peintre, premier ingénieur et premier architecte du roi ». Mais surtout la liberté. « Fais ce que tu veux », lui aurait-il dit. À l'inverse de l'Italie, qui voit avant tout en Léonard de Vinci un ingénieur et un architecte, la cour de France s'attache à lui en tant qu'artiste. Amitié et admiration se nouent entre le monarque et son protégé qu'il appelle « mon père ». Vinci s'y consacre à des travaux d'architecture civile et militaire, au dessin, à l'organisation des fêtes royales, à l'élaboration de costumes et au dessin. Mais sa santé décline, sa main droite se paralyse, son état s'aggrave en avril 1519 et il meurt à soixante-sept ans le 2 mai suivant.

Outre la grande affection que lui portait François Ier, la tradition selon laquelle il serait mort dans ses bras repose sur une épitaphe rapportée par son premier biographe Giorgio Vasari. Cette épitaphe qui n'a jamais été vue sur aucun monument contient les mots « *Sinu Regio* », qui peuvent signifier, au sens propre, « sur la poitrine d'un roi », mais aussi, dans un sens métaphorique, « dans l'affection d'un roi », ou faire simplement allusion à la mort de Léonard de Vinci près d'un château royal. Outre cette erreur de traduction, le souverain était à cette époque à Saint-Germain-en-Laye à deux jours de cheval de la Loire. Il y signe même le 1er mai une ordonnance et son journal n'indique aucun voyage jusqu'en juillet. Enfin, Francesco Melzi, élève du maître qui hérita de ses affaires et fut dépositaire de son testament, écrivit une lettre au frère du peintre pour lui relater sa mort : aucune allusion à la présence du roi n'y est faite, ce qui n'aurait certainement pas manqué dans le cas contraire.

Si Léonard de Vinci n'est pas mort dans les bras de François Ier, il est fort probable que ce dernier aurait aimé serrer une dernière fois celui qu'il admirait tant.

Olivier Tosseri

La Terre tourne autour du Soleil, *dixit* Galilée

FAUX

Bien sûr aujourd'hui tout le monde sait cela. Mais, à l'époque, l'astronome et physicien italien est le premier à le découvrir.

C'est à Copernic qu'est attribuée la découverte de l'héliocentrisme. L'Antiquité en avait déjà eu l'intuition. Au Ve siècle av. J.-C., le Grec Philolaos de Crotone émet l'hypothèse que la Terre n'est pas au centre de l'Univers. Elle tournerait en un jour autour d'un « feu central » dont la lumière serait reflétée par le Soleil. Des astronomes indiens au Ve et au XIIe siècles élaborent dans leurs travaux des théories affirmant que la Terre tourne autour du Soleil et mentionnent même la loi de la gravité. Mais le géocentrisme, défendu par Aristote et Ptolémée et repris par l'Église, qui place la Terre immobile au centre de l'Univers, perdure.

Malgré des avancées dans le domaine astronomique au Moyen Âge, il faut attendre le XVIe siècle pour que la théorie de l'héliocentrisme soit érigée en système. On la doit au chanoine, médecin et astronome polonais Nicolas Copernic (1473-1543). Ses recherches aboutissent à la rédaction de son ouvrage *De revolutionibus orbium cœlestium* (*Des révolutions des sphères célestes*) achevé vers 1530 et publié à Nuremberg en 1543 peu de temps avant sa mort. Dans un premier temps, le livre ne provoqua ni sermons enflammés sur le fait qu'il contredisait les Saintes Écritures ni débats virulents parmi les hommes de sciences. Il s'agissait pourtant bien d'une révolution, la « révolution copernicienne » nommée ainsi par analogie avec ses découvertes. Le système de Copernic repose sur l'observation que la Terre tourne sur elle-même, et fait un tour sur son axe en une journée appelée révolution. Il prétend également que la Terre fait le tour du Soleil (deuxième révolution), et non l'inverse, en un an. Il affirme enfin que les autres planètes, comme la Terre, tournent toutes autour du Soleil. Les critiques, notamment religieuses, de ce système finissent par se multiplier. Luther le traite de sot, et réticences et oppositions sont également nombreuses dans les milieux scientifiques.

Si le savant Johannes Kepler reprend et confirme certaines des thèses de Copernic, son héritier est véritablement Galilée (1564-1642), astronome et physicien italien. Il confirme par ses découvertes les cohérences du système copernicien dont il se fait un fervent défenseur, tout en prouvant les failles du système géocentrique. Convoqué par le Saint-Office en 1616, le *De revolutionibus orbium cœlestium* de Copernic est mis à l'index. Galilée poursuit néanmoins ses travaux et, protégé par le pape Urbain VIII, qui lui avait commandé l'ouvrage, il publie en 1632 *Dialogue sur les deux grands systèmes du monde,* éloge de l'héliocentrisme autant que raillerie sur le géocentrisme. La discussion se déroule à Venise entre un partisan du système copernicien, un défenseur du système de Ptolémée et un troisième interlocuteur impartial. Le scandale est cette fois-ci trop grand. Lâché par le pape, à nouveau convoqué par le Saint-Office, qui lui reproche de n'avoir pas respecté l'interdiction de

1616, Galilée est condamné à la prison à vie (peine commuée en résidence à vie par Urbain VIII) et l'ouvrage interdit. Il faut attendre 1757 pour que le pape Benoît XIV lève la censure sur les ouvrages traitant de l'héliocentrisme et que la recherche scientifique ne rencontre plus d'obstacles sur cette question.

Olivier Tosseri

---- FAUX ----

Toujours à la pointe de la mode, couvert de bijoux,
parfumé à l'eau de rose, le souverain et ses jeunes et
beaux mignons sont gays.

Concernant les femmes, le dernier des Valois
n'a rien à envier à son successeur, le premier des
Bourbons, Henri IV, surnommé le Vert Galant.
Les contemporains d'Henri III nous ont décrit le
roi comme un homme aimant beaucoup les
femmes. Peu connues, jamais aucune d'elles ne
reçut le titre de maîtresse officielle. Mais leur
fréquentation assidue porta préjudice tout autant
à sa réputation qu'à sa santé – un ambassadeur
italien allant jusqu'à écrire que « le roi eut
quelques maladies pour avoir fréquenté dans sa
jeunesse trop familièrement les femmes ».
Louise de La Béraudière, l'Italienne Veronica
Franco, la mère et une des sœurs de Gabrielle
d'Estrées, future maîtresse d'Henri IV, sont certaines des nombreuses conquêtes d'Henri de
Valois. Son mariage d'amour, et non pour des
intérêts politiques, avec Louise de Lorraine
rendit ses aventures moins nombreuses et plus
discrètes.

Aucune preuve directe de l'homosexualité du
souverain, de nombreux témoignages montrant,
au contraire, un caractère entreprenant auprès
des femmes, une incompatibilité avec sa très

grande piété qu'il exprimait de manière spectaculaire au cours de démonstrations d'expiations... comment expliquer alors l'image d'un Henri III homosexuel ?

D'abord l'extrême raffinement de sa cour à laquelle il impose un cérémonial complexe. Il introduit en France l'usage de la fourchette, fait preuve d'une hygiène peu commune à l'époque en se lavant et en se changeant fréquemment, et porte à son comble la recherche vestimentaire pour les hommes. Il montre un goût appuyé pour les artifices de mode, affectionne les petits chiens, se parfume et met des bijoux. Une image d'homme efféminé a donc été colportée par ses adversaires politiques. C'est là la deuxième source de la rumeur. Elle trouve son explication dans la propagande violente suscitée par la Ligue. En pleine guerre de Religion, les catholiques les plus ultras ont lancé une vague de calomnies destinée à discréditer le roi dans l'esprit de ses sujets. Le but était d'empêcher un rapprochement avec le protestant Henri de Navarre et un changement de dynastie à son profit, Henri III n'ayant pas d'héritier et étant jugé trop tolérant avec les huguenots. Enfin et surtout, la rumeur s'appuya sur la faveur politique et financière dont il combla ses amis, choisis jeunes pour leur fidélité et non pour leur naissance. Il leur témoignait une amitié passionnée et ostentatoire. On les baptisa « mignons », signifiant à l'époque « préférés ». La jalousie des aristocrates évincés du pouvoir et d'une faveur royale qui renversait l'ordre social et la hiérarchie des âges mit cette attitude sur le compte d'une « nature dégénérée ».

Si l'homosexualité d'Henri III est aujourd'hui exclue, certains historiens s'interrogent cependant sur une éventuelle bisexualité. Jean-François Solnon parle d'« inversion psychique » pour expliquer les comportements du roi dont l'image reste néanmoins fort éloignée de la réalité.

Olivier Tosseri

Henri IV rallie l'armée à son panache blanc

À la veille de la bataille d'Ivry, en 1590, coiffé de son heaume à plumes, le roi galvanise ses troupes par un discours célèbre.

Mes compagnons, [...] si vos cornettes [porte-enseigne] vous manquent, ralliez-vous à mon panache blanc, vous le trouverez au chemin de la victoire et de l'honneur ! C'est par ces paroles qu'Henri IV aurait galvanisé ses troupes lors de la bataille d'Ivry, le 14 mars 1590. Paroles flamboyantes sans aucun doute, mais que l'on doit en réalité à la verve d'Agrippa d'Aubigné, auteur d'une *Histoire universelle* parue en 1616. Certes, peu avant l'affrontement, le roi parcourut ses troupes pour relever leur moral, mais au milieu de milliers d'hommes à cheval, prêts à charger, il ne pouvait faire de grands discours : personne ne l'aurait entendu ! Cela dit, le roi portait-il réellement un panache blanc ?

Sans doute. Depuis la fin du Moyen Âge, chefs de guerre et hommes d'armes ornaient leur heaume d'un panache, composé de plumes d'autruche, blanches ou teintées. Et il semble bien qu'à Ivry, Henri IV, tout comme son cheval, ait arboré un tel panache. Cet ornement pouvait d'ailleurs servir de signe de ralliement dans la mêlée, d'autant qu'à Ivry le porte-enseigne du roi fut très vite abattu et que les soldats se rassemblèrent autour d'Henri lui-même. Mais, au cours des guerres de Religion, la couleur blanche avait également pris une forte connotation politique. Dès les années 1560, les protestants avaient choisi de renoncer aux casaques chamarrées que les chevaliers portaient au-dessus de l'armure pour adopter un uniforme blanc, symbole de pureté. Bientôt, les troupes huguenotes ne portèrent plus sur la cuirasse qu'une écharpe blanche, passée en bandoulière de l'épaule à la hanche, et c'est ce signe qu'adopte définitivement Henri de Navarre, devenu prétendant au trône en 1585, et roi légitime quatre ans plus tard, après l'assassinat d'Henri III. « Prendre l'écharpe blanche » passe même en proverbe pour désigner le ralliement d'un catholique à Henri IV. Or, dans les premiers mois de l'année 1590, celui-ci doit encore conquérir sa couronne et vaincre la Ligue. Comme l'a bien montré la grande historienne Denise Turrel, Henri IV choisit alors un insigne qui soit « religieusement neutre », capable de rallier à son autorité aussi bien catholiques que protestants, et il met en avant ce bouquet de plumes, qui fait de lui plus un roi chevalier qu'un chef de parti.

Par la suite, comme Henri est devenu catholique, l'historiographie royale tend à gommer l'écharpe blanche, trop connotée, et met donc l'accent sur ce panache blanc, qui devient ainsi un nouvel emblème de la monarchie française. Le panache va connaître une seconde jeunesse en 1814, avec le retour de Louis XVIII : la propagande remettra en effet à l'honneur ce symbole de la réconciliation nationale opérée par le Béarnais après trente années de guerres, et le « bon roi Henri IV », avec son panache et sa poule, servira de figure tutélaire à la Restauration. Sans surprise, les manuels d'histoire de la IIIe République, qui entendent reconstruire la Nation après le traumatisme de 1870, s'emparent de cette image, et le panache blanc d'Henri IV, au même titre que le chêne de Saint Louis, entre dans la légende de ces rois qui ont fait la France.

Laurent Vissière

Ravaillac, le régicide, a été manipulé

--- FAUX ---

Si l'assassin du roi Henri IV affirme, malgré la torture, avoir agi seul, la rumeur va bon train. On accuse tour à tour les jésuites et les Espagnols d'avoir armé le meurtrier.

Tous les efforts du maréchal de La Force qui soumit le régicide à la question afin de lui faire avouer des complicités furent vains. Il semble véritablement qu'il n'y ait eu aucune forme de complot et que l'assassin ait agi seul. Le 14 mai 1610, alors qu'il se rend à l'Arsenal pour visiter son ministre Sully malade, Henri IV est poignardé à trois reprises par François Ravaillac au moment où son carrosse se trouve immobilisé par l'encombrement de la rue de la Ferronnerie. La mort du Vert Galant n'est en fait que l'aboutissement de vingt ans d'attentats manqués sur la personne du roi. Le batelier Pierre Barrère en 1593, Jean Chastel en décembre 1594, Jean Guédon en 1595, son frère Lucien Guédon en 1602, ne sont que les plus célèbres de la liste des assassins.

En revenant au protestantisme après l'avoir abjuré une première fois en 1572, puis une seconde fois en juillet 1593, le premier Bourbon s'était attiré de nombreuses inimitiés chez les catholiques intransigeants. Le souverain aurait dit le matin même de sa mort : « Vous ne me connaissez pas maintenant, vous autres, mais je mourrai un de ces jours, et quand vous m'aurez perdu, vous connaîtrez lors ce que je valais. » À l'époque, le « tyrannicide » a des défenseurs : les jésuites, notamment espagnols. Juan de Mariana, qui célèbre Jacques Clément assassinant Henri III en août 1589, défend sous certaines conditions ce geste, prétendant que le particulier qui attente au tyran ne pèche pas, voire gagne son paradis. En réaction, les pamphlets contre la Compagnie de Jésus fleurissent dans Paris. Aussi, quand Henri IV est assassiné, certains voient un complot jésuite ou espagnol derrière la main de son meurtrier. Pour eux, Ravaillac, manifestement déséquilibré, n'a pu agir tout seul.

Originaire d'Angoulême, pieux, fils d'un sollici- teur de procès réduit à la mendicité, il avait été rejeté de l'ordre des Feuillants parce qu'il avait des visions et représentait, pour les magistrats qui l'interrogèrent, le type idéal du pauvre bougre manipulé par des religieux. Mais, torturé dès le 14 mai à l'hôtel de Retz, puis interrogé à nouveau à la Conciergerie, avant d'être soumis une dernière fois à la question le 25, Ravaillac affirmera tou- jours avoir agi seul. Ses gardiens chercheront même à découvrir l'influence d'une sorcière ou une alliance avec le Malin. Sans plus de succès. Ni les jésuites ni leur doctrine n'apparaissent dans les interrogatoires. Il n'empêche : la rumeur court et grossit. Dans les jours qui suivent, on évoque des présages : un rêve de la reine ; le fait que l'arbre de mai planté dans la cour du Louvre se soit abattu, signe funeste. Ravaillac, lui, est écartelé en place de Grève, le 27 mai. Les morceaux de son cadavre sont emportés et brûlés par le peuple.

Antoine Roullet

Les Portugais sont tout seuls au Brésil

FAUX

Débarqués sur le nouveau continent en 1500, ils s'installent à l'embouchure de l'Amazone. Pas un Européen ne pourra coloniser le pays.

Si les Portugais découvrent le Brésil en 1500, ce sont les Français qui faillirent en prendre possession au XVIe siècle. Le premier voyage de marins normands date de 1503-1504, lorsqu'un navire du nom d'*Espoir* arrive sur les côtes brésiliennes. Des contacts sont noués et les expéditions se multiplient. En 1531, deux navires et cent vingt hommes d'équipage, sous le commandement de Jean Dupéret, accostent sur l'île de Santo Aleixo, baptisée Saint-Alexis, y construisent un fort et fondent un comptoir commercial. Les Portugais les en chassent rapidement sans pour autant dissuader les Français de revenir. La région de Cabo Frio jusqu'à Rio de Janeiro est même davantage sous le contrôle de la Couronne française. En 1555, Henri II et Gaspard de Coligny donnent le commandement d'une flotte au calviniste Nicolas Durand de Villegagnon.

Il doit assurer la présence française dans la région et fonder une colonie qui pourrait notamment accueillir les protestants pour qu'ils puissent librement y pratiquer leur religion. Parti du Havre, il débarque dans une île déserte de la baie de Rio de Janeiro, qui porte aujourd'hui son nom, y construit le fort Coligny et s'installe sur la côte qu'il appelle la « France Antarctique ». Les membres de cette première expédition se partagent de façon à peu près égale entre catholiques et protestants. Mais, alors que la colonie se développe et que de bonnes relations sont entretenues avec les indigènes, l'intolérance de Villegagnon y met un coup d'arrêt. Il se convertit au catholicisme, ce qui provoque le départ de nombreux colons huguenots. Lui-même retourne en Europe, laissant le commandement à son neveu. André Thevet, qui le premier apporta le tabac en France, et Jean de Léry, dans son ouvrage *Navigation au Brésil*, racontèrent cette tentative d'établissement français.

Le Portugal, qui n'est plus disposé à tolérer la présence française sur ses terres, envoie une expédition de cent vingt Portugais et mille indigènes, sous les ordres de Mem de Sá, gouverneur général du Brésil. Après deux jours et deux nuits d'affrontement, le fort Coligny tombe. C'en est fini des espoirs d'une colonie qui de toute façon n'était pas suffisamment soutenue par la Couronne. Jusqu'en 1615, cependant, les incursions des marchands et des corsaires français sont récurrentes avant de cesser totalement. La France n'aura réussi qu'à conserver sa colonie de Guyane fondée en 1604. L'amiral de Coligny avait également envoyé en 1562 une expédition en Floride. Les guerres de Religion empêchent l'envoi de tout renfort à un établissement qui tombe trois ans plus tard aux mains des Espagnols. L'intransigeance de Villegagnon et les querelles religieuses auront ruiné toute possibilité de la France de disputer à l'Espagne et au Portugal leur empire sur les Amériques.

Olivier Tosseri

? Charles Quint était espagnol

───── FAUX ─────

Le souverain européen le plus puissant de la première moitié du xvie siècle était de nationalité espagnole.

Il règne déjà sur l'Espagne ou plutôt la Castille lorsqu'il est élu empereur en 1520. Charles est le cinquième empereur à porter ce prénom, raison pour laquelle il est appelé Quint, mais les Espagnols l'appellent Charles Ier. Pourtant, Charles Quint n'est pas espagnol et ne le deviendra jamais tout à fait, en dépit d'efforts sincères pour s'acclimater aux coutumes locales. En 1527, à l'occasion de la naissance de son fils, il n'hésitera pas à descendre dans l'arène pour combattre un taureau.

Né à Gand, dans l'actuelle Belgique, le 24 février 1500, Charles est le fils de Philippe le Beau (fils de l'empereur Maximilien de Habsbourg et petit-fils du duc de Bourgogne Charles le Téméraire) et de Jeanne, fille aînée des Rois Catholiques, Ferdinand d'Aragon et Isabelle de Castille. Par son père, il possède des droits sur les dernières possessions du duché de Bourgogne, essentiellement les Flandres et la Franche-Comté, et un rang qui lui permet de prétendre à une candidature au Saint-Empire. Par sa mère, il peut revendiquer les couronnes de Castille et d'Aragon. Charles connaîtra très peu ses parents. Philippe le Beau meurt subitement en 1506. Son épouse, folle de douleur, ne s'en remettra pas. L'enfant, dont la langue maternelle est le français, est élevé par sa tante, Marguerite d'Autriche, régente des Pays-Bas, puis par son parrain et tuteur, Guillaume de Croÿ, un noble flamand. À la mort du roi d'Aragon, en 1516, Charles est proclamé à Bruxelles roi des Espagnes et des Deux-Siciles et souverain des Amériques. En 1517, le jeune roi fait son entrée à Valladolid. Il ne parle pas encore le castillan et a emmené avec lui une cour de seigneurs flamands se comportant en pays conquis. L'accueil est glacial. De la mise en place du cérémonial bourguignon à la Cour, la célèbre « étiquette », pesante et compliquée, à l'exploitation des ressources du pays, tout est prétexte à remettre en question le pouvoir centralisateur du nouveau souverain. L'élection de Charles à l'Empire aggrave les tensions. Ce Habsbourg est accusé de faire passer les intérêts de sa dynastie avant ceux de la nation. Des révoltes éclatent. Elles sont férocement réprimées. En 1522, la péninsule Ibérique est pacifiée. Ses richesses, y compris celles venues des Indes, et ses soldats vont grandement contribuer à assurer la puissance militaire impériale. Mais, grâce à son roi, l'Espagne va entrer dans la modernité et connaître un développement économique sans précédent.

Souverain des Pays-Bas, roi d'Espagne et empereur germanique, il règne sur un empire où le soleil ne se couche pas. Les cinq guerres menées au cours de son règne contre les rois de France, François Ier et Henri II, inaugurent l'histoire d'une longue lutte entre les Habsbourg et le royaume de France. Elle ne s'achèvera qu'au milieu du XVIIIe siècle. Prématurément vieilli et malade, Charles Quint décide d'abdiquer en 1555. À son fils, Philippe II, il remet les couronnes de Castille, d'Aragon, de Sicile et des Indes. À son frère, Ferdinand Ier, il transmet le titre impérial. Lui, le Flamand, l'homme du Nord, choisit de finir ses jours dans un austère monastère de l'Estrémadure, face à un paysage de fleurs et d'orangers. Il s'y éteint en 1558.

Véronique Dumas

Magellan a fait le tour du monde

FAUX

Ses cinq caravelles partent en 1519 pour la première circumnavigation. Trois ans plus tard, le capitaine débarque à Séville.

Grand navigateur et aventurier, il n'a pourtant pas pu terminer son périple autour du monde, étant mort en chemin. Ce qui n'enlève rien au fait que son voyage, dans les conditions de l'époque, soit un exploit. À lire le récit du chevalier Antonio de Pigafetta, l'un des rares survivants de l'expédition, cette prouesse tient davantage de l'épreuve ou du miracle que de la marche victorieuse. Les cinq caravelles de Magellan, aux noms des plus éloquents – *San Antonio*, *Victoria*, *Concepción*, *Santiago* et *Trinidad* (le navire amiral) – et les deux cent quarante hommes de l'expédition s'élancent de Séville le 10 août 1519 et passent sans encombre le cap Vert début octobre. Après ce trajet classique et connu, les dangers inhérents à toutes les traversées océaniques du début du XVIe siècle semblent décuplés.

Confrontés à une terrible tempête dans l'Atlantique, les marins n'attendent plus que « l'heure de périr ». L'expédition ne doit son salut qu'aux apparitions de « saint Elme, sainte Claire et saint Nicolas » face auxquels les hommes d'équipage « crient miséricorde ». De fait, ils ont vu ce qu'on appelle depuis les « feux de saint Elme » – un phénomène atmosphérique lié à l'orage qui produit des halos de lumière électrique en haut des mâts. Au mois de mars 1520, Magellan et ses hommes font escale dans la baie de San Julián, au Brésil.

Au cours de ces cinq mois d'hivernage, une mutinerie éclate : « Les patrons des autres navires machinèrent une trahison contre le Capitaine général pour le vouloir faire mourir », relate Pigafetta. Magellan fait décapiter Gaspar de Quesada, le capitaine de la *Concepción*, puis abandonne Juan de Cartagena, l'ancien capitaine de la *San Antonio*. À ces rébellions s'ajoute la perte des navires à mesure que progresse l'expédition. La *Santiago* s'échoue alors qu'elle explore la côte de Patagonie. Les navires restant s'engagent dans le Pacifique, après avoir découvert le célèbre détroit qui portera le nom de Magellan, et atteignent l'archipel de Saint-Lazare – actuelles Philippines – le 27 mars 1521. C'est au large de l'île Bohol, avant de reprendre la mer pour les îles Moluques, que la *Concepción* est incendiée le 3 mai 1521, « parce qu'il y avait trop peu d'équipage ». Enfin, le 18 décembre 1521, en appareillant du port de Tidore, la *Trinidad* est victime d'une voie d'eau et coule à pic. Mais le pire fléau reste la famine : « Nous ne mangions que de vieux biscuits tournés en poudre et pleins de vers et puants de l'odeur d'urine que les rats avaient fait dessus après avoir mangé le bon », écrit Pigafetta. Avec la famine, vient la maladie, principalement le scorbut.

Au terme de l'expédition et du premier tour du monde, il n'y a plus qu'un navire, la *Victoria*, qui prend l'eau de toute part : une partie de sa cargaison d'épices a dû être jetée à la mer afin de la délester. À son bord, dix-huit hommes menés par

Sebastiano del Caño, un des mutins du Brésil. Quant à Magellan, c'est la guerre qu'il a entreprise aux Philippines qui a causé sa perte. En avril 1521, il est atteint par « une lance de canne envenimée au visage qui le tua tout raide ».

Antoine Roullet

Catherine de Médicis est machiavélique

FAUX

Elle a tout fait pour conserver les rênes du pouvoir, manipulant ses fils, complotant et, surtout, massacrant les protestants.

La régente, mère de trois rois de France, prônait une politique de tolérance et de pacification religieuse. La Florentine, fille de Laurent II de Médicis, épouse très jeune le fils de François Iᵉʳ, le futur Henri II. À la mort de son mari au cours d'un tournoi en 1559, alors que le deuil royal se marquait par le blanc, elle décide de ne plus se vêtir que de noir, d'où son surnom de veuve noire. Elle va désormais occuper une place prépondérante dans les destinées du royaume. Le bref règne de son fils François II voit éclater les problèmes religieux et le recours à la violence pour les régler.

Face à un parti catholique intransigeant voulant éradiquer le protestantisme, Catherine se range avec le chancelier Michel de L'Hospital du côté du parti des politiques qui cherchent avant tout à maintenir la cohésion de l'État et l'autorité de la monarchie. La mort de François II en 1560 et la minorité de Charles IX lui permettent de prendre en tant que régente les rênes du pouvoir. Elle multiplie dès lors les actes de conciliation. Les états généraux sont réunis à Orléans et, en 1561, se tient le colloque de Passy pour tenter de réconcilier les réformés et les catholiques. Le 17 janvier 1562, elle va jusqu'à promulguer un édit qui autorise la liberté de conscience et la liberté de culte aux protestants, à condition que leurs offices se déroulent en dehors des villes et qu'ils restituent les lieux de culte dont ils se sont emparés.

Cette politique de concorde échoue face à l'intransigeance des deux partis. La première guerre de religion éclate avec le massacre de Wassy, en 1562, et sera suivie de sept autres jusqu'en 1598. Catherine de Médicis tentera de ramener la paix pour sauvegarder l'héritage de ses enfants et l'unité du royaume. Elle y parvient en 1563 avec l'édit d'Amboise qui autorise le culte protestant dans certains endroits et stipule que personne ne doit être inquiété pour ses opinions religieuses. Cet édit de paix servira de modèle à tous ceux qui suivront : les conflits ne manquant pas d'éclater à nouveau. La période de tolérance et de calme est en effet précaire. Les trêves alternent avec les phases de tensions et de guerres ouvertes. C'est au cours de l'une d'elles, dans la nuit du 23 au 24 août 1572, qu'a lieu le massacre de la Saint-Barthélemy qui devait ne viser que les chefs protestants. On y a principalement vu la main de Catherine de Médicis, même si les enchaînements et les responsabilités ne sont pas clairement établies.

C'est alors que naît, de son vivant, la légende d'une femme austère, machiavélique, ne reculant devant rien pour se maintenir au pouvoir. Cette Italienne, qui conserva toujours un accent très prononcé, était considérée comme une étrangère, trop favorable aux protestants pour les catholiques et pas assez tolérante pour les réformés. Elle fut un des plus grands mécènes de l'histoire de France. Elle donne des fêtes somptueuses, s'entoure d'artistes comme Ronsard, Montaigne ou François Clouet et les protège, fait construire le château des Tuileries et agrandir celui de Chenonceau. Elle introduit en France la fourchette, la glace et la façon de monter à cheval en amazone. La fin de la dynastie des Valois en 1589 n'a pas permis sa réhabilitation. La Révolution française se plaira à la dénigrer et à vilipender à travers elle la monarchie, ce que fera l'école républicaine au XIXe siècle. Les romanciers pérenniseront cette image déformée à travers *La Reine Margot* de Dumas ou une biographie faussement historique de Balzac.

Olivier Tosseri

? Lucrèce Borgia
est une dépravée

FAUX

scandaleux. Au xve siècle, la fille du pape Alexandre VI couche avec son frère César, collectionne les amants et les maris.

Borja est le patronyme d'une famille originaire de Valence en Espagne, avant qu'il ne soit italianisé en Borgia au moment de l'arrivée de ses membres dans la péninsule à la fin du xive siècle. L'un de ses représentants les plus illustres est le cardinal Rodrigo Borgia – neveu d'Alonso Borgia, pape sous le nom de Calixte III –, et qui devint lui-même le pape Alexandre VI.

Avant de monter sur le trône de saint Pierre en 1492, ce prince de l'Église avait rencontré une patricienne romaine, Vanozza Catanei, avec qui il avait eu quatre enfants, dont César (1475-1507) et Lucrèce (1480-1519) qui devaient rester dans la mémoire collective.

Ce prélat qui n'en avait que les titres et pas les mœurs suscite rapidement inimitiés et haines tenaces. Intrigues et violences sont courantes à la cour papale où le père et le fils utilisent leur sœur comme un outil politique. Lucrèce est mariée une première fois avec Giovanni Sforza avant qu'un changement d'alliance ne fasse annuler cette union par son père qui invoquera la prétendue non-consommation du mariage. Vexé, Sforza commence à faire courir des bruits sur des rapports incestueux entre Lucrèce et son frère. On lui trouve ensuite un deuxième époux en la personne d'Alphonse d'Aragon, lequel passe de vie à trépas par les soins de César Borgia. Un troisième et dernier mariage avec Alphonse Ier d'Este, futur duc de Ferrare qui la soustrait aux manœuvres familiales, sera célébré en 1501.

La légende noire de la famille forgée par ses ennemis politiques se constitue à cette époque. Empoisonnements, fratricides, incestes, complots, népotisme, dépravation… rien ne manque. On dit que César Borgia aurait inspiré Machiavel pour *Le Prince*. C'est cette réputation sulfureuse qui va rejaillir sur Lucrèce qui dans cette histoire est avant tout la victime des agissements de ses proches. Elle se consacre dans son duché de Ferrare à un mécénat qui fera de sa cour l'un des plus grands centres artistiques d'Europe. Loin des intrigues et des espions, elle s'intéresse au mysticisme et fréquente des femmes mystiques avec lesquelles elle entretient une correspondance nourrie et à qui elle rend visite. Mère de six enfants, elle meurt en 1519 à l'âge de trente-neuf ans en donnant naissance au septième.

Ce mythe autour de la famille Borgia en général, et de Lucrèce en particulier, a été entretenu tout au long du XIXe siècle par des historiens heureux de pouvoir dénoncer une papauté décadente aux mœurs dissolues. Les romanciers s'y sont également intéressés pour le côté romanesque que ces histoires présentaient, satisfaisant ainsi le goût du public pour des personnages troubles sans chercher une quelconque vérité historique. C'est la tragédie de Victor Hugo *Lucrèce Borgia* en 1833 qui, par son succès, a imposé l'image de noirceur et de scandale attachée à la duchesse de Ferrare. En 1935, le cinéma s'empare de la légende : Abel Gance réalise un film de commande. Il est passé du muet au parlant et le rythme s'en ressent. Mais il se permet quelques audaces, en faisant jouer à Edwige Feuillère, dans le rôle de Lucrèce, une scène de nu ! Scandale, comme cette famille Borgia à la renommée trouble qui donna au XVIe siècle deux papes à l'Église et de nombreux intrigants, mais également une protectrice des arts et un saint, François Borgia.

Olivier Tosseri

Henri IV
le bien-aimé

C'est faux. Et le roi le sait dès le début de son règne. Le 25 juillet 1593, Henri IV abjure le protestantisme à l'abbatiale de Saint-Denis. Dans les rues de la capitale, pavoisées et jonchées de fleurs, la foule l'acclame. « Sire, voyez comme tout votre peuple se réjouit de vous voir », dit un seigneur de sa suite au roi. Et celui-ci de répondre : « Si mon plus grand ennemi était là où je suis et qu'il le vît passer, il lui en ferait autant qu'à moi et crierait encore plus fort qu'il ne fait. » Lucide, le roi ne se fait guère d'illusions. Son abjuration, une de plus, lui vaut nombre d'ennemis. Traître pour les protestants, agent des parpaillots pour les catholiques, il doit vaincre les préventions de tous. Henri IV veut être le roi des catholiques et des protestants, hisser le pouvoir royal au-dessus des partis, habituer les Français des deux confessions à vivre en bonne entente. Chacun ne voit dans cette tolérance qu'irréligion et sacrilège. Mais le peuple est las de la guerre, des pillages incessants dans les campagnes. Il s'est résigné à accepter pour héritier des Rois Très Chrétiens ce petit roi de Navarre, l'ancien chef du parti protestant.

Laissant Reims aux Guises et à la Ligue, il est sacré à Chartres le 26 février 1594. Quatre ans plus tard, les derniers ligueurs se soumettent et, en 1599, le roi accorde aux protestants l'édit de

Nantes. La colère et l'indignation étouffent les dévots. La crainte d'une nouvelle abjuration du roi ou, pire, d'une Saint-Barthélemy des catholiques excite les esprits. Henri IV s'efforce d'achever la pacification du royaume. Charges et donations sont distribuées à ses ennemis d'hier. Les Français, écrasés d'impôts, lui reprochent à la fois ses prodigalités ruineuses et son avarice. Pourtant, sa politique de neutralisation des ligueurs est financée par des emprunts aux Médicis. D'ailleurs, la nullité de son union avec la reine Margot ayant été prononcée, Henri se réjouit à l'idée d'épouser la nièce du grand-duc de Toscane, Marie de Médicis, et de payer ses dettes avec la dot de sa femme ! Victorieux à l'extérieur contre l'Espagne, à l'intérieur contre la Ligue, les Grands et les Parlements, le roi est parvenu à restaurer l'autorité de l'État. Les mécontents y voient de l'absolutisme et continuent de comploter plus ou moins ouvertement. Quant à la Cour, elle s'offusque de son comportement de gentilhomme de campagne mal dégrossi. Chacun connaît l'insatiable appétit sexuel du Vert Galant. On parle du « précipice de ses voluptés ». D'autres courtisans, victimes de ses bons mots, l'accusent d'avoir la dent dure et d'être injuste. Enfin, ses anciens amis de jeunesse lui font grief de son ingratitude. La liste des reproches, des plus insignifiants aux plus graves, ne cesse de s'allonger. En vingt ans de règne, Henri IV échappe à plusieurs attentats manqués. En 1610, le poignard de Ravaillac met un terme à l'action conciliatrice d'un roi exceptionnel. « Dieu, a-t-il dit, m'a fait naître pour ce royaume et non pour moi. »

Véronique Dumas

Louis XIII était sous la coupe de Richelieu

—— FAUX ——

Soumis d'abord à la volonté de sa mère, le jeune roi passe en suite sous l'influence du cardinal. Impossible, pour lui, de gouverner seul.

Son règne paraît insignifiant entre celui de son père Henri IV et de son fils Louis XIV. Les romanciers, tel Alexandre Dumas dans *Les Trois Mousquetaires*, en ont laissé une image erronée. Louis XIII aurait été un prince faible et incapable, plus intéressé par la chasse, la musique et le dessin que par le pouvoir qu'il confie à son principal ministre, le cardinal de Richelieu. « Il était le flambeau, écrivait Victor Hugo, le roi n'était que la lanterne. »

Si le monarque est timide et taciturne, victime d'un bégaiement qui lui donne peu confiance en lui, il n'est cependant pas une simple marionnette entre les mains du cardinal. Il n'a que 9 ans lorsque son père est assassiné ; sa mère Marie de Médicis assure la régence. À la majorité royale, fixée à 13 ans, elle écarte son fils du conseil et laisse gouverner ses favoris Concino Concini et Leonora Galigaï. C'est par un coup de force, le 24 avril 1617, que Louis XIII accède au pouvoir en ordonnant leur assassinat. Il exile Marie de Médicis à Blois et prend enfin sa place de souverain. À son tour, il s'entoure de son favori Charles d'Albert, duc de Luynes. Marie de Médicis, de retour en grâce, fait entrer un de ses proches au conseil royal en 1624 : le cardinal de

Richelieu. De seize ans plus âgé que le monarque, il noue avec lui une étroite relation sans jamais outrepasser ses pouvoirs. Il le tient informé de toutes les décisions à prendre, écrivant même : « Je soumets cette pensée comme toutes les autres à Votre Majesté », signifiant qu'il ne veut en aucun cas prendre la place de son maître.

Les deux hommes partagent les mêmes conceptions. Sur le plan extérieur, la France s'engage dans la guerre de Trente Ans. À l'intérieur, ils entendent mettre fin aux privilèges politiques dont bénéficient les protestants et rétablir l'autorité militaire de l'État. Le siège de La Rochelle entre 1620 et 1628 et de nombreuses campagnes au cours desquelles Louis XIII, dernier roi-soldat, démontre son courage permettent de tourner la page des guerres de Religions. Partagé par le souverain, le programme politique de Richelieu a pour conséquence l'abaissement des grands féodaux et la rationalisation du système administratif avec la création des intendants. Il ouvre ainsi la voix à l'absolutisme que poursuivra son successeur. Le roi sait se montrer implacable dans la répression des soulèvements et des complots qui émaillent son règne, y compris lorsqu'ils sont organisés par des « Grands » qu'il fait exécuter, ou par son propre frère Gaston d'Orléans qu'il exile.

La légende qui fait de Louis XIII un instrument soumis à la volonté de Richelieu a pour origine le refus de nombre de ses contemporains de donner au souverain le crédit de cette inflexibilité. Les deux hommes travailleront de concert jusqu'à leur mort, le cardinal n'y précédant son maître que de cinq mois.

Olivier Tosseri

Mazarin était issu de la lie du peuple

—— FAUX ——

Le détesté Mazarin n'était même pas de sang bleu.

Rarement ministre sera plus haï dans l'histoire de France. Ses ennemis sont nombreux, le traitent de fourbe et de voleur, venu en France pour faire fortune en ruinant le pays. Cet étranger, ce moins que rien, est « issu de la lie du peuple ». Le cardinal est touché par ces attaques personnelles. Lui-même se définit comme un gentilhomme romain et succombera à la tentation de se trouver d'illustres ancêtres. Entre calomnie et rêve d'ascendance prestigieuse, l'enquête sur ses origines révèle une partie de son histoire personnelle.

Rien ne prédispose ce Romain à faire carrière en France. Le 14 juillet 1602, Giulio Mazarini naît dans les Abruzzes au sein d'une famille cliente des princes Colonna, de lointaine origine génoise et de petite noblesse terrienne. Sa mère, Hortensia Buffalini, se targue d'être de bonne noblesse. Les Mazarini vivent simplement à Rome, faute d'argent, mais les parents ont de grandes ambitions pour le jeune Giulio, né « coiffé », un excellent présage selon les croyances locales. À cinq ans, l'enfant fait déjà preuve d'une mémoire étonnante. À sept, il intègre le Collège romain des jésuites, le *nec plus ultra* de l'enseignement de l'époque. À l'issue de sa scolarité, ses maîtres veulent le garder dans la Compagnie. Il se hâte de fuir. Le jeune homme aspire à faire carrière en politique. Mais comment procéder ?

Entré par le biais d'un emploi modeste dans les services diplomatiques pontificaux d'Urbain VIII, il s'y rend utile pendant dix ans, assurant ponctuellement des missions parallèles qui le font connaître. L'une d'elles le mène en France auprès de Richelieu. Celui-ci l'apprécie au point de le faire nommer cardinal. Toutefois, Mazarin ne sera jamais ordonné prêtre. Il a alors la quarantaine et compte revenir à Rome. Mais les morts successives de Richelieu et de Louis XIII changent le cours de son destin. Le cardinal Mazarin est choisi par le roi pour assurer la continuité du gouvernement et assister la régente Anne d'Autriche. Elle fait de lui son Premier ministre et, diront les mauvaises langues sans aucune preuve, son amant. L'exceptionnelle ascension politique de Mazarin va en effet déclencher contre lui et sa famille, mais aussi contre la reine, une véritable campagne de dénigrement. Ces attaques menées par la noblesse contre son origine italienne et la condition sociale de ses parents vont culminer au moment de la Fronde et donner lieu aux mazarinades, ces pamphlets insultants diffusés dans tout le royaume. Trop différent dans ses manières d'être, de faire et de penser, perçu comme un intrus et un imposteur, Mazarin dérange. Le rejet est unanime. Son enrichissement rapide, son goût du luxe, est une autre cause de scandale. Sa ténacité, son intelligence, sa capacité d'analyse et sa souplesse de caractère lui permettront de surmonter tous les obstacles. En dix-huit ans de ministériat, de 1643 à 1661, marqués par seize années de guerre, il soumet les grands seigneurs frondeurs, réussit à mettre un terme à la guerre

avec l'Empire, à l'avantage de la France, par le
traité de Westphalie (1648), fait la paix avec
l'Espagne par le traité des Pyrénées (1859) et prépare le mariage de Louis XIV et de l'infante Marie-
Thérèse. À la mort de Mazarin, son principal
ministre et parrain, le Roi-Soleil a vingt-deux ans.
Son règne commence.

Véronique Dumas

Molière
est mort sur scène

FAUX

Paris, la Comédie Française. Ce soir-là, se joue Le Malade imaginaire, avec, dans le rôle d'Argan, Molière. Cruauté du sort ! À la fin de la pièce, l'acteur, fatigué, rend l'âme.

En ce 17 février 1673 Jean-Baptiste Poquelin s'éteint, chez lui, après une dernière représentation. Certes ce fut difficile mais il ne s'est pas effondré sur les planches. Ce jour-là, Molière interprète *Le Malade imaginaire*, l'histoire d'Argan, un hypocondriaque persuadé qu'il est gravement malade. La pièce est longue et s'ouvre sur un monologue fatigant pour les poumons du quinquagénaire semblant souffrir de pleurésie. Fragilisé depuis plusieurs années, il se repose régulièrement dans le jardin d'Auteuil, avec sa fille. Mais le dramaturge n'est probablement pas le moribond cadavérique qu'on a pu décrire. Sa mort tient peut-être plus de l'accident que de la longue agonie, bien que les conditions exactes ne soient pas connues.

Les premières sources sont d'ailleurs plutôt succinctes. Une gazette rapporte que « Molière mourut subitement, sortant de la comédie, où l'on dit qu'il n'avait jamais mieux réussi ». Le 18 février, sa femme Armande adresse une requête à l'archevêque de Paris pour que Molière puisse être enterré chrétiennement – pour cela, la coutume de Paris exigeait des comédiens qu'ils renoncent à leur métier avant de mourir. La veuve ne s'embarrasse pas de détails à propos de la disparition de son époux : fatigué après la pièce, il est ramené chez lui et meurt vers 22 heures, après avoir demandé à voir un prêtre, qui arrivera trop tard. Une notice biographique de 1682 précise que l'artiste achève son rôle « en souffrant beaucoup » et que, rentré chez lui, il est suffoqué par le sang qu'il rejette par la bouche, lors d'une ultime quinte de toux. Un pamphlet anonyme daté de 1688, *La Fameuse Comédienne*, roman satirique destiné à discréditer sa femme Armande, livre une version encore plus dramatique : Molière crache du sang sur scène et le camoufle. En 1705, Grimarest rapporte d'après le témoignage de Baron – le comédien préféré de Molière – que, mimant Argan mort, l'acteur aurait été difficilement relevé par ses compagnons avant d'être pris de violentes convulsions.

D'autres sources, datant des années 1680-1700, dépeignent un Molière souffrant, décidant contre l'avis de ses proches de jouer *Le Malade imaginaire* pour ne pas décevoir le public. Cet après-midi-là, il quitte la scène très fatigué et est amené dans la loge de Baron, puis porté chez lui. On lui propose un bouillon que, selon les sources, il aurait bu en mangeant des miches de pain, ou qu'il aurait refusé pour demander… du parmesan. Grimarest raconte que, pour dormir, il envoie chercher un oreiller enduit de soporifique chez sa femme, mais sans succès. Les quintes de toux reprennent. Alors que deux clarisses, déjà sur place par hasard, l'assistent dans ses derniers instants, Molière envoie des valets à l'église Saint-Eustache toute proche pour demander la présence d'un prêtre.

Après avoir d'abord essuyé deux refus – pourquoi se déplaceraient-ils pour un comédien, qui plus est l'auteur de *Tartuffe* ? – ils obtiennent l'accord d'un curé (nommé Paysant !). Lorsqu'il arrive au chevet de Molière, celui-ci a rendu l'âme sans avoir reçu les derniers sacrements.

Antoine Roullet

bans du mariage à l'église, une pratique parisienne adoptée par le concile de Latran dès 1215, se retrouve, sous l'appellation de « publications » dans le Code civil, à l'article 63.

Véronique Dumas

Racine a empoisonné sa maîtresse, la comédienne Thérèse Du Parc

FAUX

Thérèse Du Parc, tragédienne réputée, est morte empoisonnée par son célèbre amant, qui ne fut guère inquiété pour cela.

L'accusation, mensongère, naît au moment de l'affaire des Poisons. En 1679, la principale accusée, Catherine Deshayes, épouse Monvoisin, dite la Voisin, connue à Paris pour ses talents de devineresse et de sorcière, le désigne comme l'assassin de sa maîtresse. Louis XIV lui-même y croira. Mais le dramaturge ne sera jamais inquiété et aucune preuve ne sera retenue contre lui.

Après le procès de la marquise de Brinvilliers condamnée à mort en 1676 pour avoir empoisonné son père et ses deux frères, de nouvelles affaires d'empoisonnement surgissent. Le nouveau lieutenant général de police de Paris, La Reynie (sa charge a été créée pour l'occasion), et les ministres Colbert et Louvois, chargés de suivre l'enquête, découvrent dans la capitale un véritable marché du poison surnommé la « poudre à succession » ainsi qu'un florissant commerce de messes noires et autres envoûtements. Petites gens, bourgeois et nobles ont couramment recours aux services des diseuses de bonne aventure, avorteuses, alchimistes et autres prêtres défroqués. Devant l'ampleur de l'affaire, une Chambre ardente spéciale appelée cour des Poisons est constituée en 1679. Le 21 novembre, la Voisin, lors d'un nouvel interrogatoire, cite les noms de Racine et de la Du Parc, sa maîtresse. La jeune femme, laisse-t-elle entendre aux magistrats, a été tuée par l'auteur dramatique, fou de jalousie. Il s'est « défait d'elle par le poison », affirme-t-elle. L'accusation ne repose sur rien de sérieux. La Voisin n'est pas un témoin direct, ni même la pourvoyeuse du prétendu poison. Elle ne fait que répéter les accusations de la belle-mère de Racine ! Toutefois, elle maintient ses dires sous la question. Deux mois plus tard, l'ordre d'arrêter Racine est préparé. « Les ordres du Roi nécessaires pour l'arrêt du sieur Racine vous seront envoyés aussitôt que vous les demanderez », écrit M. de Louvois à l'un des juges et rapporteurs du procès M. de Bezons, le 11 janvier 1680. Le roi ne le fera jamais exécuter. Le rapporteur de la Chambre ardente connaît bien Racine, son collègue à l'Académie française. En accord avec La Reynie, rapporteur lui aussi, il décide de gagner du temps et d'attendre de nouvelles révélations. Elles ne viendront jamais.

Selon Boileau, Mlle Du Parc a succombé aux suites d'un accouchement. La belle Marguerite-Thérèse de Gorla, fille du premier opérateur (l'autre nom du bourreau) du roi à Lyon, de son nom de scène marquise Du Parc, est probablement morte des suites d'une fausse couche spontanée à l'âge de trente-cinq ans. Après avoir débuté dans la troupe de Molière, l'actrice, danseuse, comédienne et tragédienne réputée, intègre celle de l'Hôtel de Bourgogne. La Voisin affirmera avoir été en contact avec elle, se prétend même son amie. Mais rien ne viendra jamais étayer ses dires. À nouveau interrogée, l'accusée cite d'autres noms, de grands noms du royaume. Lorsque Mme de Montespan, la maîtresse du roi, sera évoquée à son tour, la procédure publique est suspendue, mais l'enquête se poursuit. Le 21 juillet 1682, Louis XIV prononce la dissolution de la Chambre ardente. L'affaire des Poisons est terminée.

Véronique Dumas

Louis XIV a toujours vécu à Versailles

> **FAUX**
>
> Le Roi-Soleil a vu le jour au château de Versailles et ne l'a jamais quitté.

Son installation définitive date de 1682. Le roi est alors âgé de quarante-quatre ans. Le château est encore en travaux et, en raison d'aménagements successifs, le restera plus ou moins jusqu'à la Révolution.

Louis XIV ne se plaît pas à Paris pour deux raisons. La première tient aux souvenirs de la Fronde. En février 1651, des rumeurs font état de la fuite du roi et de la régente Anne d'Autriche, sa mère. Dans la nuit du 9 au 10, la foule des Parisiens défile au Palais-Royal, devant le lit du jeune roi faisant semblant de dormir. Il n'oubliera jamais. La seconde raison est le goût profond du roi pour le grand air et la nature. Les Bourbons sont des rois chasseurs et Louis XIV plus que tout autre. Pour l'heure, afin d'assurer la sécurité de son fils, Anne d'Autriche s'installe au Louvre où tous deux séjournent huit ans. Mais le vieux palais est petit, inconfortable. Alors Louis fait aménager ses appartements aux Tuileries. La vue y est plus dégagée et, surtout, il est possible d'y aménager un parc. Le Nôtre embellit les jardins. À la mort de sa mère, Louis XIV s'établit à Saint-Germain où il est né et en fait sa résidence principale de 1666 à 1673. Il y ordonne là aussi des embellissements. Le Vau construit la célèbre terrasse et de nouveaux bâtiments, Le Nôtre y trace le parc et replante en partie la forêt. Des grottes artificielles, décorées d'automates et animées de jets d'eau, existent déjà. Louis XIV demandera à leurs créateurs, les Francine, une famille d'ingénieurs italiens, de créer l'hydraulique de Versailles. Le roi a décidé, sans doute pour des raisons affectives, de garder le petit château de son père et de l'agrandir. À partir de 1673, il y fait des séjours de plus en plus fréquents, trois ou quatre fois la semaine, précise Mme de Sévigné en 1670. Louis y suit de près l'avancement du chantier et emmène avec lui un cercle restreint de courtisans. En faire partie est le signe de la faveur royale. La Cour, toujours itinérante en ce début de règne, se déplace aussi dans les autres résidences royales lors de véritables déménagements. La saison des chasses dicte les destinations de l'automne : Chambord, réputé peu confortable, Villers-Cotterêts, Vincennes ou Fontainebleau, « splendide et incommode ». Ce dernier château est aussi fréquenté au printemps ou en été. Le roi va très rarement à Compiègne, parfois à Saint-Cloud, chez son frère, Gaston d'Orléans. Dès 1677, sa décision est prise. Dès que possible, il se fixera à Versailles. C'est chose faite cinq ans plus tard. Mais Louis éprouve un besoin croissant d'intimité. Pour fuir de temps à autre la cohue des courtisans, il s'enfuit dans son refuge verdoyant de Marly, construit sous la direction de Mansart de 1679 à 1686. Cette « petite maison » des champs où réside le roi est entourée de douze bâtiments, prévus pour ses invités, les « pavillons des seigneurs ». La chasse, les jeux de plein air, les fêtes et divertissements animent cette royale retraite campagnarde. Le roi y restera attaché jusqu'à sa mort.

Véronique Dumas

Monsieur, frère du roi, ne s'intéressait qu'aux fanfreluches

— FAUX —

Philippe d'Orléans, frère de Louis XIV, était un personnage indolent, oisif et parfaitement superficiel.

Il ne cache pas son homosexualité et son comportement fait scandale à la Cour. Il reste de Philippe d'Orléans, né en septembre 1640, deux ans après son frère, Louis XIV, grâce au portrait laissé par Saint-Simon, l'image d'un prince oisif, parfumé et fardé à l'excès, obsédé par l'étiquette et ne s'intéressant qu'aux rubans ornant ses tenues. Or Monsieur, titre réservé au frère du roi, est connu pour son grand courage physique et s'est distingué sur les champs de bataille. Le destin du duc d'Anjou, devenu duc d'Orléans à la mort de son oncle Gaston, frère de Louis XIII, n'est pas, sauf en cas de décès du roi, de monter sur le trône. Secrètement jaloux, dès l'enfance, de cet aîné éclatant, le préféré de leur mère Anne d'Autriche, Philippe grandit dans l'ombre du futur Roi-Soleil. La reine confie l'éducation de son second fils à l'un des meilleurs humanistes de l'époque, La Mothe Le Vayer. Mais Mazarin craint de voir le cadet se transformer en conspirateur à l'instar de Gaston d'Orléans, le frondeur, en son temps. Les penchants de l'adolescent pour les robes et les bijoux ne sont pas contrecarrés, pas plus que ses amitiés masculines de plus en plus évidentes. Les contemporains y verront un plan délibéré du ministre pour écarter le jeune prince du pouvoir. Les mœurs « italiennes » sont tolérées à la Cour, mais dans une certaine mesure. Lorsqu'en 1659, des amis de Monsieur réunis dans un château à Roissy fêtent le Vendredi saint à leur manière, la reine s'affole. Bafouer la religion est un sacrilège. Il est temps de marier Philippe. Il épouse sa cousine, Henriette d'Angleterre, petite-fille d'Henri IV. Celle-ci meurt prématurément. « Madame se meurt, Madame est morte ! » dira Bossuet dans une oraison funèbre restée célèbre. La rumeur, calomnieuse, accuse son mari de l'avoir empoisonnée. Quant à la seconde épouse de Monsieur, la princesse Palatine, elle ne cessera de fulminer contre lui.

« Monsieur est débauché et son unique application est […] de me mépriser partout, de recommander ses favoris et d'obtenir pour eux de Sa Majesté toutes sortes de bons traitements et de faveurs », écrit-elle dans une lettre à la duchesse de Hanovre. Pourtant, de son propre aveu, « Monsieur est le meilleur homme du monde ». À trente-huit ans, Philippe doit mettre fin à sa carrière militaire. Il a montré sa bravoure et sa valeur d'officier au cours des campagnes de Flandres et des Pays-Bas en 1667 et 1672. En 1677, il remporte à Cassel contre le prince Guillaume d'Orange une victoire éclatante et s'empare de la ville de Saint-Omer. Partout ce ne sont que concerts de louanges. Les plus flagorneurs, comme Benserade, associent prudemment le roi au succès de son frère : « Et que tu sois loué pour ce qu'il a fait », écrit-il à l'intention de Sa Majesté. Mais les succès militaires de Philippe contrarient Louis XIV. Le 3 avril 1678, jour des

Rameaux, le prédicateur Bourdaloue prononce en l'église Saint-Sulpice l'éloge du prince : « Votre Altesse joignant il y a un an les palmes d'une glorieuse et heureuse victoire à celle de Jésus-Christ, se couronna d'une gloire qui ne finira jamais. » La coupe est pleine. Le Roi-Soleil ne lui donnera plus jamais de commandement.

Véronique Dumas

Louis XV le Bien-Aimé porte bien son nom

Son accession au trône est à l'origine fort peu probable et semble presque relever du miracle. Elle n'est due qu'à une succession de deuils qui a frappé la famille royale. Le fils de Louis XIV meurt en 1711, puis c'est son petit-fils, le duc de Bourgogne l'année suivante avec sa femme Marie-Adélaïde de Savoie et le frère aîné du futur Louis XV. C'est donc à son arrière-petit-fils, âgé seulement de cinq ans, que revient un royaume épuisé par la guerre et aux caisses vides. Le régent Philippe d'Orléans a la terrible tâche de maintenir à flot un pays exsangue.

Les Parisiens sont séduits par cet enfant gracieux, mélancolique et timide installé aux Tuileries. Sensible, intelligent et séducteur, il jouit d'une grande popularité qui repose essentiellement sur les espoirs que l'on met en lui. Or, très tôt, se manifeste son goût pour les plaisirs et une vie discrète plus que pour les contraintes imposées par la vie de cour et l'étiquette. Il rechigne à assumer sa charge et se repose sur son ancien précepteur et principal ministre, le cardinal de Fleury. Celui-ci restera aux affaires de 1726 à sa mort en 1743 et gouvernera la France à la place d'un monarque plus soucieux de sa vie privée que de gouverner. La période de paix et de prospérité qui correspond au gouvernement Fleury, souvent qualifié de « réparateur », préserve la popularité du roi. Sa beauté, sa prestance et sa jeunesse plaisent. Mais la mort de Fleury en 1743 marque le tournant de son règne : il doit désormais assumer seul le pouvoir.

L'année suivante, « l'épisode de Metz » correspond à la fois au sommet de sa popularité et au début de sa disgrâce auprès de ses sujets. Parti diriger son armée engagée dans la guerre de Succession d'Autriche, le roi, de santé fragile, tombe gravement malade. Les médecins pronostiquent la mort, des prières sont dites à travers tout le royaume pour le monarque qu'on surnomme alors le « Bien-Aimé ». Sous la pression du parti dévot, il doit se séparer de sa maîtresse et se voit contraint à une confession publique de ses péchés où il apparaît comme une personne immorale, indigne du titre de « Très Chrétien ». Il finit par guérir mais son prestige est terni.

Ses nombreuses aventures commencent à choquer, son goût du secret qui se manifeste par des soupers dans ses appartements privés suscite les pires rumeurs. Le choix de Mme de Pompadour comme favorite achève de le discréditer. Elle est haïe par la noblesse qui lui reproche d'être roturière et par le peuple qui critique ses dépenses somptuaires et le rôle politique qu'elle essaie de jouer. Des pamphlets et des chansons injurieuses achèvent de rendre le roi impopulaire. Velléitaire, il semble influençable dans l'exercice du pouvoir et engage le pays dans deux guerres coûteuses dont celle de Sept ans, qui se termine par une défaite et la perte de l'Inde et du Canada. Lorsqu'il est victime d'une tentative d'assassinat en 1757 par un

dénommé Damiens, l'élan de sympathie suscité par
« l'épisode de Metz » est bien loin. S'il lance des
réformes courageuses et nécessaires à la fin de son
règne, il est trop tard. Il meurt de la petite vérole en
1774 dans l'indifférence générale et sera enterré
clandestinement dans l'abbaye de Saint-Denis. Il
n'aura pas su répondre aux espoirs qu'il avait
suscités.

Olivier Tosseri

FAUX

Les amours de Louis XV furent plus mémorables que son règne, dont rien de bon n'émergea.

Surnommé le Bien-Aimé dans les premiers temps de son règne, Louis XV est ensuite devenu le Mal-Aimé. Le roi a favorisé par sa vie privée scandaleuse les rumeurs les plus calomnieuses et s'est discrédité auprès de la noblesse. Mais sa prétendue incapacité à régner est contredite par le bilan de trente et une années d'exercice effectif du pouvoir. Il laisse à sa mort un royaume prospère et riche.

À la mort de son arrière-grand-père, le Roi-Soleil, Louis XV n'a que cinq ans. La régence est confiée au duc d'Orléans (1715-1723), puis au duc de Bourbon (1723-1726). Louis XV transmet ensuite la direction des affaires au cardinal de Fleury, son ancien précepteur. À l'intérieur, celui-ci assainit les finances du royaume mises à mal par la banqueroute de Law et relance l'économie. À l'extérieur, il s'efforce d'apaiser les querelles dynastiques et devient « l'arbitre de l'Europe », selon le mot du roi de Prusse. Louis XV perd son vieil ami Fleury en 1743. Il est temps pour lui de régner véritablement. Il va tenter d'entreprendre des réformes radicales, notamment judiciaires et fiscales. Le roi veut briser les privilèges d'une minorité constituée de la noblesse et du haut clergé et, en particulier, établir l'égalité de tous devant l'impôt. Cette lourde tâche incombe au contrôleur général des Finances, Machault d'Arnouville. Le ministre met au point le vingtième, une contribution frappant la propriété foncière et concernant tous les sujets du roi, sans exception. En dépit de la résistance du parlement de Paris, l'édit du nouvel impôt est enregistré sur ordre du roi. L'affaire fait grand bruit et Voltaire lui-même prend la plume pour soutenir cet impôt révolutionnaire, rejeté unanimement par la noblesse et le clergé. En 1751, Louis XV bat en retraite sous la pression des parlements et des dévots. L'épreuve de force avec les magistrats et le clergé reprend vingt ans plus tard avec la politique menée par deux de ses ministres, le chancelier Maupéou à la Justice et l'abbé Terray aux Finances. Le roi sera confronté à une véritable tentative de déstabilisation de la monarchie, une fronde judiciaire et bourgeoise. En 1771, sur lettres de cachet du roi, Maupéou fait arrêter et exiler tous les magistrats rebelles et opposés aux réformes judiciaires comme l'abolition de la vénalité des offices ou la gratuité de la justice. Une nouvelle Cour est constituée, formée de magistrats plus dociles. La réforme de l'impôt peut enfin reprendre. Le programme de l'énergique Terray, surnommé « Vide-Gousset », est simple : comprimer les dépenses et augmenter les recettes. Il parvient à faire payer les privilégiés en percevant les fameux vingtièmes. Sous Louis XVI, les excédents d'impôts permettront de repousser de quelques années la crise du régime. Enfin, la grande réussite politique du règne de Louis XV est le renversement des alliances avec le rapprochement de la France et de l'Autriche, scellé par un traité le 1er mai 1756. « C'est mon ouvrage, je le crois bon », déclare le roi au comte de Broglie, l'un des chefs du Secret du Roi, le service secret de Sa Majesté destiné à favoriser l'influence de la France à l'Est. Il sera découvert en 1774, peu de temps avant la mort du roi.

Véronique Dumas

Parmentier
a importé la pomme de terre

Deux siècles que la pomme de terre avait été introduite en France avant que Parmentier ne s'y intéresse. Les habitants de la cordillère des Andes la cultivaient déjà mille ans av. J.-C. La conquête du Pérou par les conquistadors espagnols lui fait traverser l'Atlantique. Les *papas* puis *patatas* arrivent en Espagne en 1534. Elles gagnent ensuite l'Italie au début du XVIIᵉ siècle sous le nom de *taratouffli*, avant de se répandre dans l'Europe du Nord et en Europe centrale. Les Anglais la découvrent en 1586 au retour d'une campagne contre les Espagnols en Colombie.

La variété truffole est présente en France dès 1540, cultivée dans l'Ardèche à Saint-Alban-d'Ay. La pomme de terre est décrite pour la première fois en 1596 dans l'ouvrage *Pinax theatri botanici* du naturaliste suisse Gaspard Bauhin. Du jardin botanique de Bâle où cette plante est cultivée, elle passe à l'est de la France, en Franche-Comté, en Bourgogne puis dans le Dauphiné. Olivier de Serres, père de l'agronomie, décrit en 1600 la cartoufle. Les famines provoquées par la guerre de Trente Ans encouragent sa consommation. En France, cependant, la culture de la pomme de terre reste essentiellement circonscrite à quelques jardins, son utilisation première est destinée à nourrir le bétail.

Son progrès est également entravé par certaines rumeurs sur sa nocivité. En 1630, le parlement de Besançon interdit même sa culture, prétextant qu'elle donne la lèpre. Mais les scientifiques lui portent un intérêt croissant et publient de nombreuses études au XVIIIe siècle. On la cultive en 1757 en Bretagne pour lutter contre une disette, un article détaillé lui est consacré dans l'*Encyclopédie* et l'intendant général de Limoges Turgot en fait servir à sa table. C'est vraisemblablement Henri Louis Duhamel du Monceau, botaniste et agronome français, qui lui donne en 1762 son nom de pomme de terre qui se généralise ; tout comme sa culture qui gagne peu à peu toutes les provinces du royaume. Néanmoins elle continue de jouir d'une mauvaise réputation. On ne l'accuse plus de donner la lèpre mais la fièvre.

C'est Antoine-Augustin Parmentier (1737-1813) qui va se charger de vulgariser et de faire la promotion de la pomme de terre. Fait prisonnier en Allemagne pendant la guerre de Sept Ans, il y découvre les valeurs nutritives de ce tubercule. De retour en France, il remporte en 1771 le premier prix d'un concours en vantant la pomme de terre pour lutter contre les disettes et remplacer le blé dans la fabrication du pain. Dès 1772, la faculté de Médecine de Paris déclare sa consommation sans danger. Il s'attire les faveurs de Louis XVI et de plusieurs conseillers du roi. Fort de cet appui, il mène des expériences dans la plaine des Sablons et de Grenelle, près de Paris, en 1785. Les champs sont gardés par des soldats uniquement le jour, incitant la population à les piller la nuit, contribuant ainsi à la diffusion du produit dans le Bassin parisien. Le couronnement de ses efforts est un dîner qu'il offre au roi et à la reine avec des plats uniquement à base de pomme de terre l'année suivante. Louis XVI le félicite en ces termes : « La France vous remerciera un jour d'avoir inventé le pain des pauvres. » Elle en fait avant tout un aliment de base tout au long du XIXe siècle.

Olivier Tosseri

Histoire moderne
Les révolutions en trompe-l'œil

« Ah, ça ira, ça ira, ça ira, les aristocrates à la lanterne. » On en a certes décapité un certain nombre, mais on a oublié au passage de tordre le cou à quelques vérités dérangeantes, tant sur la Révolution que sur le Premier Empire. Dommage : les hussards noirs de la IIIe République, Jules Ferry en tête, auraient été mieux inspirés de faire dans la nuance…

---
6 DATES CLÉS

1792
Première utilisation de la guillotine.

1804
Sacre de Napoléon.

1815
Napoléon, prisonnier, débarque à Sainte-Hélène.

1830
Après les émeutes des « Trois Glorieuses », Louis-Philippe prend le pouvoir.

1848
Nouvelle révolution conduisant à l'instauration de la Seconde République.

1870
Napoléon III vaincu à Sedan et chute du Second Empire.

Le prophète Mohammed n'est jamais représenté dans l'art

FAUX

Il n'existe pas d'iconographie du prophète Mohammed car l'islam a toujours interdit de le représenter.

Le prophète Mohammed a souvent été représenté dans l'art, en particulier dans la miniature iranienne, turque et mongole. Souvent, en effet, son visage est voilé, mais il est arrivé qu'à plusieurs reprises, on le représente sans voile.

Cette question de la représentation est née d'un quiproquo : l'islam aurait maudit le *muçawwir* (le dessinateur) du fait qu'il imiterait (et donc déformerait) la création de Dieu. Dans les faits, le monopole que le corps des théologiens a tout de suite voulu se réserver en matière d'interprétation des textes sacrés a débordé le sens métaphysique du Coran lui-même pour englober tout ce qui se rapporte à l'islam. L'image, la représentation statuaire, l'effigie, bref, tout ce qui peut donner lieu à une idée, même abstraite, du Prophète et, partant, de l'être humain en général est devenu tabou, non pas forcément pour complaire à Allah, qui n'en fait pas mention dans le Coran, mais surtout pour s'assurer un contrôle collectif.

Tout a parfaitement fonctionné jusqu'au moment où les peintres et les miniaturistes safavides, dynastie iranienne qui durera de 1501 jusqu'à 1732, et dont l'influence dans les arts était encore visible au début du XXᵉ siècle, ont fait voler ce mythe en éclats. Plusieurs œuvres sont alors publiées, et certaines affichent la couleur : le Prophète lui-même est au cœur de la représentation. C'est le cas pour le fameux *Mi'raj Nameh* (Le Livre du Mi'raj), c'est-à-dire l'ascension au ciel de Mohammed, ce qui donnera lieu à une légende extrêmement populaire et très visuelle. Le Prophète y est représenté voilé, car les illustrateurs de cette période ont estimé que seuls les traits du visage prophétique devaient être masqués. Idem avec plusieurs miniatures turques du XVIIIᵉ siècle que l'on peut encore admirer au musée des Arts turcs et islamiques à Istanbul. On voit parfaitement que le Prophète, assis sur un sofa, participe à une sorte de séance de conciliation ou un prêche de l'un de ses proches, qui, lui, a le visage découvert, comme tous les autres convives.

Plus récemment encore, le visage du Prophète, une reconstitution (évidemment !), a été diffusé dans la presse internationale, surtout anglaise, sans même provoquer de fatwa de la part des autorités religieuses. En France, dès 2004, dans son hors-série sur les monothéismes, *Le Point* a largement diffusé le portrait du prophète Mohammed. *Historia* l'a fait à son tour dans un spécial d'avril 2005 (n° 700), ainsi que *L'Actualité des Religions*, l'ancêtre du *Monde des Religions*. Si l'affaire dite des caricatures que publia *Jyllands-Posten*, un journal danois, dans son édition du 30 septembre 2005, a provoqué le tollé mondial auquel nous avions assisté, c'est parce que le prophète Mohammed était associé au terrorisme actuel qui se réclame abondamment de l'islam. Ce qu'il faut retenir, c'est que l'interdit visuel de l'être humain n'est pas absolu, il touche seulement la personnalité du Prophète de l'islam. Les musulmans n'ont pas aimé le côté persifleur des caricatures danoises, considérant, à tort ou à raison, que cette façon de faire était une offense par rapport à leurs croyances. Ce choc des cultures est resté au seuil des représentations, des quiproquos et des déclarations d'intention... *In fine*, dans la société de l'image actuelle, le tabou de l'image ne tardera pas à être levé, d'autant qu'il ne se fonde sur aucun principe coranique explicite, sur aucun verset, contrairement aux rites alimentaires, par exemple, et à tous les autres tabous signalés dans le Coran.

Malek Chebel

Voltaire
était athée

FAUX

Dans toute son œuvre, il condamne la religion, les religions quelles qu'elles soient. Et il ne cesse de dire que Dieu n'existe pas.

François-Marie Arouet n'est pas athée mais déiste. Il fait ses études au collège Louis-le-Grand, dirigé par les jésuites, et tout en étant fort critique à leur égard il gardera toute sa vie une grande admiration pour ses professeurs et les grandes entreprises missionnaires de la Compagnie de Jésus. Il abandonne cependant rapidement tout esprit religieux mais se refuse à l'athéisme. Ces vers résument sa pensée : « L'univers m'embarrasse, et je ne puis songer que cette horloge existe et n'ait point d'horloger. »

Il reconnaît un Dieu à l'origine de la création du monde et qui garde une influence dans son fonctionnement mais rejette tout intermédiaire entre lui et les hommes comme le sont les religions et leur tradition. Son œuvre est emplie de références au « géomètre éternel », à l'« architecte », au « pragmatique ». Le combat de Voltaire n'est pas une lutte contre Dieu, mais contre le fanatisme religieux et l'intolérance. « Dieu ne doit point pâtir des bêtises du prêtre », peut-on lire dans une de ses lettres. Son ironie et son sens de la formule sont mis au service de cette cause. « On entend aujourd'hui par fanatisme une folie

271

religieuse, sombre et cruelle. C'est une maladie qui se gagne comme la petite vérole », écrit-il dans le *Dictionnaire philosophique*, à l'article « Fanatisme ». Il désigne ce dernier par le terme d'infâme et, à partir de 1759, signe ses lettres *Ecr. L'inf.* (« écrasons l'infâme » en abrégé), sa devise.

Ces convictions s'inscrivent dans l'humanisme du XVIIIe siècle dont Voltaire est l'un des plus grands représentants. Il met son nom au service des victimes de l'intolérance ou de l'arbitraire religieux tels que Sirven, le chevalier de la Barre, ou encore en s'engageant activement lors de l'affaire Calas. Ce protestant injustement accusé d'avoir tué son fils qui aurait voulu se convertir au catholicisme meurt roué vif en 1762. Le philosophe prend sa défense et publie l'année suivante un *Traité sur la tolérance* qui, malgré son interdiction, aura un retentissement tel que Calas sera réhabilité. Pamphlets, pièces de théâtre, poèmes, tout est bon pour condamner et dresser la liste des malheurs et des crimes du fanatisme et de l'intolérance. L'islam, le judaïsme ou le christianisme, aucune foi n'est épargnée. Ses adversaires l'accusent de saper les bases de la religion et par là même de la monarchie et de favoriser la dépravation des mœurs. Mais Voltaire est séduit par les théories de Locke ou de Newton qui posent Dieu comme un impératif de la raison pour résoudre l'énigme du monde. Deuxième à entrer au Panthéon en 1791, après Mirabeau, il est célébré par la IIIe République anticléricale qui l'érige en symbole. Le mot « voltairianisme » apparaît même dans le *Littré* de 1873 comme « esprit d'incrédulité railleuse à l'égard du christianisme ». En février 1778, quatre mois avant sa mort, il écrivait à son secrétaire Vagnière : « Je meurs en adorant Dieu, en aimant mes amis, en ne haïssant pas mes ennemis, en détestant la superstition », autant dire philosophe...

Olivier Tosseri

Louis XVI était un petit gros médiocre

──── **FAUX** ────

Pour les révolutionnaires de 1789, puis les historiens de la IIIe République, le souverain n'est qu'un « roi-cochon », un peu benêt.

Il mesurait en réalité entre 1,90 m et 1,93 m et était doté d'une très grande force physique, qu'il mettait au service d'une de ses passions, la chasse. La Révolution française et les historiens de la IIIe République nous ont laissé l'image caricaturale d'un roi simplet, petit et gros, indécis et médiocre. Encore dauphin, le duc de Berry est un garçon timide et taciturne, mais intéressé par les études et doué d'une excellente mémoire. Il reçoit une éducation fénelonienne empreinte de morale et de religion, donnée par son gouverneur, le duc de La Vauguyon.

Le but est d'en faire un monarque exemplaire par ses vertus, connaissant parfaitement le fonctionnement de son royaume pour mieux en réformer les abus. Très cultivé, Louis XVI parle couramment l'anglais et lit parfaitement l'italien, l'espagnol, l'allemand et le latin. Il se passionne pour l'histoire, la géographie et les techniques (notamment la serrurerie), mais surtout les sciences. Sa bibliothèque, dans laquelle il aime passer du temps, compte plus de 12 000 ouvrages traitant des mathématiques, de physique, de chimie, de médecine ou encore de philosophie, en particulier ceux de l'Écossais David Hume.

Il aime dessiner des cartes de géographie et rédigera pour l'essentiel les instructions de l'expédition maritime autour du monde commandée par La Pérouse. La reconstitution de la marine royale lui tient à cœur. Ce redressement permit de tenir en échec la flotte anglaise et contribua à l'indépendance américaine, qu'il aida (lire *Historia* n° 743). Lors d'une visite qu'il effectue dans le port de Cherbourg en 1786, les officiers sont étonnés par l'étendue de ses connaissances et la pertinence de ses remarques.

Soucieux du bien-être de son peuple, il est conscient de la nécessité de réformer le pays. Il se montre ouvert aux Lumières, comme en témoigne l'entrée dans son gouvernement de Turgot ou de Malesherbes. Pourtant la grande popularité dont il jouit à son avènement va décroître. Modeste et discret, aspirant à un mode de vie plus simple, il tourne le dos au système de cour hérité de Louis XIV et à l'étiquette, qu'il néglige. En accentuant la désacralisation de la figure royale déjà amorcée sous le règne précédent, cette attitude lui attire l'animosité d'une partie de la noblesse, privée de sa raison d'être sociale. Elle fait ainsi circuler des pamphlets ridiculisant le souverain, le présentant comme faible et jouet de son épouse Marie-Antoinette. L'impopularité grandissante de la reine rejaillit également sur lui, critiqué pour céder à ses caprices et ne pas être capable de faire cesser ses dépenses. Son manque de fermeté pour mener des réformes, sa passivité face aux événements de la Révolution ou ses maladresses pour en inverser le cours le rendent définitivement impopulaire. Dans les caricatures révolutionnaires, « le roi-père » devient « le roi-cochon », tant sur le plan moral que physique.

La République ne pouvait qu'insister sur le dénigrement d'un monarque dont la disparition permet l'envol. L'historiographie républicaine de la fin du XIXe siècle relaya cette image dans ses manuels scolaires, en concurrence avec celle du roi martyr que forgèrent les royalistes après son exécution en 1793.

Olivier Tosseri

L'année a toujours commencé le 1er janvier

FAUX

Janvier vient du latin januarius, en l'honneur du dieu Janus, celui qui veille sur les portes. Depuis, et sans aucune interruption, on fête le nouvel an le premier jour de ce mois-là.

En vigueur aujourd'hui, le calendrier grégorien et le début de l'année fixée au 1er janvier ne datent que de la fin du XVIe siècle. Certains pays Baltes et d'Europe de l'Est ne l'ont adopté qu'au XXe siècle, la Grèce qu'en 1924. Précédemment, dans le calendrier julien instauré en 46 av. J.-C. par Jules César, le 1er janvier était… un 1er mars, mois du dieu de la guerre important pour Rome, et dans le calendrier républicain décrété pendant la Révolution le nouvel an tombait le… 22 septembre, ou le 23, parfois même le 24 !

Le pape Libère décide en 532 de fixer le premier jour de l'année le 1er janvier, qui suit immédiatement la naissance du Christ. Il n'est cependant pas suivi. Et les pays, si ce n'est les régions, changent d'année en ordre dispersé. En France et en Angleterre, la référence est généralement Pâques, date pourtant mobile ; à Vienne c'est le 25 mars ; ailleurs, comme en Anjou, à Lyon et en Italie, c'est la date de Noël qui est retenue.

Le 9 août 1564 le roi Charles IX signe l'édit de Roussillon qui impose notamment de faire débuter l'année le 1er janvier. En 1582, naît un nouveau calendrier sous l'instigation du pape Grégoire XIII, le calendrier grégorien. La structure est analogue à celle du calendrier julien. Il donne une durée moyenne de l'année de 365,2425 jours. Pour assurer un nombre entier de jours par année et pour correspondre à la réalité solaire, on y ajoute tous les 4 ans un jour bissextile, le 29 février. Lors de l'entrée en vigueur du calendrier, il fallut combler le décalage du calendrier julien, qui avait été pris par rapport à l'année solaire, et supprimer dix jours. On passa donc en une nuit du 4 au 15 octobre 1582, nuit au cours de laquelle mourut sainte Thérèse d'Avila.

Toute l'Europe adopta progressivement cette nouvelle façon de calculer le temps au cours des XVIIe et XVIIIe siècle. Mais le nouvel an connut un nouvel avatar en France. Le 22 septembre 1792, la Convention proclame la République. Pour marquer encore plus la rupture avec l'Ancien Régime, elle adopte un calendrier républicain élaboré notamment par David, Chénier et Fabre d'Églantine. Le projet définitif est voté le 24 octobre 1793 : le début de la nouvelle ère est fixé au 22 septembre 1792 qui devient ainsi le 1er vendémiaire an I. Chaque année commence le jour de l'équinoxe d'automne, moment où la durée du jour est égale à celle de la nuit, ce qui, selon les années, peut correspondre au 22, 23 ou 24 septembre, date qui est fixée par décret. L'année est divisée en douze mois de trente jours, auxquels on donne de nouveaux noms. Ils sont divisés en trois « décadi » de dix jours (pour supprimer toute référence biblique à la semaine de sept jours), suivis de cinq jours « complémentaires » appelés « sansculottides ». L'année bissextile est appelée « franciade » et le jour rajouté tous les quatre ans, « jour de la Révolution ».

Ce système sera supprimé par Napoléon en 1805. L'empereur décide de redonner à la France le calendrier grégorien appliqué par toute l'Europe. Depuis le 1er janvier 1806, le 1er janvier est toujours resté le premier jour de l'année.

Olivier Tosseri

Le 14 juillet célèbre la prise de la Bastille

───── FAUX ─────

Le 14 juillet 1789, des émeutiers attaquent la célèbre prison. Notre fête nationale perpétue depuis lors la chute de ce bastion de l'Ancien Régime.

Le 14 juillet célèbre, en fait, la fête de la Fédération qui a eu lieu le 14 juillet 1790. Depuis l'été 1789, devant l'affaiblissement du pouvoir central et pour faire face aux troubles, se sont constituées dans les provinces françaises des fédérations de gardes nationaux. Ces milices de citoyens sont formées sur le modèle de la garde nationale de Paris que commande le marquis de La Fayette. Ce dernier décide de fonder une grande fédération nationale réunissant les représentants des fédérations locales. S'inspirant des fêtes civiques spontanées qui ont lieu un peu partout dans les départements, il organise le 14 juillet 1790 à Paris sur le Champ-de-Mars une grande fête de la Fédération qui, tout en commémorant la prise de la Bastille, marquera la réconciliation et l'unité du peuple français.

Dès le 1er juillet 1790 les travaux commencent pour transformer le Champ-de-Mars en un vaste cirque qui doit pouvoir accueillir 100 000 personnes et au centre duquel s'élève l'autel de la Patrie. Les travaux d'aménagement pour lesquels on fait appel à la bonne volonté des Parisiens se déroulent dans un climat de fraternité et d'enthousiasme. Les ouvriers du faubourg Saint-Antoine côtoient les bourgeois sur le chantier. On y voit même Louis XVI donnant un coup de pioche ou La Fayette en bras de chemise. Le jour dit quelque 100 000 soldats fédérés arrivés de tous les départements entrent dans Paris et défilent de la Bastille au Champ-de-Mars. Louis XVI, Marie-Antoinette et le dauphin prennent place dans le pavillon dressé en face de l'École militaire ; côté opposé, un arc de triomphe a été élevé. Sur les tribunes se massent 260 000 Parisiens. Une messe est célébrée par Talleyrand. Puis vient le point d'orgue de la cérémonie. La Fayette prête serment de fidélité à la Nation, au Roi et à la Loi, serment que répète la foule. Louis XVI jure fidélité aux lois nouvelles et accepte la Constitution. Un *Te Deum* conclut cette journée qui se termine sous les vivats et au milieu des embrassades. La monarchie n'est pas contestée, la Révolution est entérinée, et l'union nationale célébrée. Cette unité sera de courte durée. Moins de trois ans plus tard la République est proclamée et Louis XVI exécuté.

Pendant un siècle la commémoration du 14 juillet est abandonnée. La IIIe République cherche à consolider le nouveau régime et souhaite un imaginaire national qui lui soit propre. En 1880 la *Marseillaise* est adoptée comme hymne et Benjamin Raspail, le député de la Seine, propose de retenir le jour de la prise de la Bastille pour date de la fête nationale. Mais certains députés arguent des violences qui ont marqué cette journée. C'est donc finalement la fête de la Fédération, plus consensuelle, qui est retenue comme événement à célébrer. Le défilé militaire instauré dès cette époque s'inspire en outre du défilé des fédérés. Si la fête nationale commémore officiellement la fête dc la Fédération, le 14 juillet reste dans la mémoire collective la date de la prise de la Bastille.

Olivier Tosseri

La Bastille regorge de détenus politiques

— FAUX —

Ce 14 juillet 1789, les insurgés vont réussir à libérer les nombreux prisonniers incarcérés pour leurs idées révolutionnaires.

De cette fameuse journée du 14 juillet 1789, l'image que nous gardons tient plus du mythe que de la réalité. Si la Bastille avait été indéniablement une prison pouvant symboliser « l'arbitraire capricieux, du despotisme fantasque » (Michelet), cet imaginaire ne s'appuie plus sur grand-chose au moment où celle-ci se livre à la foule. On y trouve seulement sept prisonniers, qui n'ont rien de politiques : quatre faussaires, le comte de Solages (aristocrate libertin), et deux aliénés, Whyte et Tavernier.

Sous Louis XVI, l'activité de la Bastille diminue et le roi pense même détruire le bâtiment. En outre, son gouverneur, le comte de Launay, ne dispose que de trente gardes suisses et de quatre-vingts invalides pour la défendre. Ni place forte ni prison politique, la Bastille ne représente pas non plus un symbole qu'on cherche à abattre, même si, très tôt après les événements, le mythe se construit et s'empare de l'Histoire. Des brevets de vainqueurs de la Bastille (preuves de civisme) seront distribués, les bénéficiaires auront des places d'honneur à la fête de la Fédération, un an plus tard. On peut se demander si, en fait, les révolutionnaires n'y virent pas un simple dépôt d'armes plutôt que le symbole de l'arbitraire de la monarchie absolue. Car ce qui pousse la foule à prendre la Bastille, après s'être emparée de 32 000 fusils dans la matinée à l'hôtel des Invalides, c'est bel et bien le besoin de trouver de la poudre. Depuis que la nouvelle du renvoi de Necker s'est répandue dans Paris, le 12 juillet, la tension monte et les rumeurs se font alarmantes. Harangués par de nombreux orateurs, dont Camille Desmoulins, les Parisiens portent en triomphe les bustes de Necker et du duc d'Orléans, et rencontrent les troupes royales place Louis-XV. Dans la nuit, après plusieurs échauffourées, elles se rassemblent au Champ-de-Mars. Ne chercheraient-elles pas à étouffer la Révolution ? La journée du 13 est le théâtre de nombreux pillages et d'incendies ; les Parisiens demandent des armes à l'Hôtel de Ville. En même temps, les électeurs parisiens forment un comité permanent et une milice, dont la finalité est essentiellement de défendre les biens. Répétons-le : ce qui pousse la foule vers la Bastille, ce sont les armes. Une délégation du comité est envoyée à Launay pour demander des munitions et déjeune à la Bastille. La foule se rassemble ensuite sous les murailles après l'échec d'une seconde délégation et, en début d'après-midi, la garnison tire. La forteresse dépose les armes en fin de journée, après que des canons apportés des Invalides ont été pointés sur elle.

La prise de la Bastille est loin de la geste héroïque qu'on en a fait. Michelet, qu'on ne peut guère soupçonner d'être contre-révolutionnaire, avançait même que certains prisonniers, qu'on aurait pris pour des membres de la garnison, auraient été brutalisés. C'est dire si la confusion régnait...

Antoine Rollet

Guillotin
a inventé la guillotine

FAUX

Ce dispositif de décapitation, remontant au XVIIIe siècle, est l'invention du docteur Guillotin, comme son nom l'indique.

Le docteur Guillotin n'en est que le promoteur. « Le couteau tombe, la tête est tranchée à la vitesse du regard, l'homme n'est plus. À peine sent-il un rapide souffle d'air frais sur la nuque. » C'est ainsi qu'il présente en 1789 à l'Assemblée constituante la nouvelle méthode d'exécution qu'il souhaite faire adopter. Sous l'Ancien Régime, les condamnés à la peine capitale subissaient la décapitation à l'épée ou à la hache s'ils étaient nobles, la pendaison pour les voleurs, le bûcher pour les hérétiques, la roue pour les bandits ou l'écartèlement pour les régicides. Guillotin trouvant ces procédés trop inhumains et inégalitaires leur préfère cette méthode de décapitation mécanique.

La machine qu'il présente n'est pas d'invention récente. Des dispositifs archaïques ont vu le jour aux XIIe et XIIIe siècles en Italie du Sud et aux Pays-Bas ainsi qu'en Europe du Nord au XVe siècle. En 1730, dans son *Voyage en Espagne et en Italie*, le dominicain Jean-Baptiste Labat décrit la *mannaia*, lame enchâssée entre deux montants de bois, qu'un mécanisme fait tomber sur la nuque du condamné. En 1791, l'Assemblée législative vote une loi déclarant que « tout condamné à mort aura la tête tranchée ». La proposition de Guillotin est soutenue par Mirabeau, l'appareil testé mais pas assez précis et les essais ne sont pas satisfaisants. Le premier projet de guillotine avait en effet une lame horizontale. C'est le Dr Antoine Louis qui préconise, dans un rapport remis en 1792, la lame oblique, moyen plus sûr de donner la mort, ce qui n'empêchera cependant pas des exécutions ratées. Louis XVI, passionné par la technique, aurait fait également cette suggestion, si on en croit le témoignage du bourreau de Paris Charles Henri Sanson. C'est un ami de ce dernier, un facteur de clavecins prussien installé dans la capitale et du nom de Tobias Schmidt, qui construisit la première machine. Le condamné à mort Nicolas-Jacques Pelletier en fit le premier les frais le 25 avril 1792.

Son « succès » est immédiat et elle devient un des symboles de la Révolution française et de la Terreur. Très vite des noms lui sont donnés. « Louisette » ou « Louison » en référence au Dr Louis qui l'a perfectionnée. Puis les journalistes parlementaires, mécontents du Dr Guillotin qui, à l'Assemblée, en sa qualité de questeur, leur demandait de bien se tenir, la baptisent « guillotine ». Le principal intéressé n'assista pas à la moindre exécution capitale et, jusqu'à sa mort en 1814, déplora que son nom soit associé à la machine. Le « rasoir national », la « Veuve », parfois « Charlot » d'après le prénom de plusieurs bourreaux de la « dynastie » des Sanson, ou le « bois de justice » chez les magistrats, viendront compléter la liste de ses surnoms. Elle sera exportée dans les pays conquis par les armées

287

révolutionnaires et impériales et sera encore utilisée après leur départ dans certains cantons
suisses et *Länder* allemands. Le couperet tombera
une dernière fois en France en 1977 avant que
l'abolition de la peine de mort en 1981 ne range
définitivement la guillotine au musée.

Olivier Tosseri

Les jacobins
sont des centralisateurs

FAUX

Force d'intervention décisive dans la France révolutionnaire, les amis de Brissot, Desmoulins et Saint-Just défendent un pouvoir fort, une fidélité absolue à l'État-nation.

Les jacobins, partisans de la démocratie directe dans le sillage des idées de Rousseau, veulent, tout au contraire, accentuer la décentralisation initiée par la Révolution. La centralisation administrative du pays a été voulue par la monarchie qui, pendant des siècles, a poursuivi l'œuvre d'unification du royaume. C'est « l'intendant de justice, police et finance » qui incarne le mieux cette volonté depuis 1642. Nommé, révoqué et responsable devant le souverain seul, il surveille la population, rend la justice, assure le maintien de l'ordre et répartit les impôts royaux. L'intendant, qualifié de « roi présent en la province », met en œuvre la volonté monarchique au détriment des libertés et coutumes provinciales. Paris impose sa loi au reste du royaume.

En réaction à ce qui était perçu par les hommes du tiers état comme le despotisme du pouvoir royal, la Révolution française va se montrer décentralisatrice. La loi du 22 décembre 1789 met en place les départements, eux-mêmes divisés en districts, cantons et communes, redessinant la carte administrative de la France. Toutes ces instances sont élues par les citoyens. Entre le 31 mai et le 2 juin 1793, les jacobins renversent les girondins et prennent le pouvoir alors que la Vendée s'est soulevée et que le pays est en guerre contre l'Europe coalisée.

La Convention, passée sous tutelle jacobine, vote dès le 24 juin 1793 la Constitution de l'an I puis la soumet au peuple, qui l'approuve par référendum. Très largement décentralisatrice, cette constitution consacre la souveraineté du peuple au détriment de la souveraineté nationale, « le peuple français étant distribué, pour l'exercice de sa souveraineté, en Assemblées primaires de canton », comme le précise l'article 2. Elle instaure même un droit et un devoir d'insurrection : « Quand le gouvernement viole les droits du peuple, l'insurrection est pour le peuple, et pour chaque portion du peuple, le plus sacré des droits et le plus indispensable des devoirs » (article 35). Elle met en place un régime d'assemblée avec une chambre unique élue pour un an au suffrage universel direct, exerçant le pouvoir législatif avec la participation des citoyens consultés par référendum. Le pouvoir exécutif, confié à un conseil de vingt-quatre membres élus par l'Assemblée, n'a sur elle aucun droit de veto, de dissolution et d'initiative des lois. Cette constitution ne sera jamais appliquée. Le 10 août, la Convention décrète sa suspension jusqu'à la paix.

Pour sauver la République « une et indivisible », se met en place la dictature du Comité de salut public. Instauré en avril 1793, dominé par Robespierre, il se compose de douze membres qui, pour appliquer la Terreur, accentuent le centralisme installé par la monarchie absolue. Des représentants sont envoyés dans les départements et aux armées ; les pouvoirs du tribunal révolutionnaire sont renforcés. Pour sauver la Patrie, le nationalisme jacobin la fait coïncider avec l'État, exigeant une fidélité absolue à l'État-nation. C'est à partir de ce moment que centralisme et jacobinisme deviennent synonymes.

Olivier Tosseri

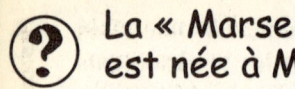

La « Marseillaise » est née à Marseille

Elle a bien été popularisée et diffusée par les soldats fédérés marseillais à leur entrée dans Paris, en juillet 1792, mais son histoire ne commence certainement pas là. C'est quelques mois plus tôt, en avril, que Joseph Rouget de Lisle, capitaine du génie jurassien et musicien autodidacte, compose le chant, sous le titre de *Chant de guerre pour l'armée du Rhin à Strasbourg*, pour la notabilité libérale, patriote mais modérée de la ville. La cité frontière, où le bataillon de l'officier est en garnison, enfiévrée de patriotisme à la nouvelle de la déclaration de guerre à l'empereur d'Autriche, résonne des couplets du futur hymne. Le thème est déjà sur toutes les lèvres, notamment pour la Société des amis de la Constitution de Strasbourg : « Aux armes citoyens, l'étendard de guerre est déployé… »

C'est dans cette atmosphère, et à la demande du maire Dietrich, que Rouget de Lisle présente son chant patriotique le 25 avril. Celui-ci est ensuite retravaillé par le compositeur Gossec et l'épouse de Dietrich, qui joue du clavecin, alors que Rouget de Lisle le chante pour la première fois. Le succès est immédiat : le chant est édité et interprété devant huit bataillons de la garde nationale le 29 avril à Strasbourg. Peu à peu, via les voyageurs et les colporteurs, le chant atteint la Provence où il connaît son véritable essor : il est chanté par le Dr Mireur pour la cérémonie qui accueille, à Marseille, les fédérés montpelliérains (le 22 juin) et il est publié sous le titre de *Chant de guerre des armées aux frontières* par la presse marseillaise. Un mois plus tard, il est à Paris, avec l'arrivée des soldats fédérés marseillais, qui l'ont chanté durant tout le trajet. Publié par *La Trompette du Père Duchesne*, le journal de Hébert, dès le 23 juillet, le chant poursuit son expansion, tout en restant assimilé aux fédérés marseillais.

Mais il échappe à son auteur, et des accents révolutionnaires sont ajoutés aux thèmes patriotiques et militaires. Le 4 août, *La Chronique de Paris* évoque le chant des Marseillais et, le 10 août, il est entonné pendant l'assaut des Tuileries. Après la victoire de Valmy (20 septembre 1792), le ministre de la Guerre, Servan de Gerbey, écrit à Dumouriez : « L'hymne connu sous le nom de *La Marseillaise* est le *Te Deum* de la République. » Dès lors, mis en scène dans *L'Offrande à la liberté* de Gossec et présent dans les grandes fêtes civiques, le chant est véritablement omniprésent. En 1793, la Convention ordonne que l'hymne à la liberté soit chanté dans tous les spectacles de la République. Après la Terreur, le 14 juillet 1795 (le 26 messidor an III), un décret le consacre hymne national. La République impose définitivement à l'œuvre de Rouget de Lisle un nom qui n'est pas le sien – l'auteur ne cessant pas de l'appeler par son nom d'origine. Dans le contexte de la réaction thermidorienne, *La Mar-*

seillaise est devenue un chant de défense et de ralliement face aux excès des montagnards. Longtemps débattue par les érudits du XIXe siècle, la paternité de l'œuvre n'est pourtant pas vraiment remise en cause à la Révolution puisque l'Assemblée nationale a offert à Rouget de Lisle deux violons en récompense des services rendus. Quoi qu'il en soit de la paternité réelle.

Antoine Roullet

La « Carmagnole » est une danse

FAUX

En ronde ou en sarabande, les Français s'adonnent au plaisir de cette danse pendant toutes les années révolutionnaires. Née à la campagne, elle gagne bientôt la ville.

À l'origine, c'est un vêtement porté par les habitants du village italien de Carmagnola, dans le Piémont. Veste courte, son sommet est découpé en angle aigu, rabattu sur la poitrine avec plusieurs rangées de boutons en métal, des revers courts et des poches. Elle gagne le sud de la France et, par l'intermédiaire des fédérés marseillais, arrive à Paris pendant la Révolution française. Les sans-culottes l'adoptent tout de suite et en font un de leurs symboles avant de donner son nom au célèbre et anonyme chant. Celui-ci a été vraisemblablement composé en 1792 après la prise des Tuileries lors de la journée du 10 août.

La *Carmagnole* devient très populaire au moment de la chute de la royauté, après l'arrestation du roi et son enfermement à la prison du Temple. Son texte évoque l'atmosphère de ces journées d'insurrection s'en prenant à Monsieur et Madame Veto (surnoms donnés à Louis XVI et Marie-Antoinette) ainsi qu'aux gardes suisses qui furent massacrés après la prise du château. Ce n'est que plus tard que la chanson est accompagnée d'une danse en ronde qui commence lentement pendant le couplet, en tapant du pied, puis s'accélère de plus en plus au refrain. Symbole révolutionnaire et populaire, cette chanson reflète les joies, les attentes, les tendances ou les rancœurs de la population, qui la modifie constamment en y ajoutant un couplet au gré des événements. Elle scande ainsi les épisodes de la Révolution, chantée et dansée au moment des fêtes, lors des grands rassemblements populaires, au départ des troupes ainsi qu'aux exécutions, notamment lorsque Robespierre monte à l'échafaud.

Vêtement avant d'être une chanson, c'est également un genre littéraire dans lequel s'est illustré Bertrand Barère. Cet avocat, qui a présidé le procès de Louis XVI, est membre du Comité de salut public. Instigateur de la Terreur et partisan de la guerre à outrance, l'homme s'est surtout fait connaître par ses discours surnommés « carmagnoles ». Épiques, ils transforment un épisode militaire en mythe républicain ; lyriques, ils appellent à l'extermination des ennemis de la Révolution en soutenant les colonnes infernales en Vendée ou en réclamant la destruction de villes qui se sont soulevées comme Lyon ou Marseille. Mais c'est le chant populaire qui restera dans les mémoires.

Alors qu'il est premier consul, Bonaparte interdit de chanter et de danser la *Carmagnole*. Elle fait toutefois sa réapparition à l'entrée des Alliés dans Paris en mars 1814 et rythmera les autres épisodes révolutionnaires tout au long du XIXe siècle. Une nouvelle strophe est chaque fois composée, que ce soit en 1848 à la chute de

Louis-Philippe, pendant la Commune de Paris en 1871 ou lors de la Révolution russe de 1917 où, à défaut d'endosser la veste, les Soviétiques entonnèrent le célèbre chant français : « Dansons la carmagnole... »

Olivier Tosseri

Robespierre était favorable à la peine de mort

——— FAUX ———

Qualifié de « tyran » par ses ennemis pendant la Terreur, l'implacable Robespierre était un adepte de la guillotine.

Aussi étonnant que cela puisse paraître, il n'en est rien. En 1791, il prononce même à l'Assemblée constituante un discours remarqué, plaidant pour l'abolition de la peine de mort.

Maximilien François Isidore de Robespierre, né en 1758 à Arras, est issu d'une famille bourgeoise constituée d'hommes de loi et de marchands. Après la mort de leur mère et la « disparition » dans la nature de leur père, les quatre enfants Robespierre sont recueillis par leurs grands-parents maternels. Dès son plus jeune âge, Maximilien, enfant hypersensible, timide et intelligent, se passionne pour les études. Élève exemplaire des oratoriens d'Arras, collégien boursier à Louis-le-Grand de 1769 à 1781 (où il se lie d'amitié avec Camille Desmoulins), bachelier, puis licencié en droit, il s'inscrit au barreau d'Arras. Il est également juge au tribunal épiscopal et est amené à condamner à mort un assassin. Sa sœur Charlotte rapporte dans ses Mémoires le profond malaise du jeune homme, incapable de prendre la moindre nourriture pendant deux jours. « Je sais bien qu'il est coupable, lui dit Maximilien, que c'est un scélérat, mais faire mourir un homme… » Robespierre ne démissionne pas. Ses premiers succès comme plaideur et sa réputation de juge lui valent l'estime de la plupart de ses confrères, mais il souffre d'un manque de reconnaissance publique. L'éternel orphelin pauvre, l'écorché vif, cache derrière un immense orgueil les blessures de son amour-propre. L'indifférence des autres lui est insupportable. La nouvelle de la convocation des États généraux se répand en Artois comme dans toute la France. Les gens de robe se réunissent afin de réfléchir à un plan de réforme de l'État. Robespierre devrait participer à ces assemblées, mais son intransigeance et son audace, sa tendance à remettre en cause l'ordre établi lui valent déjà des ennemis. Il est exclu de ces cercles politico-mondains et en ressent un sentiment d'humiliation. Mais l'heure de la revanche va bientôt sonner.

En 1789, après une campagne difficile, il est désigné représentant du tiers état de l'Artois aux états généraux. Robespierre est considéré comme l'homme des réformes, le porte-parole des revendications populaires tout en étant alors d'un parfait loyalisme monarchique. Nourri du *Contrat social* de Jean-Jacques Rousseau, bientôt membre du Club des jacobins, il est à l'aube de sa carrière politique et défend des idées généreuses. Lors de la discussion du projet de code pénal en mai-juin 1791, il intervient le 30 mai 1791 à l'Assemblée constituante, lors d'une séance de nuit. Son discours est un véritable plaidoyer pour l'abrogation de la peine de mort. « Essentiellement injuste », elle « multiplie les crimes beaucoup plus qu'elle ne les prévient », dit-il en introduction. Le 1er juin, l'Assemblée refuse l'abolition de

la peine capitale, mais supprime les supplices.
Deux ans plus tard, les adversaires de Robespierre
l'accuseront de se servir de la guillotine pour
asseoir son propre pouvoir.

Véronique Dumas

Le Comité de salut public s'est acharné à guillotiner les aristocrates

FAUX

« Ah ça ira, ça ira… ! » : les principales victimes de la Terreur furent les membres de la noblesse.

Le 5 septembre 1793, la Convention met la Terreur à l'ordre du jour afin « d'intimider les ennemis de la Nation ». Le Comité de salut public, le principal organe du gouvernement révolutionnaire, créé le 6 avril 1793, est chargé à l'origine d'assurer, à l'intérieur comme à l'extérieur, la défense du pays. Doté d'attributions de plus en plus étendues, il exerce bientôt un pouvoir dictatorial.

Les victimes de la Terreur ne sont pas en majorité issues de la noblesse. Les proportions sont même exactement inversées puisque 80 % des condamnés appartiennent à l'ancien tiers état et près de 60 % sont des paysans et des journaliers.

À partir de septembre 1793, commence la période du « Grand Comité de salut public », composé de douze membres rééligibles dont les députés Robespierre et Saint-Just, en charge de la politique générale. L'action du bureau de police du Comité de salut public complète celle du Comité de sûreté générale, véritable police politique de la Convention. Fondé dès le 2 octobre 1792, cet organisme, qualifié de « ministère de la Terreur », a pour fonction de déjouer « les complots des ennemis de la Révolution » et s'appuie sur un vaste système de délation. Les suspects sont recherchés, arrêtés, inculpés et envoyés devant le Tribunal révolutionnaire. Ses sentences sont exécutoires dans les vingt-quatre heures et ne font l'objet ni d'appel ni de cassation. D'abord limité à la région parisienne, son ressort sera étendu à toute la France en avril 1794. La loi du 17 septembre 1793 définit comme suspects les ci-devant nobles et les fonctionnaires destitués, mais aussi quiconque se montre, si peu que ce soit, partisan de la monarchie ou du fédéralisme. Celle du 13 mars 1794 inclut les personnes ayant tenté de corrompre l'esprit public ou mené une action visant à changer le gouvernement. Enfin, la loi du 22 prairial an II (10 juin 1793) dite de Grande Terreur, dont le rapporteur est Robespierre, supprime la nécessité de la preuve, tout moyen de défense pour les accusés, ainsi que l'interrogatoire préalable. Désormais, n'importe qui peut être envoyé à la guillotine. En un peu plus d'un an, de mars au 10 juin 1793, le Tribunal révolutionnaire a prononcé 1 251 condamnations à mort. Du 10 juin au 27 juillet 1794 (9 thermidor an II), 1 376 personnes sont guillotinées en six semaines à Paris.

La chute de Robespierre marque la fin de cette phase de la Terreur, mais la loi du 22 prairial servira encore pour éliminer les robespierristes. Selon les estimations des historiens, le nombre des victimes de la Terreur atteindrait trente-cinq à quarante mille personnes, toutes catégories sociales confondues. Ce chiffre inclut les exécutions sans jugement en province, mais ne tient pas compte du nombre des guillotinés aux Antilles, aucune liste n'ayant été établie pour les comptabiliser. La capitale n'a enregistré que 16 % des exécutions concernant des prisonniers transférés de toute l'Île-de-France et la Normandie. Mais l'image de la guillotine installée sur la place de la Révolution, puis à la barrière Antoine (actuelles places de la Concorde et de la Nation), a profondément marqué la mémoire collective.

Véronique Dumas

Charlotte Corday
était une vraie royaliste

FAUX

Née dans une famille de petite noblesse normande, élevée chez les Sœurs, la jeune fille voue un véritable culte au roi et refuse l'idée même d'un changement de régime.

République modérée et girondine, Marie-Anne-Charlotte de Corday d'Armont, descendante de Pierre Corneille, naît en 1768 près de Vimoutiers en Normandie dans une famille de la petite noblesse désargentée. Son père, devenu veuf en 1782, doit se séparer de ses quatre enfants dont Charlotte qu'il place comme pensionnaire à l'Abbaye-aux-Dames à Caen. Elle y parfait son instruction et y lit beaucoup, notamment les auteurs anciens. S'intéressant aux questions politiques et sociales et penchant pour les « idées nouvelles », son père lui prête des livres de Montesquieu et de Rousseau pour lequel elle s'enthousiasme.

Sans la Révolution, Charlotte Corday serait restée au couvent. Mais la Constitution civile du clergé du 12 juillet 1790, qui supprime les ordres religieux, l'en fait sortir en février 1791 à l'âge de vingt-trois ans. Elle s'installe à Caen chez sa tante. C'est l'époque de la lutte des girondins et des montagnards à la Convention. Si Marat est arrêté en avril 1793, il est acquitté et, après son retour triomphal à l'Assemblée, se lance dans une lutte acharnée contre ses ennemis. Les journées d'émeute des 31 mai et 2 juin 1793 font tomber les girondins. Placés en résidence surveillée, plusieurs d'entre eux réussissent à s'évader et tentent de soulever la province. Beaucoup se réfugient dans le Calvados et y tiennent des réunions auxquelles assiste Charlotte Corday. C'est ainsi qu'elle côtoie Buzot, Pétion, Lesage ou Henry-Larivière.

Depuis les massacres de septembre 1792, Marat cristallise toutes les haines des modérés qui attribuent à « l'Ami du peuple » l'essor de la violence. L'exécution du roi le 21 janvier 1793 est vécue comme un choc par la jeune femme. Marat doit être châtié pour les excès de la Révolution. Le 11 juillet 1793, elle arrive à Paris. Après s'être munie d'un couteau acheté au Palais-Royal, elle parvient à se faire recevoir par Marat qu'elle poignarde d'un seul coup bien ciblé, dans sa baignoire. Arrêtée sous les menaces de lynchage de la foule, elle attend son jugement à la Conciergerie. L'accusateur public Fouquier-Tinville demande sa tête. Elle tombera le 17 juillet 1793 place de la Révolution (actuellement place de la Concorde).

Dès la Restauration, entre 1815 et 1830, la figure de Charlotte Corday est récupérée par la monarchie. Naît le mythe de la jeune noble animée par ses idéaux royalistes. Les libéraux sous la monarchie de Juillet la reconnaissent également comme un symbole de modération face aux excès révolutionnaires. Au point, aux côtés de Jeanne d'Arc, de devenir un moment un des piliers de l'imagerie officielle du régime en concurrence avec celles des légitimistes et des républicains. Avec l'enracinement de la République à la fin du XIXe siècle et le choix de Marianne comme effigie, Charlotte Corday est rejetée à l'autre extrémité de l'échiquier politique. Criminalisée, devenue symbole de discorde, sa figure est associée à la cause nobiliaire. La girondine modérée est devenue une royaliste extrémiste.

Olivier Tosseri

? L'esclavage
est une pratique européenne

FAUX

Le trafic organisé à partir du XVIIᵉ siècle, entre l'Europe, l'Afrique et l'Amérique, réduit en esclavage des millions d'individus. Pour la première fois dans l'histoire.

C'est en Mésopotamie que l'on trouve la trace la plus ancienne de l'esclavage, dans le code d'Hammourabi, l'un des plus vieux ensembles de lois écrites retrouvé. Rédigé à l'initiative du roi de Babylone, Hammourabi, en 1750 av. J.-C, ce document recense trois groupes sociaux : les hommes libres, les subalternes et les esclaves. L'esclavage est commun à toute l'humanité et apparaît avec la sédentarisation et le début de l'urbanisation. Les esclaves sont à l'origine des prisonniers de guerre ou des prisonniers pour dette. L'Égypte pharaonique a recours à de nombreux esclaves, notamment hébreux, qui sont alloués aux temples, affectés au service de la maison royale ou intégrés à l'armée.

Les sociétés de la Grèce et de la Rome antique font reposer toute leur économie sur eux, entre 30 % et 40 % de la population de la ville de Rome à l'apogée de l'Empire étant de nature servile. Aristote, dans *La Politique*, justifie même cette situation : « Il est évident qu'il y a par nature des hommes qui sont libres et d'autres qui sont esclaves, et que, pour ceux-ci, la condition servile est à la fois avantageuse et juste. » Justification philosophique, mais aussi religieuse.

Le Lévitique, un des livres de la Bible, autorise sans réserve l'esclavage des non-Juifs et limite à sept ans la durée pendant laquelle un Juif peut être tenu en cet état. Le Coran (sourate XVI, dite « des Abeilles ») déclare que seuls sont esclaves les enfants d'esclaves et les prisonniers de guerre. Il autorise en outre la réduction en esclavage de quiconque est originaire d'un pays non musulman.

La traite arabe commence en 652, vingt ans après la mort de Mahomet. Dans les premiers temps de la conquête, les esclaves proviennent des tribus du Caucase mais sont aussi achetés à des marchands vénitiens ou génois qui font commerce des prisonniers en provenance des pays slaves, encore païens. Venise devient, en plein Moyen Âge, un marché florissant, une plaque tournante entre les pays situés au-delà de la mer Noire, l'Asie et les côtes d'Afrique du Nord. Les harems se remplissent de Circassiennes. Pour les travaux artisanaux et agricoles, on utilise de nombreux esclaves en provenance de l'Europe méditerranéenne et surtout d'Afrique noire, où l'esclavage est également pratiqué. Des razzias sont régulièrement menées entre le XVIe et le XVIIIe siècle sur les rivages européens. Ces esclaves sont maltraités, souvent mutilés et castrés.

Un million d'Européens, entre 12 millions et 18 millions d'Africains sont ainsi déportés, presque autant que lors de la traite européenne, qui, en rationalisant l'esclavage au XVIe siècle avec le commerce triangulaire, sera à l'origine du déplacement de 12 millions à 20 millions d'hommes et de femmes en Amérique.

Si l'esclavage n'est pas une invention européenne, c'est sur le Vieux Continent que la lutte contre sa pratique a débuté. La Convention l'abolit le 4 février 1794 avant que Bonaparte ne le rétablisse en 1802. Victor Schoelcher, sous la IIe République, fera voter son abolition le 27 avril 1848.

Olivier Tosseri

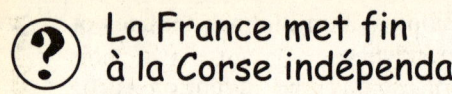

La France met fin à la Corse indépendante

FAUX

L'île de Beauté a, depuis des siècles, son propre gouvernement et son autonomie économique, lorsqu'elle est conquise.

Elle n'a pas été conquise mais achetée par la France. La Corse n'a connu qu'une quarantaine d'années d'indépendance relative, dans une histoire où elle a été dominée par ses voisins méditerranéens. Connue sous le nom de Kyrnos par les Grecs, la Corse est d'abord colonisée par les Phocéens, qui fondèrent également Massilia sur le continent. L'île devient carthaginoise puis romaine à l'issue de la première guerre punique. Les Vandales s'en emparent lors des invasions barbares et, aux premiers siècles du Moyen Âge, ses côtes sont écumées par les pirates sarrasins.

Le roi des Francs Pépin le Bref en fait don à la papauté en 754, ce que confirme son fils Charlemagne. Ce territoire pontifical est confié en 1078 par Grégoire VII à l'archevêque de Pise qui en assure la gestion en lui laissant une certaine autonomie. Mais l'île devient un enjeu dans la lutte entre les deux grandes républiques maritimes italiennes que sont Pise et Gênes. Cette dernière s'en empare en 1284 en écrasant la flotte de sa rivale à la bataille de Meloria. Si la Corse appartient toujours à la papauté, elle passe sous domination génoise. Cette ère consacre son organisation, notamment sur le plan administratif, même si, face au caractère rétif de ses habitants, les Génois préfèrent développer les villes côtières comme Bastia, Ajaccio ou Porto-Vecchio que l'intérieur des terres. La Renaissance est émaillée de nombreuses révoltes, mais la République génoise, en perte de vitesse, se maintient tant bien que mal. Ses moyens de pression et de coercition se relâchent, son prestige est terni, elle amorce son déclin.

À l'orée du XVIIIe siècle, cette situation est propice à un soulèvement dans l'île. Il éclate en décembre 1729, lorsqu'un magistrat veut faire payer l'impôt à un berger. L'année suivante, les notables rejoignent les paysans révoltés qui désignent une assemblée (*consulta*). Malgré une reprise en main par les Génois aidés des Habsbourg autrichiens, la *consulta*, réunie dans la ville d'Orezza en 1735, met un terme à une domination de près de cinq siècles et se dote d'une constitution jamais appliquée. Ce soulèvement est attisé en sous-main par la France qui espère, après avoir aidé à le mater, prendre possession de l'île, qui serait utile pour son commerce avec le Levant. Or les Anglais, ayant les mêmes visées, soutiennent les insurgés. Les Français interviennent en 1738, sont battus l'année suivante puis rétablissent pour le compte de Gênes un ordre fragile, qui ne dure pas. En 1755, Pascal Paoli devient général en chef d'un royaume sans roi mais qui se dote à nouveau d'une constitution, d'un drapeau, d'un hymne et d'une monnaie. Voulant s'extirper de ce bourbier, Gênes signe en mai 1768 le traité de Versailles, vendant la Corse à la France. Il s'agissait à l'origine d'une délégation de ses droits sur l'île pendant dix ans afin de la pacifier. Le 9 mai 1769, au terme d'une bataille de plusieurs jours, les indépendantistes corses sont défaits par l'armée française à Ponte-Novo, trois mois avant la naissance de Napoléon. La domination française commence et ne sera remise en cause par certains de manière violente que deux siècles plus tard, lors de l'attentat d'Aleria en 1975.

Olivier Tosseri

Bonaparte a franchi le pont d'Arcole

FAUX

En 1796, Bonaparte franchit, en conquérant héroïque, le pont d'Arcole, ainsi que le représente le célèbre tableau du peintre Gros.

C'est au cours de la première campagne d'Italie (1796-1797) qu'émergea la guerre de propagande au sens actuel du terme, avec la naissance de la légende napoléonienne. Bonaparte, quasi inconnu lorsqu'il prend la tête de l'armée, a parfaitement compris le rôle de l'opinion publique dans la conquête et la conservation du pouvoir. Tel un général romain, il s'appuie sur l'attachement de ses soldats, nourrissant sa popularité de chef qui prend seul les décisions. Ses proclamations à ses troupes à la veille ou au lendemain d'une bataille assurent leur attachement à sa personne. Mais il souhaite atteindre la France. Il le fait à travers deux journaux qu'il crée et qui doivent exalter son image personnelle et ses succès militaires. Le 20 juillet 1797 est fondé *Le Courrier de l'armée d'Italie*, qu'il confie à un ancien jacobin, Marc-Antoine Jullien. Une seconde feuille, *La France vue de l'armée d'Italie*, paraît dès le 3 août 1797 sous la direction de Regnault de Saint-Jean-d'Angély, ancien membre de la Constituante. Le but est de se faire connaître, d'apparaître comme un recours indispensable et de faire en sorte que les exploits accomplis aient le plus grand retentissement possible de l'autre côté des Alpes. Les articles publiés et souvent écrits par lui y magnifient un génie militaire plein d'énergie et de talents sur le modèle du héros antique. Face à une république fragile dirigée par un directoire instable, un chef militaire résolu et victorieux trouvera l'adhésion de la population. Il met en scène les envois de drapeaux et d'objets d'art à Paris pour souligner sa gloire et utilise tous les moyens de communication et avant tout la peinture.

C'est ainsi qu'il commande au peintre Gros un tableau qui sera un parfait exemple de détournement d'un événement à des fins de propagande. En novembre 1796, Bonaparte est face aux Autrichiens à Arcole près de Vérone, sur les rives de l'Alpone, affluent de l'Adige. Un pont dans une zone marécageuse représente l'objectif stratégique d'une bataille qui va durer trois jours. Après plusieurs assauts infructueux, le jeune général s'élance un drapeau à la main à la tête de ses grenadiers. Le colonel Muiron prend une balle et meurt à sa place tandis que lui-même tombe à l'eau. Si la victoire finit par être acquise, elle n'a rien d'un épisode glorieux. Le peintre Gros qui assiste à la scène se voit commander un tableau par Bonaparte quelque temps après à Milan. Il le représente fougueux et courageux, cheveux défaits, drapeau claquant au vent dans une main, un sabre dans l'autre, le visage décidé. C'est la première image emblématique du mythe napoléonien, exaltant les vertus du chef militaire incarné par ce conquérant héroïque qui arrache à lui seul la victoire en entraînant ses hommes.

Ce léger détournement de la réalité vaudra sur-le-champ au peintre le poste d'inspecteur aux revues, et l'année suivante la direction de la commission chargée de choisir le butin qui enrichira le Louvre. L'œuvre reproduite à des milliers d'exemplaires remplira son but en France et initiera cette utilisation totale de l'art et des moyens de communication à des fins de propagande. Il faudra cependant attendre le retour d'Égypte en 1799 pour faire du général un premier consul.

Olivier Tosseri

Napoléon franchit le Saint-Bernard à cheval

Mai 1800, l'armée consulaire massée en Suisse commence la montée du col vers l'Italie. Il fait frais, la route escarpée est dégagée. Le général caracole en tête sur son fier destrier.

Une mule ! En fait de fière monture, c'est sur cet humble mais solide animal que le premier consul franchit les Alpes au col du Grand Saint-Bernard. Et c'est l'exploit stratégique et logistique de la deuxième campagne d'Italie. Débutée en 1799, la guerre est indécise et semble tourner à l'avantage des Autrichiens qui bousculent les Français dans la péninsule, théâtre principal du conflit. Bonaparte, qui vient de prendre le pouvoir par le coup d'État du 18 Brumaire (9 novembre 1799), reprend les choses en main et la direction des opérations. Sa stratégie qui a lui a déjà permis de remporter ses premières victoires dans le même pays ne change pas et réside dans la rapidité et l'effet de surprise. Pour la mettre en œuvre il lui faut traverser les Alpes le plus rapidement possible.

Il masse ses 40 000 hommes en Suisse. Du 15 au 21 mai, soldats, matériels et artillerie gravissent les monts escarpés. Le 20 mai, vêtu d'un simple uniforme bleu recouvert d'une redingote blanche et coiffé d'un bicorne couvert de toile

cirée, il monte une mule et, escorté par le guide
Dorsaz, il franchit le col du Grand Saint-Bernard.
« Nous luttons contre la glace, la neige, les tour-
mentes et les avalanches. Le Saint-Bernard,
étonné de voir tant de monde le franchir si brus-
quement, nous oppose quelques obstacles », écrit-
il. Moins d'un mois plus tard, le 14 juin 1800, la
bataille de Marengo conclut victorieusement cette
campagne.

C'est à un tableau du peintre Jacques-Louis
David que l'on doit l'image d'un Bonaparte
triomphant traversant les Alpes sur un cheval fougueux et cabré. Enveloppé dans son manteau
rouge de général, sabre au flanc, il tend la main
vers l'horizon. *Le Premier Consul franchissant
les Alpes au col du Grand Saint-Bernard* sera le
thème de cinq portraits équestres réalisés par
l'artiste entre 1800 et 1803.

Si la première version est commandée par le roi
Charles IV d'Espagne en signe d'amitié avec la
France, les autres le sont par le premier consul
lui-même à des fins de propagande et deviennent
les premiers tableaux officiels de Napoléon. Bonaparte supervise le travail de son peintre et une
légende veut qu'il ait demandé à être représenté
« calme sur un cheval fougueux ». Il aurait également souhaité faire figurer sur les rochers du
premier plan son nom aux côtés de ceux de ses
illustres prédécesseurs Hannibal et Charlemagne.

Statue équestre royale et esthétique antique inspirent David, plus soucieux d'exalter le jeune
général victorieux que d'être fidèle à la réalité. Le
tableau occupera dès lors une place importante
dans l'iconographie napoléonienne et contribuera
par sa postérité à forger la légende. Une représen-

tation réaliste et sans complaisance de l'épisode du passage des Alpes sera donnée en 1848 par le peintre français Paul Delaroche. Il montre Bonaparte dans une capote grise, la main dans son gilet, montant une mule, dans le style romantique de l'époque. Quelle que soit sa représentation artistique, le passage du col du Grand Saint-Bernard, situé à 2 469 mètres en Suisse, reste un exploit du génie stratégique du futur empereur.

Olivier Tosseri

Victor Hugo
a toujours été républicain

___ FAUX ___

> Emblème de l'opposant proscrit, exilé à Guernesey,
> après le coup d'État du 2 décembre 1851, l'écrivain a
> toujours soutenu la République, et ce dès son plus
> jeune âge.

Victor Hugo était ultraroyaliste dans sa jeunesse. Rien, en effet, ne le prédisposait à être un farouche républicain. Il naît à Besançon le 26 février 1802. Son père, Léopold Hugo, est un général de l'Empire napoléonien. Sa mère, Sophie Trébuchet, originaire de Châteaubriant, en Bretagne, est une fervente catholique royaliste avec qui il vit après la séparation de ses parents. Sa jeunesse se partage donc entre l'ombre de la légende impériale et le soutien à la Restauration. Dès 1819, le jeune poète reçoit ses premières récompenses pour des odes royalistes qu'il a composées. En 1820, touché par son *Ode sur la mort du duc de Berry,* Louis XVIII lui octroie une pension de 1 000 francs, qui sera doublée plus tard lorsqu'il chantera la naissance inespérée du duc de Bordeaux. À la mort de sa mère, en 1821, Victor Hugo vit difficilement. Il met sa plume au service du régime, fonde le très monarchique journal *Le Conservateur littéraire* et fréquente les milieux royalistes. Il compte ainsi comme amis les écrivains Charles Nodier, Alfred de Vigny et son idole Alphonse de Lamartine. C'est avec ce dernier et d'autres qu'il est choisi comme poète officiel du sacre de Charles X en 1825. La même année, il demande et obtient la Légion d'honneur. Il commence dès lors à prendre ses distances avec les légitimistes et se rapproche des libéraux. La mort de son père en 1828 le réconcilie avec l'héritage paternel. Il use de son titre de baron d'Empire, exalte la légende napoléonienne. Un moment courtisé par les républicains et tenté de les rallier au moment de la révolution de 1830, il se fait le chantre de Louis-Philippe Ier une fois son trône affermi. Il écrit ainsi : « Sire, vous êtes le gardien auguste et infatigable de la nationalité et de la civilisation. Votre sang est le sang du pays, votre famille et la France ont le même cœur. Sire, vous vivrez longtemps encore, car Dieu et la France ont besoin de vous. » Les honneurs pleuvent. Élu académicien en 1841, il est nommé pair de France par le roi en 1845 et son entrée au gouvernement est même un moment pressentie. Il résume cette fidélité aux régimes successifs dans la préface des *Voix intérieures* de 1837 : « Être de tous les partis par leurs côtés généreux ; n'être d'aucun par leurs mauvais côtés. » Et ce, malgré ses convictions qui le portent vers plus d'égalité, de liberté et de justice sociale. Ce n'est qu'à quarante-six ans, pendant la révolution de 1848, qu'il se range officiellement et définitivement aux côtés des républicains.

« J'ai grandi ! » écrira-t-il dans un de ses poèmes au sujet de cette époque. Élu député en juin 1848, il soutient le prince Louis Napoléon Bonaparte lors de l'élection présidentielle de décembre 1848. Il aurait certainement soutenu le second Empire si, n'ayant pas obtenu le ministère de l'Instruction qu'il convoitait, il n'était devenu un farouche opposant à Napoléon III. Exilé sur l'île de Guernesey après le coup d'État du 2 décembre 1851, il devient l'emblème du républicain proscrit, prenant à cœur des combats comme l'abolition de la peine de mort ou la question sociale. L'ancien royaliste est devenu une des grandes figures de la République. À sa mort en 1885, elle lui réserve des funérailles nationales et l'entrée au Panthéon.

Olivier Tosseri

Le duc de Morny, demi-frère de Napoléon III, était un fervent bonapartiste

FAUX

L'un des principaux conseillers de Napoléon III, le duc de Morny, son propre demi-frère, fut l'un des premiers à croire en lui et à partager ses idées.

Fils naturel de la reine Hortense et du général de Flahaut, Charles Auguste de Morny (1811-1865) est par son père le petit-fils de Talleyrand et par sa mère le demi-frère de Napoléon III. Dès l'arrivée de celui-ci au pouvoir, il devient l'un de ses principaux conseillers. Morny passe pour être un fervent bonapartiste. Une fable entretenue par l'intéressé lui-même. Il déclarera avoir été bonapartiste « au fond de lui-même » depuis toujours. Un sentiment si profond que Napoléon III aurait d'ailleurs dit à son sujet : « Comment voulez-vous que je gouverne ? L'impératrice est légitimiste, Morny est orléaniste, le prince Napoléon est républicain et je suis moi-même socialiste... »

Familier des princes d'Orléans, autoproclamé « comte » de Morny, il reçoit en 1837 la Légion d'honneur pour ses exploits en Algérie. L'année suivante, il se lance dans les affaires. Propriétaire d'une raffinerie de sucre dans le Puy-de-Dôme financée par sa maîtresse, Fanny Le Hon, fille d'un banquier anversois et épouse de l'ambassadeur de Belgique, il se fait élire député de ce département en 1842. Proche du gouvernement conservateur de Guizot dont le mot d'ordre est « Enrichissez-vous ! », il mène grand train dans son hôtel particulier des Champs-Élysées, collectionne les œuvres d'art et les conquêtes féminines. Mais la chute de la monarchie de Juillet le prive de ses principaux appuis politiques. Ses finances sont en berne. Les créanciers l'assiègent. Morny a besoin d'un soutien pour rebondir. Il pense se faire légitimiste, mais le comte de Chambord, petit-fils de Charles X, lui semble trop passéiste. En 1848, il commence à s'intéresser à ce demi-frère inconnu, fils de sa mère Hortense et de Louis Bonaparte, bien placé pour être élu à la présidence de la République. Il l'assure par un intermédiaire, membre de la famille, de sa « sympathie ». Louis Napoléon saura s'en souvenir. Les deux hommes se rencontrent pour la première fois en janvier 1849 au cours d'un entretien de trois heures. « Si je n'avais suivi que mes goûts, écrit-il dans ses Mémoires, je n'y serais jamais retourné. » Il trouve le premier président de la République « imbu de préjugés » et « de défiance ». Quant à son entourage, il se compose « d'une collection de niais [...] incapables de conseiller au prince une bonne marche ». Là est la chance de Morny. Il veut se rendre indispensable et le devient rapidement. Élu à nouveau député du Puy-de-Dôme en 1849, il est l'artisan du coup d'État du 2 décembre 1851. Sa carrière politique est relancée, mais il reste fidèle à ses amitiés orléanistes. Ministre de l'Intérieur, il s'oppose au décret sur la confiscation des biens de la famille d'Orléans et démissionne en janvier 1852. Président du Corps législatif de 1854 à sa mort, nommé ambassadeur de France à Saint-Pétersbourg (1856-1857), titré duc en 1862, il laisse libre cours à son goût pour les affaires, en particulier immobilières. Dire « Morny en est » suffit à attirer les capitaux. C'est d'ailleurs en voulant réaliser une affaire financière sur les dettes contractées par le Mexique qu'il contribue à jeter la France dans une guerre désastreuse. L'éminence grise du Second Empire ne verra pas sombrer le régime.

Véronique Dumas

Le Second Empire
est un régime médiocre

────── **FAUX** ──────

La France du Second Empire a souffert des caprices du
« petit » Napoléon III et d'une misère sociale
croissante.

La société française s'est transformée sous
Napoléon III comme jamais elle ne l'avait fait
dans son histoire. Sous l'impulsion de l'Empereur, la France a accompli sa révolution
industrielle. Vivant de longues années en exil et
notamment à Londres, Louis Napoléon Bonaparte
est séduit par les idées de progrès économiques et
sociaux. Au pouvoir, il est influencé par les idées
saint-simoniennes de son conseiller Michel Chevalier. Le but est de faire de la France une
puissance moderne à l'image de la Grande-
Bretagne. Son outil et son symbole : le chemin de
fer. La construction du réseau ferroviaire est
supervisée par l'État et sa réalisation doit des-
servir toutes les villes françaises. Celles-ci sont
transformées sur le modèle de Paris. Napoléon III
charge le baron Haussmann, préfet de la Seine, de
faire de la capitale une grande ville européenne. Il
suit de très près les travaux qui permettent la
percée de nouveaux boulevards et avenues, l'édification des grandes gares, du nouveau palais de
justice, du Palais-Garnier. La destruction des
vieux quartiers est compensée par un souci de
salubrité publique avec la création du réseau des

égouts, la construction de squares et d'espaces verts (Montsouris, Buttes-Chaumont, bois de Vincennes et de Boulogne) qui modèle le visage de Paris que l'on connaît encore de nos jours. L'empereur encourage la révolution bancaire avec la naissance d'établissements tels que le Crédit mobilier des frères Pereire, le Crédit lyonnais, la Société générale « pour favoriser le développement de l'industrie et du commerce en France ». Ceux-ci sont stimulés par la signature en 1860 d'un traité de libre-échange avec le Royaume-Uni. Les grands magasins apparaissent et se multiplient comme Le Bon Marché à Paris. L'industrie est développée avec une forte croissance des mines de charbon, de la sidérurgie, de l'aciérie, du textile… Paris leur sert de vitrine en accueillant les expositions universelles de 1855 et 1867. Le canal de Suez creusé par Ferdinand de Lesseps est inauguré en 1869 et l'impératrice Eugénie soutient les travaux de Louis Pasteur. Des progrès sociaux sont enregistrés : le droit de grève et d'organisation de salariés accordé en 1864, les premiers systèmes de retraite pour les ouvriers, des soupes populaires organisées pour les plus pauvres, le développement de l'éducation, notamment féminine, sous l'impulsion du ministre de l'Instruction publique, l'historien Victor Duruy.

Le régime impérial a cependant souffert d'une image détestable suite à sa fin sans gloire dans la défaite de Sedan en 1870. La faute au caractère autoritaire de ses débuts et au coup d'État contre la IIe République dont il est issu. Une politique étrangère brouillonne ensuite, qui, si elle contribua à l'unité italienne et au rattachement à la France de Nice et de la Savoie en 1860, nous engagea dans la désastreuse guerre franco-prussienne. Mais ce sont avant tout les écrivains qui le discréditèrent. Victor Hugo frustré de ne pas avoir obtenu de portefeuille ministériel brossa de son exil volontaire le portrait de « Napoléon le Petit », tyran sans scrupules et médiocre. Émile Zola exposa dans ses romans le caractère ambivalent de la croissance et de la modernisation économique accompagnée de spéculation, de corruption et de luttes sociales. Des images que n'auront plus qu'à reprendre des historiens d'une IIIᵉ République qui ne pouvait que faire du Second Empire et de Napoléon III un repoussoir.

Olivier Tosseri

Les communards étaient tous socialistes

FAUX

Préoccupés de questions sociales, émeutiers et contestataires, les Communards étaient tous de la même orientation politique.

Sur les deux millions de Parisiens vivant dans la capitale en 1871, environ trois cent mille personnes sont considérées comme sympathisants ou militants de la Commune de Paris. Ils sont alors désignés sous le nom de communards, un terme péjoratif, synonyme d'émeutier braillard, pillard et sanguinaire, surtout pour la bourgeoisie, choquée par la violence des débordements insurrectionnels. Pourtant il passera dans le langage courant, débarrassé de sa connotation insultante, pour désigner les partisans du mouvement communaliste.

Les communards, tout comme les membres de la Commune eux-mêmes, sont d'origines et d'opinions politiques diverses. Prétendre qu'ils sont tous socialistes est un raccourci inexact.

Sur les 38 578 insurgés traduits devant les tribunaux militaires, 1 054 sont des femmes travaillant pour la plupart dans la confection, 616 des enfants de moins de seize ans et 36 309 des hommes. Une majorité d'entre eux appartient à la Garde nationale, formée de deux cent mille recrues, chargée de la défense de la capitale pendant le siège de 1870-1871. Les deux tiers de ces communards sont des salariés issus du monde ouvrier, mais beaucoup sont des employés, les fameux « ronds-de-cuir », des petits patrons et des représentants des professions libérales formant l'encadrement de l'insurrection et en particulier de la Garde nationale. La plupart sont des républicains, défenseurs d'une république démocratique et sociale contre un gouvernement conservateur de tendance royaliste et cléricale, partisan de la capitulation. Une minorité est affiliée à l'Internationale socialiste des travailleurs. Les élus de la Commune, le gouvernement insurrectionnel qui exerce l'autorité à Paris du 18 mars au 28 mai 1871, sont aussi d'origines diverses. Plus d'un tiers est constitué d'ouvriers ou de petits patrons de l'artisanat, souvent membres de l'Internationale. Les deux tiers sont issus de la petite et de la moyenne bourgeoisies. Ce sont là aussi des employés, des instituteurs, des médecins, des avocats, des journalistes, anciens militants du Parti républicain sous le Second Empire. Après la démission des députés républicains de tendance modérée, l'extrême gauche révolutionnaire parisienne domine l'Assemblée. Trois grands groupes se sont formés, mais les divisions sont nombreuses. Les blanquistes sont les mieux organisés. Leur chef, Louis Auguste Blanqui, est en prison. Méfiant envers tous les systèmes socialistes, considéré par Marx comme « la tête et le cœur du parti prolétaire en France », il veut instaurer une dictature révolutionnaire, prélude à l'établissement du communisme. Les jacobins, opposés aux blanquistes et dirigés par Charles Delescluze, sont, eux, partisans d'une république « une et indivisible ». Enfin, les socialistes, membres du courant proudhonien de l'Internationale ou des chambres syndicales ouvrières, voudraient fédérer les communes provinciales et les associer à la Commune de Paris.

La Commune n'aura jamais de doctrine politique précise et sera plus préoccupée par les questions sociales que par les querelles politiciennes. Son écrasement, lors de la Semaine sanglante en mai 1871, va réduire à néant, et pour longtemps, tout espoir de progrès social.

Véronique Dumas

La statue de la Liberté est américaine

FAUX

Elle se dresse à l'entrée du port de New York, brandissant le flambeau éclairant le monde. Symbole de la liberté, elle a été dessinée puis sculptée par deux artistes d'outre-Atlantique.

Emblème de New York, la statue de la Liberté est française. C'est l'historien et homme politique Édouard Lefebvre de Laboulaye, très américanophile, qui a l'idée de faire ce cadeau aux États-Unis en gage d'amitié pour le centenaire de leur indépendance. Le projet, confié au sculpteur alsacien Frédéric Auguste Bartholdi, devait donc être achevé en 1876. Mais la guerre de 1870 éclate entre la France et la Prusse et la mobilisation du sculpteur va geler un moment sa réalisation.

La paix revenue, les obstacles s'accumulent. La sympathie des États-Unis pour les Allemands, due à la présence importante de ces derniers sur leur sol, déçoit les Français. L'avenir de la IIIe République est encore incertain et les nombreux députés monarchistes trouvent déplacé de faire un cadeau à une république. Quant à Bartholdi, il est chargé de la réalisation d'autres œuvres, dont le *Lion de Belfort* à Paris qui célèbre l'héroïque résistance de Denfert-Rochereau, gouverneur de la place de Belfort, en 1871 : 103 jours de siège.

Bartholdi franchit néanmoins l'Atlantique en 1871, rencontre le président Ulysses Grant, repère le site de l'île de Bedloe's Island, dans la baie de New York, et tente de gagner des partisans pour relancer le projet. La république se renforçant à partir en 1875, il est finalement remis à l'ordre du jour, la France se charge de la statue et les États-Unis de son socle. Une campagne de récolte de dons pour le financement est alors lancée et la somme est réunie en 1880. Bartholdi, qui a besoin d'un ingénieur pour la structure interne de la statue en cuivre, choisit Gustave Eiffel pour l'aider. Le monument est achevé en 1884 et reçoit la visite du président de la République Jules Grévy et de Victor Hugo mais pas de son instigateur Édouard Lefebvre de Laboulaye, mort un an auparavant.

En 1885, 350 pièces réparties dans 214 caisses sont chargées sur un train jusqu'à Rouen, puis descendent la Seine par bateau jusqu'au Havre. *La Liberté éclairant le monde* entre dans le port de New York le 17 juin 1885.

Les travaux du socle, qui avait pris du retard faute de financement suffisant, sont finalement achevés en 1886. La statue est française jusque dans ses fondations puisque la pierre utilisée provient des carrières d'Euville, petit village de la Meuse, réputée pour sa blancheur et sa faible érosion à l'eau de mer. Rien n'empêche plus désormais l'inauguration de cette dame, drapée dans une toge qui tient, dans sa main gauche, des tablettes portant la mention du 4 juillet 1776, de 46 mètres de haut, de 204 120 kg, sur son socle de 47 mètres. Sa teinte brun-rouge n'aura plus qu'à se changer avec le temps en une patine bleu-vert.

La cérémonie a lieu le 28 octobre 1886 en présence du président Grover Cleveland et de nombreux spectateurs. Le monument sert alors de phare pendant presque une vingtaine d'années, son faisceau lumineux se voyant à 39 kilomètres de distance. Le cadeau d'amitié de la France pour le centenaire de l'indépendance américaine est finalement arrivé avec dix ans de retard pour devenir le plus français des symboles américains.

Olivier Tosseri

La France n'a jamais fait la guerre au Mexique

FAUX

L'empereur Napoléon III, s'il est un partisan de la colonisation, refuse de se perdre dans la pampa. Pas question d'aller en Amérique.

Indépendant depuis 1821, le Mexique vit dans une instabilité politique chronique : pas moins de cinquante gouvernements différents en une quarantaine d'années. Les États-Unis en profitent pour s'emparer du Texas (1836), de la Californie et du Nouveau-Mexique (1846-1848). En 1858, accède au pouvoir le libéral Benito Juárez. Un traité signé avec l'Espagne promettait le règlement des dettes dues aux Européens, notamment les Anglais et les Français. Mais, les caisses étant vides, Juárez décide en juillet 1861 de suspendre les remboursements, ce qui pousse les banquiers à se retourner vers leurs gouvernements.

Napoléon III, toujours enthousiaste, décide de saisir cette occasion pour intervenir. La France pourrait installer au Mexique un régime à sa solde. Un empire latin et catholique qui rétablirait la stabilité, permettrait le développement économique et industriel du pays pour faire contrepoids aux États-Unis dont il se méfie. Il mettrait à sa tête Maximilien de Habsbourg, le plus jeune frère de François-Joseph, empereur d'Autriche. En lui proposant le trône mexicain, Napoléon III se rapprocherait de l'Autriche et lui offrirait une compensation pour la perte récente de la Lombardie. Enfin, l'ouverture d'un canal en Amérique centrale permettrait de nouvelles perspectives commerciales.

Le 31 octobre 1861 est signée à Londres une convention qui prévoit le déploiement d'un petit corps expéditionnaire au Mexique composé d'Espagnols, de 2 500 Français et de Britanniques. Cette intervention tripartite s'achève deux ans plus tard par le départ des Anglais et des Espagnols. Ne restent que les Français qui décident d'envoyer des renforts, notamment la Légion étrangère qui fait entrer la bataille de Camerone dans sa légende. Ils sont pourtant tenus en échec devant Puebla, sur la route de Mexico. L'Empereur envoie alors 26 000 hommes sous le commandement du général Forey secondé par Bazaine, qui entrent dans Mexico le 10 juin 1863. Le camp conservateur est rétabli, abolit la république et propose la couronne impériale à l'archiduc Maximilien qui l'accepte l'année suivante. L'armée française fait dès lors face à une guérilla menée par Juárez.

En 1865, les États-Unis débarrassés de la guerre de Sécession se font plus menaçants. Le retrait est alors inéluctable mais n'interviendra que le 5 février 1867 avec le départ du dernier navire français. L'aventure mexicaine aura coûté 6 654 morts et blessés à la France sur les 38 493 hommes engagés. L'empereur Maximilien, vite surnommé « l'Archidupe », refuse pourtant d'abdiquer. Fait prisonnier, il est fusillé le 19 juin 1867, concluant de manière tragique l'intervention française au Mexique.

Olivier Tosseri

Le dimanche a toujours été chômé

FAUX

La genèse dit que Dieu s'est reposé le septième jour de la semaine. Alors, depuis l'avènement du christianisme, c'est jour de repos.

Au tout début du XXe siècle, la loi du 13 juillet 1906 institue le dimanche en jour de repos obligatoire. L'origine de ce choix est religieuse et se trouve dans la Bible. On y lit effectivement qu'« au septième jour, Dieu conclut l'ouvrage qu'il avait fait et, au septième jour, il chôma » (Genèse, 2, 2). L'étymologie même du mot dimanche l'exprime, *dies Dominicus*, « jour du Seigneur ». Les premiers chrétiens, tout en observant le sabbat juif, célèbrent rapidement le dimanche, considéré comme le jour de la résurrection du Christ. Dès lors, l'Église ne va pas cesser de proclamer l'obligation d'adorer Dieu et d'assister ce jour-là à la messe. Sans reconnaissance légale, cependant, jusqu'à un édit de l'empereur Constantin en 321 qui fixe le jour du Seigneur comme jour férié dans l'Empire romain. Dans les faits, l'obligation d'assister à l'office religieux plus que l'obligation de repos hebdomadaire s'impose au fil du temps.

Au XVIIIe siècle, des philosophes développent tout un argumentaire économique en faveur du travail le dimanche. L'article qui lui est consacré dans *L'Encyclopédie* y vante l'activité, qui ne doit pas s'arrêter, pour l'enrichissement de tous. Pendant la Révolution française, le calendrier grégorien est supprimé et remplacé par un calendrier révolutionnaire qui institue des semaines de dix jours faisant disparaître le dimanche. La politique de déchristianisation menée vise à éradiquer toute référence religieuse. Le calendrier grégorien et le dimanche sont finalement rétablis par Napoléon en 1806.

Sous la Restauration, les Bourbons essaient d'imposer le repos dominical. Une « loi pour la sanctification du dimanche » est même promulguée en 1814, prévoyant des sanctions en cas de manquement, mais sans grand succès. Avec l'avènement de la monarchie bourgeoise de Louis-Philippe Ier en 1830, les sanctions ne sont même plus appliquées. La pratique du repos le dimanche recule particulièrement dans les régions industrialisées. Les ouvriers y voient un manque à gagner et les républicains anticléricaux le perçoivent comme un élément de l'« ordre moral ». En 1880, les lois de 1814 sont abolies. Le dimanche peut être travaillé comme tout autre jour ; l'employeur est libre d'accorder ou non un jour de repos hebdomadaire et de le fixer à sa convenance. Un mouvement de contestation apparaît cependant. Les catholiques sociaux défendent le caractère familial du dimanche et sont rejoints par certains députés de gauche. La loi est assouplie en faveur des femmes et des mineurs. Enfin, le 13 juillet 1906, une loi est votée, qui concède un jour de repos hebdomadaire. Le dimanche n'est accepté que parce que c'est le jour le plus communément accordé pour les femmes et les mineurs par les entreprises. Il perd de plus en plus son caractère religieux et la loi ne sera vraiment appliquée qu'après la Première Guerre mondiale. Le dimanche est désormais un acquis... mais jusqu'à quand ?

Olivier Tosseri

Les premiers dreyfusards sont de gauche

FAUX

Jean Jaurès, Jules Guesde, Georges Clemenceau... tous volent au secours du capitaine dès que l'affaire éclate.

Lorsque l'affaire éclate en 1894, la culpabilité du capitaine Alfred Dreyfus, accusé d'avoir livré des secrets militaires à l'Allemagne, ne fait de doute pour personne. L'opinion publique et la classe politique française sont unanimes pour condamner le « traître ». C'est d'ailleurs le titre d'un article du radical de gauche Georges Clemenceau dans le journal *La Justice* en 1894. Il va jusqu'à parler de « l'âme abjecte » de l'officier. Jean Jaurès non plus ne prend pas clairement position au début de l'affaire Dreyfus. Il fustige, dans un premier temps, la sentence de déportation au bagne prise par le Conseil de guerre, la jugeant trop clémente. Les « marxistes orthodoxes », dont Jules Guesde, ne voient pas la défense de Dreyfus comme prioritaire. C'est un officier bourgeois et le souvenir de la répression sanglante de la Commune de Paris est à l'origine de la méfiance du milieu ouvrier envers les militaires.

C'est dans un journal conservateur, *Le Figaro*, que la défense du capitaine juif commence à s'organiser. À l'origine étranger à la polémique, Zola commence à y être intéressé notamment par le vice-président du Sénat Auguste Scheurer-

Kestner. Cet Alsacien, convaincu de l'innocence de Dreyfus, élabore avec l'écrivain une stratégie de communication pour présenter à l'opinion publique les dessous de l'affaire. En 1897, trois articles paraissent dans *Le Figaro,* dont l'un se termine par « la vérité est en marche et rien ne l'arrêtera » qui deviendra le leitmotiv des drey-fusards. En janvier 1898, le commandant Walsin Esterházy, le véritable traître, est arrêté et jugé, pour être finalement acquitté. La condamnation de l'innocent et l'acquittement du coupable choquent Zola qui se décide à frapper un grand coup. L'opi-nion commence à se diviser, le clivage « droite/gauche » apparaît et c'est l'écrivain qui va le cris-talliser avec son article. Il le finit dans les quarante-huit heures qui suivent le verdict.

Mais *Le Figaro,* craignant de perdre la frange la plus conservatrice de son lectorat, décide de ne pas publier sa « Lettre à M. Félix Faure, président de la République ». Zola se tourne alors vers *L'Aurore* pour lequel travaille Georges Clemen-ceau, maintenant persuadé de l'innocence de Dreyfus. C'est lui qui trouve le titre plus percutant de « J'accuse... ». Zola cherche à faire prendre conscience de l'iniquité de la situation. Les 300 000 exemplaires du 13 janvier 1898 s'arra-chent en quelques heures. Cette première synthèse de l'affaire coûte à son auteur un procès en diffa-mation intenté par le gouvernement, la condamna-tion à la peine maximale d'un an de prison et 3 000 francs d'amende en première instance. Il se résigne à quitter la France pour l'Angleterre. La violence des débats lors du procès, et la campagne de presse suscitée autour, mettent l'affaire Dreyfus devant les yeux de l'opinion publique. Tout en divisant profondément la société française entre dreyfusards et antidreyfusards, le « J'accuse… » de Zola lance le train de la vérité qui ne s'arrêtera plus.

Olivier Tosseri

Histoire du XXᵉ siècle
La propagande se déchaîne

Attention, danger ! On croit tout savoir de ce siècle. Forcément, avec les images cinématographiques puis télévisées, les documentaires, les archives mises en ligne. Allez donc raconter cela aux historiens spécialistes de cette période. Vous verrez, comme nous, que vous n'êtes pas au bout de vos surprises. En voici quelques exemples probants.

---

6 DATES CLÉS

1905
Séparation de l'Église et de l'État en France : principe de la laïcité.

1916
Bataille de Verdun.

1944
Débarquement des Alliés en Normandie.

1962
Indépendance de l'Algérie.

1989
Chute du mur de Berlin.

1991
Première guerre du Golfe menée contre l'Irak.

Clemenceau a été président de la République

──── FAUX ────

Surnommé le Tigre, le grand homme politique a été l'hôte de l'Élysée.

Le Tigre, le Père la Victoire, n'a jamais été au cours de sa carrière politique, comme pourrait le laisser supposer son immense popularité, président de la République. Il sera candidat après la Première Guerre mondiale, mais sera battu par Paul Deschanel.

Né en 1841 en Vendée, fils d'un républicain convaincu arrêté et emprisonné après le coup d'État de Napoléon III, le jeune étudiant en médecine Georges Clemenceau s'installe à Paris et se lie avec le milieu intellectuel et artistique progressiste. Brillant, sportif, doté d'une énergie peu commune, il mène de front son activité de médecin et une carrière prometteuse de journaliste. L'homme dont on dira craindre la langue, l'épée et le pistolet fonde son premier journal en 1860. En 1869, il ouvre un dispensaire à Montmartre et se lie d'amitié avec une institutrice du quartier nommée Louise Michel. Au début de la Commune, en novembre 1870, il est nommé maire du 18e arrondissement, puis conseiller municipal du quartier de Clignancourt. Clemenceau fait partie des radicaux, situés à l'extrême gauche du parti républicain. Député de Paris, il démissionne le 1er mars 1871 et forme en avril la Ligue d'union républicaine pour la défense des droits de Paris. Considérés comme traîtres par les communards, méprisés par Thiers, ces républicains conciliateurs appelés les « neutres » tentent de s'interposer entre la Commune et le Gouvernement de Versailles. Ils ne seront pas entendus. Redevenu député de Paris en 1876, à présent chef de l'opposition de gauche, Clemenceau contribue à la chute des ministères Gambetta (1882) et Ferry (1885). Le « tombeur de ministères », battu au moment des élections de 1893 pour s'être compromis dans l'affaire du scandale de Panamá, est aussi convaincu de l'innocence du capitaine Dreyfus. L'homme de presse fait paraître 665 articles pour sa défense et invente le fameux « J'accuse » titrant l'article d'Émile Zola publié dans *L'Aurore* en 1898.

Ses prises de position le ramènent à la politique. Sénateur (1902), puis président du Conseil (Premier ministre) et ministre de l'Intérieur de 1906 à 1909, il se taille une réputation d'homme intransigeant en poursuivant la politique de séparation de l'Église et de l'État et, surtout en envoyant la troupe contre les mineurs du Pas-de-Calais. Le créateur des célèbres « brigades du Tigre » est désormais la bête noire des socialistes. Mais son farouche patriotisme lui vaut d'être rappelé par Poincaré à la tête du gouvernement en 1917. Clemenceau a soixante-seize ans, mais il est, de l'avis même du général Ludendorff, « l'homme le plus énergique de France » et ne ménage pas sa peine pour remonter le moral des poilus. Surnommé le Père la Victoire, il arpente bientôt les tranchées, guêtres au pied et canne à la main. Montant un jour sur le rebord d'un boyau, il crie à l'intention des lignes ennemies « Et on vous foutra dehors, entendez-vous ! ». L'indomptable Clemenceau s'est fait beaucoup d'ennemis à droite comme à gauche. Battu à l'élection présidentielle de 1920, il consacre les dernières années de sa vie à effectuer de lointains voyages. Le « Vieux » s'éteint à quatre-vingt-huit ans.

Véronique Dumas

Le poilu
est un soldat barbu

FAUX

Impossible de se laver et de se raser dans les tranchées de 14-18. Alors les combattants se retrouvaient bien vite avec une barbe hirsute, d'où leur surnom.

Parmi nos poilus de la Première Guerre mondiale certains jeunes étaient parfaitement imberbes. Ce n'est donc pas de pilosité qu'il est question, mais de courage. Dans le langage familier, le terme « poilu » désignait quelqu'un de courageux, un homme fort que l'on admire. Un nombre important d'expressions déclinent le poil pour parler de bravoure. Au XVIIᵉ siècle, on trouve chez Molière l'expression « brave à trois poils » qui désigne un homme d'une bravoure éprouvée. Avoir du poil aux jambes, au menton et même aux yeux, pour ne pas parler d'autres parties du corps, est symbole de virilité.

Le linguiste Albert Dauzat (1877-1955), auteur de *L'Argot de la guerre, d'après une enquête auprès des officiers et soldats*, publié en 1918, revient sur l'étymologie de l'emploi du mot poilu dans le contexte militaire. Avant d'être le soldat de Verdun, de la bataille de la Marne et des tranchées, le poilu est le grognard d'Austerlitz. « Ce n'est pas l'homme à la barbe inculte, qui n'a pas le temps de se raser, ce serait trop pittoresque, c'est beaucoup mieux : c'est l'homme qui a du poil au bon endroit, pas dans la main ! »

Balzac, dans *Un médecin de campagne*, parle de poilus assez forts pour bâtir un pont sur la Berezina en 1812. Un siècle avant la Grande Guerre, le poilu est donc soit un soldat intrépide, qui n'a peur de rien, soit un homme tout court. C'est cependant à partir de la guerre de 14-18 que le mot renvoie exclusivement au langage militaire. Il veut dire le soldat héroïque et combattant, par opposition au « planqué » ou à l'« embusqué » de l'arrière.

Une version populaire attribue aux conditions de vie difficiles dans les tranchées l'origine de cette appellation. Sans possibilité de se raser, les soldats se seraient laissé pousser la moustache et la barbe et, de retour pendant les permissions, auraient paru « poilus ». Ils n'étaient pourtant désignés par ce terme que par les journalistes et par la propagande qui exalta rapidement la figure du combattant luttant avec acharnement pour la Patrie. Ce surnom n'était pas utilisé sur le front. Entre eux, les soldats s'appelaient « biffins » ou « bonshommes ». Leur surnom de poilu devint si populaire et évocateur qu'il désigna exclusivement, dès la fin du premier conflit mondial, ses combattants.

Olivier Tosseri

Pétain était général avant la guerre de 1914

FAUX

Le vainqueur de Verdun, qui deviendra maréchal de France en 1918, puis chef de l'État français sous Vichy, était général avant la Première Guerre mondiale.

Le vainqueur de Verdun n'est pas encore général à la veille de la Grande Guerre. Il n'est que colonel et s'apprête à l'âge de cinquante-huit ans à prendre sa retraite.

Né à Cauchy-à-la-Tour dans le Pas-de-Calais en 1856, au sein d'une famille d'agriculteurs aisés, Henri Philippe Omer Pétain est fasciné dans son enfance par les récits de son oncle, l'abbé Lefèvre, un ancien de la Grande Armée de Napoléon. Également impressionné par la guerre de 1870, le jeune homme décide de devenir soldat. Élève appliqué des dominicains, il intègre ensuite Saint-Cyr en 1876 dans les derniers et en sort 229e sur 336, un rang modeste témoignant pourtant de sa persévérance. En dépit des progrès effectués, sa carrière militaire s'annonce plutôt terne. Discret, ne prenant part à aucune des grandes affaires politiques de l'époque, Pétain obtient le grade de lieutenant à l'ancienneté en 1883. Commandant en 1900, affecté à l'École de tir de Châlons, il n'y reste que six mois en raison d'un désaccord avec sa hiérarchie sur la stratégie à adopter. La doctrine militaire de l'époque prône l'intensité du tir sur sa précision et ne jure encore que par les charges de cavalerie et les attaques à la baïonnette au son des tambours. Pétain dénonce ces procédés dépassés datant du Premier Empire. À l'époque naissante des fusils, des canons à tir rapide et des mitrailleuses, il croit au contraire en la précision des tirs et à l'utilisation de l'artillerie lourde pour permettre ensuite la progression de l'infanterie. Chargé d'enseigner la tactique de l'infanterie à l'École de guerre, le lieutenant-colonel, puis le colonel Pétain se distingue aussi lors des grandes manœuvres par ses qualités dans l'action. « Précis le Sec », son surnom d'instructeur, est partisan de l'offensive, mais pas à n'importe quel prix, surtout celui des vies humaines. Ses idées vont à l'encontre de celles des états-majors, partisans de l'offensive à outrance. En juin 1914, le colonel Pétain, au terme d'une lente carrière, se prépare à se retirer de l'armée. Le ministre de la Guerre vient de refuser sa nomination au grade de général.

Le 28 juin, l'archiduc héritier François-Ferdinand d'Autriche est assassiné. Pétain ne pense plus à la retraite. La guerre va changer le cours de son destin. Promu général de brigade après s'être illustré en Belgique, il est nommé général de corps d'armée et remporte des victoires en Artois. Sa prudence et son souci d'épargner la vie de ses soldats le singularisent. En 1916, chargé du secteur de Verdun, il en organise la défense et devient le « vainqueur de Verdun ». L'année suivante, après l'échec désastreux des offensives de Nivelle, il est nommé commandant en chef de l'armée française et est chargé de faire cesser les mutineries par une répression étendue. Il les réprime en effet, mais avec une certaine modération, et prend des mesures pour améliorer les conditions de survie des poilus.

Fait maréchal de France en novembre 1918, Pétain est auréolé d'un prestige considérable. Ministre de la Guerre du cabinet Doumergue en 1934, son immense popularité, toujours vivace, fera de lui l'homme providentiel au lendemain de la défaite de 1940. Le nouveau chef de l'État français, responsable de la politique de collaboration avec Hitler, sera alors âgé de quatre-vingt-quatre ans.

Véronique Dumas

Les officiers de 14-18 étaient des planqués

FAUX

Bien à l'abri dans leurs casemates ou, mieux, dans les bureaux de leurs états-majors, ils n'ont pas affronté l'horreur de la guerre.

Comme le reste des troupes, ils subissent les horreurs de la guerre. Des hommes en viennent à se mutiner en 1917, et le chef de bataillon de la Bastide d'entendre : « Vous vous êtes battus comme nous, nous ne voulons pas vous faire de mal, mais on en a assez. » Cette anecdote illustre bien le sort d'officiers qui furent, sur le front de l'Ouest, les cadres de la guerre.

Ainsi que la plupart des Français à l'été 1914, ces officiers – d'active ou de réserve – sont résolus à combattre, pour certains avec enthousiasme. Les premières offensives provoquent de véritables hécatombes dans leurs rangs. Le colonel Charles de Gaulle note ainsi que « dans l'infanterie, parmi les officiers de carrière, un sur deux est mort ou estropié dès la fin de 1915 ». Bientôt les armées se terrent dans les tranchées pour plus de trois ans. L'officier, à l'image de ses hommes, en connaît les duretés. En janvier 1915, dans le secteur de Champagne, le général Fayolle perd en moyenne vingt-trois hommes par jour dans les assauts répétés sur les lignes de l'ennemi. En dehors de la mort, les officiers de 14-18 ont pour compagnons la boue, le froid, les vermines. S'ils l'expriment plus rarement, la peur les hante. Le capitaine Constantin Weyer, blessé, s'exprime ainsi : « Pour la première fois de ma vie, j'étais sans défense contre l'angoisse. Saisi, griffé, meurtri par le désespoir. » L'officier français fait donc la guerre ! Cette communauté combattante a perdu près d'un sixième de ses effectifs, morts soit au champ d'honneur, soit dans des hôpitaux – soit 36 000 gradés sur 193 000. Bien sûr, des différences existent entre les officiers d'aviation (10 % de morts) et ceux de l'infanterie (25 %). Cette proportion mérite d'être comparée au nombre des soldats français tombés au front, 16 % d'un contingent de 8 millions d'individus. En cela, les officiers ont eu autant de pertes que les autres soldats.

Il n'empêche, l'image des officiers planqués perdure. Elle naît pendant la guerre et se développe ensuite. Elle vise les officiers de liaison, protégés du feu des assauts. Estimant appartenir à une élite, ils regardent avec mépris les troupes endurer les épreuves, sans être à leurs côtés. S'y ajoute l'image des chefs d'état-major et des généraux réfugiés loin du front, ordonnant des offensives et se faisant gloire dans les salons du nombre de morts qu'elles ont causées. Alors que les populations communient dans le deuil, fustigeant ceux qui ont échappé aux combats, la critique contre les généraux s'étend à tous les officiers en en faisant ainsi dans l'imagerie populaire des planqués, plus aptes à demander le sang qu'à le donner.

Olivier Tosseri

Le peuple russe a soutenu Lénine

La population ne descend pas dans les rues lors des journées décisives d'octobre à Petrograd, la capitale. Selon Trotski lui-même, à peine quelques milliers de soldats, de marins et de gardes rouges (les milices ouvrières) participent directement au coup d'État aboutissant à la prise du pouvoir par les bolcheviks. Le nombre dérisoire des victimes (moins d'une dizaine) atteste de la facilité des opérations. En comparaison, 1 433 personnes, selon les chiffres officiels, ont été tuées à Petrograd au moment des insurrections spontanées de février.

En février 1917, les grands leaders révolutionnaires sont tous en exil et pris de court par les événements. Lénine se trouve alors à Zurich et Trotski à New York. Les négociations entre la douma et le soviet (assemblée élue de travailleurs) représentant les différentes tendances révolutionnaires, bolcheviques, mencheviques et socialistes révolutionnaires, se déroulent sans eux. Pour les soviets, alors dominés par des socialistes modérés, l'heure est à la révolution bourgeoise, première étape avant la révolution prolétarienne. Un compromis, conclu le 2 mars 1917, donne lieu à la formation

354

d'un gouvernement provisoire. Ministre de la Justice, Alexandre Kerenski est le seul représentant du soviet à avoir accepté un poste ministériel. L'abdication de Nicolas II sonne la fin de la dynastie des Romanov et la *Marseillaise*, hymne du nouveau régime, retentit dans les rues de toutes les villes du pays.

De Zurich, Lénine, contre l'avis de la majorité du parti bolchevique, exige la rupture immédiate entre le soviet et le gouvernement. Pour lui, il est temps de passer à la deuxième phase, celle de la révolution prolétarienne, et de mettre fin à la guerre « impérialiste ». Les Allemands, comptant sur sa force de déstabilisation, favorisent son retour en Russie. Le 4 avril, celui-ci présente à Petrograd ses « Thèses d'avril » à une majorité de dirigeants bolcheviques hostiles. Le 18 juin, l'échec de l'offensive russe sur le front austro-hongrois menée par le nouveau ministre de la Guerre Kerenski, pâle « Bonaparte russe », contribue à discréditer le régime tandis que les tensions sociales s'exacerbent. En juillet, soldats et ouvriers se soulèvent. Les bolcheviks semblent dépassés par la violence des émeutes. Kerenski, à la tête d'un gouvernement de salut révolutionnaire, pense avoir réussi à extirper le « jacobinisme bolchevique ». Toujours actif dans la clandestinité, celui-ci réapparaît pour mettre un terme à la lutte pour le pouvoir entre le général Kornilov et le civil Kerenski, à l'avantage provisoire de ce dernier. Entre-temps le pays s'est enfoncé dans le chaos. Pourtant, les bolcheviks sont loin de rallier tous les mécontents. Leur parti ne compte alors au mieux que deux cent mille adhérents. De son exil finlandais, Lénine lance des appels à l'insurrection, sans attendre une hypothétique majorité en faveur des bolcheviks. L'assaut est lancé le 25 octobre dans les rues vides de Petrograd. Le palais d'Hiver est pris presque sans combat. Le 26, le coup d'État est terminé.

Véronique Dumas

Les Américains signent la paix en 1919

Le Sénat américain n'a pas ratifié le Traité de Versailles dont l'un des principaux artisans avait été le président des États-Unis Woodrow Wilson. Voulant rompre avec l'isolationnisme traditionnel de son pays, il l'engage en 1917 dans le conflit qui ravage l'Europe depuis déjà trois ans. Le 8 janvier 1918, il adresse un message au Congrès américain devant servir de base de travail à la conclusion et au maintien futur de la paix. Ce « discours des quatorze points » réclame notamment la création d'une « Société des Nations » (SDN) pour éviter les conflits et garantir la stabilité internationale.

Le 18 janvier 1919 s'ouvre à Paris la Conférence de la paix dont les travaux sont menés par un « directoire » composé du Français Georges Clemenceau, du Britannique Lloyd George, de l'Italien Vittorio Orlando et de l'Américain Woodrow Wilson. Ce dernier prend une part active dans l'élaboration du traité de paix, largement inspiré de ses quatorze points, avec la création de la SDN qui lui tient particulièrement à cœur. Signé à Versailles le 29 juin 1919, le texte est ensuite soumis à ratification parlementaire dans les différents pays signataires. Le 19 novembre 1919, le Sénat américain le rejette en première lecture. Des amendements auraient nécessité la réouverture de négociations avec les Alliés mais auraient pu vaincre les réticences. Woodrow Wilson s'y refuse pourtant et veut le faire adopter tel quel. Il se lance donc dans une vaste tournée à travers tout le pays pour promouvoir le traité. De santé fragile, il s'épuise et est victime d'une attaque cérébrale qui le laisse à moitié paralysé. Il termine son mandat reclus dans la Maison Blanche, ne communiquant avec l'extérieur que par l'intermédiaire de sa femme et de quelques fidèles qui transmettent ses messages. Il ne désespère cependant pas de faire approuver « sa paix » et sa « Ligue des Nations ». Mais, alors que la France et la Grande-Bretagne auraient été prêtes à consentir à quelques modifications, il s'obstine dans son intransigeance pour faire adopter le texte en l'état. Le Sénat le réexamine le 19 mars 1920 pour le rejeter à nouveau, à sept voix près pour atteindre la majorité des deux tiers. Dernier espoir pour Woodrow Wilson, celui de le faire plébisciter quelques mois plus tard lors de l'élection présidentielle de novembre 1920 qui doit désigner son successeur. Mais son candidat James Cox est battu par le républicain Warren Harding.

Les États-Unis ne reconnaissent donc pas la garantie donnée à leurs alliés pour le respect du traité et signent alors une paix séparée avec l'Allemagne, l'Autriche et la Hongrie en août 1921. Mais, surtout, ils n'adhèrent pas à la SDN dont ils sont pourtant à l'origine et qu'ils vouent ainsi à l'échec. Ils renoncent à l'internationalisme wilsonien pour retourner à un isolationnisme dont ils ne sortiront qu'au cours du second conflit mondial, avec le président Franklin Delanoe Roosevelet qui accomplira le rêve de son prédécesseur en créant, le 26 juin 1945, l'Organisation des Nations unies (l'ONU) dont le siège est à New York. Elle existera officiellement le 24 octobre, prête à délibérer.

Olivier Tosseri

Mussolini
a toujours été de droite

FAUX

Benito Mussolini, devenu le Duce, à la tête de la dictature fasciste en Italie a combattu la gauche toute sa vie.

Fils d'un maréchal-ferrant-cafetier et d'une institutrice, il naît le 29 juillet 1883 sous le signe du Lion à Dovia-Predappio, un village de Romagne, province connue pour ses fortes traditions révolutionnaires, au sein d'une famille cultivée se situant entre le prolétariat et la petite bourgeoisie provinciale. Exagérant la pauvreté de sa jeunesse, il fera de ses origines « plébéiennes » un élément de sa légende personnelle. Militant socialiste révolutionnaire très actif, le père de Benito, fiché comme « dangereux pour la société et la sécurité publique », compte bien voir ses deux fils reprendre le flambeau de la lutte pour l'avènement d'une société libertaire, républicaine et anticléricale. Le futur *Duce* lui doit son prénom, hommage à Benito Juárez, le président de la République mexicaine qui fera fusiller l'empereur Maximilien, soutenu par Napoléon III.

Le jeune Benito, élève moyen et rétif à l'autorité, devenu instituteur, enseigne quelque temps mais, faute de poste, s'expatrie en Suisse et entre en contact avec le groupe socialiste de Lausanne. Ses activités de journaliste, de militant et surtout d'agitateur politique lui valent d'être expulsé de Suisse vers l'Italie. Il y retourne aussitôt et reprend ses fonctions de syndicaliste révolutionnaire. En 1904, il rentre définitivement en Italie. À nouveau professeur, journaliste et militant, il se fait remarquer par les instances socialistes de Romagne. Désormais secrétaire d'une fédération socialiste locale et directeur de *La Lotta di classe*, Mussolini se distingue à la tribune du congrès de Milan par ses imprécations au point que les témoins de ces interventions le qualifient de « fou » et d'« épouvantail ». En septembre 1911, les adversaires de la guerre en Libye, déclenchée à l'improviste, se heurtent violemment aux forces de l'ordre. Mussolini est arrêté comme meneur des socialistes révolutionnaires et assure sa propre défense. Après cinq mois passés sous les verrous, le chef des socialistes romagnols repart à l'assaut. Il veut s'imposer comme le leader à l'échelle nationale de la fraction intransigeante du Parti. Directeur du journal L'*Avanti !*, tête de pont du PSI, et principal dirigeant du Parti, il se déclare, en 1914, pour l'intervention de l'Italie aux côtés des Alliés. Cette prise de position lui vaut d'être exclu du camp des socialistes. Avec l'aide financière de la presse conservatrice et des milieux d'affaires italiens, puis des fonds secrets français, il crée son propre journal, *Il Popolo d'Italia*. La rupture est consommée avec le socialisme.

À son retour du front, il fonde les Faisceaux italiens de combat, bientôt transformés en Parti national fasciste. En 1922, le Duce, parvenu à la tête de l'Italie avec l'appui des classes dirigeantes, a atteint son but, le pouvoir suprême. Deux ans plus tard, la dictature fasciste est instaurée.

Véronique Dumas

Churchill
a toujours été conservateur

—— **FAUX** ——

Premier ministre britannique à la ténacité féroce face aux forces de l'Axe pendant la Seconde guerre mondiale, Winston Churchill a toujours été conservateur.

Sir Winston Leonard Spencer Churchill (1874-1965), descendant d'une des plus illustres lignées anglaises, les ducs de Marlborough, et fils d'un dirigeant du parti conservateur, ancien chancelier de l'Échiquier, est connu pour son franc-parler et sa combativité. Il a toujours fait preuve d'une indépendance d'esprit et d'une audace peu communes. Jeune homme, il est du genre « tête brûlée » et assure, même pendant ses périodes de service comme officier de cavalerie, des missions de correspondant de guerre aux Indes, à Cuba, puis en Afrique du Sud pendant la guerre des Boers. La politique « presque aussi excitante que la guerre et tout aussi dangereuse » est pour lui un autre terrain de jeu. Élu député conservateur en 1901, à vingt-cinq ans, il se distingue en prenant position contre des initiatives du gouvernement conservateur au point de rompre bientôt avec son parti et d'être mal reçu dans ses clubs, la pire chose pouvant arriver à un membre de l'establishment britannique. Deux ans plus tard, le renégat passe au parti libéral. Après les élections de 1906 marquant l'effondrement des conservateurs, Winston Churchill occupe des postes ministériels de plus en plus importants.

Il soutient la réforme financière de Lloyd George et sa « supertax ». Les protestations des possédants, et en particulier des ducs, excitent sa verve : « Un duc complètement équipé coûte aussi cher à entretenir que deux cuirassés ; il est aussi dangereux que deux cuirassés et il dure plus longtemps. » Les Anglais en redemandent. Churchill avec son chapeau trop petit, ses cols durs échancrés surmontant un nœud papillon, devient très populaire. Plus tard, le célèbre cigare viendra compléter cette silhouette immédiatement reconnaissable.

En 1911, le Très Honorable Winston Churchill est nommé Premier lord de l'Amirauté. Très actif dans la préparation de la guerre, il préconise de forcer le détroit des Dardanelles. L'échec de l'expédition lui est imputé et il démissionne en novembre 1915. La dépression guette cet hyperactif. Le lieutenant-colonel Churchill part bientôt pour le front et y reste jusqu'en mai 1916. En 1917, son vieil ami Lloyd George le nomme ministre des Munitions, puis ministre de la Guerre. Ses invectives contre les bolcheviks ont dressé contre lui le parti libéral d'ailleurs en perte de vitesse. Churchill a horreur des causes perdues. Battu aux élections de 1922 comme libéral, il revient à la Chambre des communes en 1924 dans le camp des conservateurs et est nommé chancelier de l'Échiquier. En 1929, la défaite des conservateurs le tient pour dix ans éloigné du pouvoir. L'entrée en guerre de l'Angleterre le ramène sur la scène politique internationale. Dans les rues de Londres, d'immenses portraits de lui proclament « Winston au pouvoir ! ». Quand ils apprendront sa nomination comme Premier lord de l'Amirauté, tous les navires du roi sur toutes les mers du globe vont se transmettre le même message : « *Winston is back !* ». Churchill se lance dans la bataille, la plus difficile de toutes. À sa mort, bien après la fin de la guerre, l'Angleterre fera à ce géant des obsèques nationales.

Véronique Dumas

? On ne s'est pas battu en juin 1940

FAUX

Partout, sur tous les fronts, dans le Nord ou dans les Alpes, ce sont les mêmes scènes de débâcle. L'armée française, apeurée, bousculée, en sous-effectifs, se rend.

Entre le déclenchement de la guerre en mai et la signature de l'armistice de juin 1940, plus de 2 500 soldats meurent chaque jour. Ce chiffre seul témoigne de l'intensité des combats. Certes, durant les premiers temps du conflit, du 10 au 28 mai, les armées françaises, britanniques et belges sont mises en pièces. À la fin du mois de mai, la situation se révèle dramatique, avec les capitulations de la Hollande et de la Belgique, auxquelles s'ajoute l'évacuation à Dunkerque des troupes britanniques et de 115 000 Français.

Sur un front s'étendant de la mer du Nord à Verdun, un sursaut national se produit. Les lieux sont symboliques : tels leurs pères, les recrues affrontent l'ennemi sur la Somme et l'Aisne. Le patriotisme prend toute sa vigueur. Un canonnier du secteur de Boulay écrit le 27 mai : « J'aimerais mieux rester sur le canon que de voir un char franchir la ligne Maginot. » Ce réveil des armées n'est pas seulement verbal, il s'inscrit dans les combats. Les exemples de troupes s'engageant pour repousser l'ennemi sont multiples. Ainsi, les 5 et 6 juin, au moment où Rommel lance une offensive générale sur le front de la Somme, les ardeurs nouvelles produisent leur effet. Et même si les 9ᵉ et 10ᵉ Panzerdivision enfoncent le front devant Amiens, elles perdent 120 chars sur 180. Loin d'être découragées, malgré une avance allemande au-delà de la Somme, de nombreuses troupes font œuvre de bravoure jusqu'au 21 juin. Alors que Paris vient d'être conquis, les Cadets de Saumur empêchent les Allemands de franchir la Loire en tenant les ponts. De même, dans les Alpes, le 10 juin, à la grande fureur de Mussolini, les 550 000 Italiens lancés à l'assaut d'une France supposée affaiblie sont battus par une armée de 80 000 hommes seulement. L'idée qu'on ne s'est pas battu en juin 1940 est née d'un consensus. Ni le gouvernement de Vichy ni les vainqueurs, Forces françaises libres (FFL) ou de l'intérieur (FFI), n'ont eu un quelconque intérêt à modifier cette vision qui s'est enracinée.

Les raisons du maréchal Pétain sont simples. Tout d'abord, son discours du 17 juin 1940 avait provoqué l'effondrement de l'armée : les soldats, pensant le cessez-le-feu signé, déposent les armes. Plus d'un million d'entre eux sont faits prisonniers en trois jours. À ce premier motif, s'ajoute le principe fondateur de l'État français (du nouveau régime établi le 10 juillet 1940) : la civilisation du loisir née et développée dans l'entre-deux-guerres a conduit la nation – qui a refusé de se battre – vers la catastrophe de 1940. FFL et FFI ne font que renforcer cette idée.

Pour de Gaulle, cette vision de la campagne de juin 1940 supposerait qu'il ait existé un commandement efficace, une bonne organisation et un usage raisonné de « la force mécanique ». Ce serait remettre en cause son analyse du 18 juin 1940, que la France a perdu la bataille à cause du manque de combativité de ses troupes. Dans leur volonté de condamner la IIIe République, les résistants masquent le réveil patriotique de 1939-1940, qui les contredirait. De ce consensus émerge cette idée reçue qui va perdurer pendant de nombreuses années.

Matthieu Rey

? Laval était fasciste

───── **FAUX** ─────

Principal artisan de la politique de collaboration avec le régime nazi, Pierre Laval a toujours été un militant d'extrême droite convaincu.

Pierre Laval (1883-1945), né à Châteldon, dans le Puy-de-Dôme, à une vingtaine de kilomètres de Vichy, l'homme qui liquide la République en 1940, en faisant voter par le Parlement issu des élections du Front populaire l'attribution des pleins pouvoirs au maréchal Pétain, n'a jamais été fasciste. Archétype des hommes politiques de la IIIe République, il débutera à l'extrême gauche, puis se repliera sur le centre gauche avant de terminer sa trajectoire à droite. Laval n'a pas participé au 6 février 1934 et ne sera jamais membre de l'Action française ou des ligues d'extrême droite. Dès les années 1920, il apparaît plus comme un opportuniste roublard, obsédé par sa réussite sociale, que comme un homme de conviction politique.

Ce fils d'aubergiste auvergnat, élève, puis étudiant studieux, devient avocat au barreau de Paris à vingt-quatre ans. Proche de la gauche révolutionnaire et pacifiste, il plaide pour les syndicats, mais ne tarde pas à élargir sa clientèle et dirige un cabinet prospère. Pour l'heure, membre de la SFIO depuis 1905, il est élu en 1914 député socialiste d'Aubervilliers, puis maire (1923) de cette commune, choisie pour sa forte densité de population auvergnate. Il le restera jusqu'en 1940. Son pacifisme militant lui vaut d'être battu aux élections de 1919, mais il est réélu député en 1924 comme socialiste indépendant, puis se déclare sans étiquette, détaché de toute formation politique. Élu sénateur en 1927, il va jouer un rôle croissant dans la vie parlementaire. En 1931, le *Times*, magazine américain, le désigne comme l'homme de l'année. Il vient de rencontrer le président des États-Unis, Herbert Hoover. Celui qui se vante encore en 1924 de n'avoir qu'une tare, être auvergnat, se trouve à présent au premier plan de la politique française comme ministre, notamment à l'Intérieur ou aux Affaires étrangères, et comme président du Conseil (janvier 1931-janvier 1932/juin 1935-janvier 1936). Laval a confiance en lui au point de mépriser ses adversaires. Il écoute sa « voix intérieure » et prend, seul, ses décisions, même mauvaises. Toujours pacifiste, il veut éviter la guerre à tout prix. En 1935, sa politique extérieure, confuse, en pleine expansion des régimes fascistes, est dénoncée par Léon Blum. Celui-ci le traite à la Chambre de « maquignon » et lui déclare « Vous avez tout altéré par la combinaison, l'intrigue et l'entregent […]. Par vos petits moyens, vous avez accumulé de formidables conséquences ». Quant à sa politique de déflation par diminution des salaires, elle porte au pouvoir le Front populaire en 1936. Laval, déjà violemment anticommuniste, en gardera une haine tenace contre les « socialo-communistes » et dira de la Chambre du Front populaire : « Elle m'a vomi, je vais la vomir à mon tour. » De janvier 1936 à mai 1940, il est tenu à l'écart du pouvoir, mais garde ses fonctions de sénateur. Le futur homme fort du régime de Vichy, propriétaire de journaux et d'une station de radio, homme d'affaires avisé à la tête d'une coquette fortune, a déjà en main les armes de son retour au pouvoir. La défaite de 1940 sera pour Laval l'occasion de prendre sa revanche politique.

Véronique Dumas

Laval adopte les lois antisémites sous la contrainte des Allemands

FAUX

Les lois antisémites qui ont été appliquées en France sous le régime de Vichy l'ont été sous la pression intransigeante des nazis. D'ailleurs, Pierre Laval lui-même y a été contraint.

Le 23 juin 1940, Pierre Laval fait son retour au gouvernement comme vice-président du Conseil et reprend l'initiative. Selon lui, la France à genoux a besoin d'un régime autoritaire lui permettant de négocier avec l'Allemagne et de se relever. En juillet 1940, sous sa pression, les parlementaires votent eux-mêmes l'abolition du régime. Très vite, Laval fait promulguer les premières lois d'exception, aboutissant, de fait, à la disparition des Droits de l'homme. Le 3 octobre, avant même l'entrevue de Pétain et d'Hitler à Montoire (24 octobre), marquant l'engagement officiel de la France dans la voie de la collaboration avec l'Allemagne nazie, le Conseil des ministres de Vichy décrète une série de mesures restrictives instituant un statut des Juifs. D'autres suivront en juin 1941. Laval n'a donc pas adopté les lois antisémites sous la contrainte des Allemands. En mars 1941, un Commissariat général aux questions juives, chargé de veiller à l'application de la législation antijuive, est créé. Laval, renvoyé par le maréchal Pétain en décembre 1940, n'en est pas l'initiateur. Mais, revenu au pouvoir en avril 1942 à la demande des Allemands, il radicalise sa politique de collaboration et déclare dans un discours tristement célèbre : « Je souhaite la victoire de l'Allemagne parce que sans elle le bolchevisme demain s'installerait partout. » Dans le cadre de la mise en place de la « solution finale », la Gestapo a prévu la déportation de tous les Juifs de plus de seize ans vivant en France, zone libre comprise. Le concours des forces de police en zone occupée et la collaboration du gouvernement de Vichy en zone libre sont nécessaires à la mise en place des opérations de déportation. En juillet 1942, Laval, allant au-delà des exigences allemandes, propose de livrer les Juifs étrangers et leurs enfants de moins de seize ans vivant en zone non occupée en échange de l'exemption des Juifs français des deux zones. Aucune confirmation écrite ne viendra jamais officialiser la prétendue promesse des Allemands et des milliers de Juifs, étrangers ou français, seront bientôt déportés sans discernement. Les 16 et 17 juillet 1942 a lieu à Paris, avec la participation de neuf mille policiers et gendarmes français, la rafle du Vél' d'Hiv, la plus importante réalisée en France pendant l'Occupation, grâce à l'insistance de Pierre Laval et à l'organisation sans faille de René Bousquet, le secrétaire général de la police nationale. En août 1944, alors que les Alliés approchent de la capitale, Laval est transféré par les nazis en Allemagne. « Comment ai-je pu me tromper à ce point ! » dira-t-il à l'un de ses collaborateurs en lisant un rapport sur la conférence de Yalta en février 1945. Autorisé par les autorités allemandes en déroute à se réfugier en Espagne en mai, il y est arrêté et remis au gouvernement provisoire du général de Gaulle. Condamné par la Haute Cour de justice en octobre 1945 pour « haute trahison », il est condamné à mort et tente de se suicider au cyanure. Sauvé pour être emmené au peloton d'exécution, Laval, qui a avoué ne rien regretter et avoir agi pour le bien de la France, est fusillé le 15 octobre.

Véronique Dumas

Franco est l'allié militaire du IIIᵉ Reich

FAUX

Le Caudillo connaît bien Hitler à qui il doit beaucoup. Et lorsque les deux hommes se réunissent au début de la guerre, c'est bien pour signer un traité d'alliance.

L'Espagne franquiste n'est pas entrée officiellement et de manière active aux côtés de l'Allemagne nazie pendant la Seconde Guerre mondiale. Pourtant, Franco doit en grande partie son pouvoir à Hitler et à Mussolini qui l'ont aidé pendant la guerre civile espagnole. Le IIIᵉ Reich a notamment envoyé 16 000 hommes, des chars et la tristement célèbre Légion Condor, unité d'aviation qui a participé au bombardement de la ville de Guernica. Au défilé organisé par Franco pour célébrer sa victoire en 1939, un bataillon de chemises noires italien ouvre le cortège qui est fermé par des soldats de la Légion Condor. Une alliance entre les deux dictatures semble donc aller de soi. Et pourtant il n'en est rien. Le Caudillo ne rejoint pas « l'Axe » Berlin-Rome qui se constitue en 1937, pas plus qu'il ne signe le pacte tripartite du 27 septembre 1940 qui unit l'Allemagne, l'Italie et le Japon. Il rencontre cependant Hitler en gare d'Hendaye le 23 octobre 1940 avant que le Führer ne s'entretienne le lendemain à Montoire avec Pétain.

L'entrevue ne débouche sur aucune alliance effective. Outre le fait que le dictateur espagnol irrite son homologue allemand en le faisant attendre et que les officiers du Reich jugent médiocres les capacités stratégiques de leurs interlocuteurs ibériques, Franco présente une longue liste de demandes préalable à toute intervention militaire. C'est qu'il rechigne à lancer l'Espagne dans un nouveau conflit alors que le pays sort à peine de la guerre civile. Non idéologue, il est réticent face au nazisme et craint avant tout les pressions économiques des alliés, notamment le ravitaillement et l'approvisionnement en pétrole qui lui vient d'Amérique du Nord. Les partisans d'une intervention militaire aux côtés du IIIe Reich sont pourtant bien présents dans l'entourage proche de Franco. C'est le souhait de Ramón Serrano Súñer, son ministre des Affaires étrangères et beau-frère. Le soutien à Berlin est néanmoins réel et se manifeste par d'autres moyens. 100 000 ouvriers espagnols sont recrutés pour travailler en Allemagne, le tungstène indispensable à l'industrie d'armement allemande lui est fourni, les ports espagnols sont ouverts aux navires allemands pour qu'ils puissent se ravitailler et être réparés et les services secrets des deux pays collaborent.

Des militaires seront cependant finalement envoyés. 18 000 volontaires regroupés dans la Division Bleue ou Division Azul ainsi qu'une escadrille participeront, dès 1941, aux combats sur le front de l'Est. Les rescapés se réuniront à la fin de la guerre et rejoindront les SS. Franco insistera sur le fait que ces soldats étaient des volontaires et non des membres de l'armée régulière. Il préférera parler de « non-belligérance » de l'Espagne, attitude intermédiaire entre la neutralité et la participation à la guerre. La résistance de la Grande-Bretagne, l'entrée des États-Unis dans le conflit et l'effondrement de l'Italie fasciste en 1943, le conforteront dans son choix.

Olivier Tosseri

Hitler
n'avait pas de famille

FAUX

Orphelin très jeune, Adolf Hitler, qui deviendra le Führer, était sans famille.

Cette image de grand chef, aux ascendances mystérieuses et sans attaches familiales, a été soigneusement entretenue par Hitler lui-même. Durant toute son existence, celui-ci s'est efforcé d'idéaliser sa propre image, de s'entourer d'un voile de mystère propice à l'édification de sa mythologie personnelle et de dissimuler ses origines. Hitler veut jouer à la perfection le rôle de sa vie, celui du *Führer*, détaché des basses préoccupations terrestres. Les Allemands ne découvriront l'existence de sa maîtresse, Eva Braun, qu'à la fin du IIIe Reich.

L'arrière-plan familial d'Hitler apparaît, il est vrai, singulièrement compliqué. Adolf Hitler naît le 20 avril 1889 à Braunau, en Autriche. Ses ancêtres paternels et maternels viennent d'une province de Basse-Autriche, une région boisée et enclavée, connue pour la consanguinité de sa population. Le père d'Adolf, Aloïs, a changé de nom en 1876. Né Schicklgruber, du nom de sa mère célibataire, il est enfin légitimé, à la quarantaine, par la famille de son père biologique. Aloïs Hitler a réussi à s'élever dans l'échelle sociale. Fonctionnaire des Douanes, il mérite à présent de perpétuer le nom de son père légitime. Si le salut hitlérien avait été *Heil Schickelgruber*, la face du monde en aurait été assurément changée. Aloïs Hitler aura une vie matrimoniale particulièrement bien remplie. Marié trois fois, il aura neuf enfants dont quatre survivront. En 1885, après avoir obtenu une dispense ecclésiastique, Aloïs épouse sa proche parente (cousine germaine ou nièce ?), Klara Pölzl. Adolf est le quatrième enfant de cette union. Il grandira avec sa sœur Paula, et ses demi-frère et sœur du précédent mariage, Aloïs et Angela, sous la férule d'un père autoritaire, irascible et violent. Adolf Hitler adore sa mère et, bien des années plus tard, s'occupera d'elle jusqu'à sa mort. Elle est, sans doute, la seule personne qu'il ait jamais aimée. À la fin des années 1920, Hitler se prend de passion pour sa propre nièce, Geli Raubal, venue avec sa mère emménager dans son appartement. Bientôt sous l'emprise d'« oncle Alf », en proie à une jalousie pathologique, la jeune femme est retrouvée morte dans leur appartement, tuée par une balle provenant du revolver d'Hitler. Absent au moment du drame, il ne peut être le coupable. La thèse officielle parlera de suicide. Mais les plus gros ennuis personnels du Führer viendront d'un sien neveu, William Patrick Hitler, né en 1911 à Liverpool, fils du demi-frère d'Adolf, Aloïs, et d'une Irlandaise. En 1930, celui-ci aurait tenté de faire chanter son oncle, le menaçant de révéler « certaines circonstances bien précises de l'histoire de la famille ». L'affaire est confirmée au procès de Nuremberg par Hans Frank, l'avocat d'Hitler. Selon celui-ci, la révélation concernait le nom du véritable grand-père du Führer qui, horreur suprême, aurait pu être juif. L'affaire éveillera la suspicion de la

Gestapo et des recherches, infructueuses, seront entreprises, en 1942, sur l'ordre d'Himmler. William P. Hitler s'installera aux États-Unis en 1939 et s'engagera dans l'US Navy pendant la Seconde Guerre mondiale.

Véronique Dumas

Les nazis inventent le camp de concentration

FAUX

La création de ce système est l'œuvre du III⁰ Reich. C'est pour y enfermer les communistes, les Juifs, les homosexuels et les Tsiganes qu'il les fit construire.

Il faut faire la distinction entre les camps d'extermination créés par les nazis pour mettre en œuvre la solution finale et les camps de concentration plus anciens. Ceux-ci remontent à la fin du XIXe siècle ; l'invention du fil de fer barbelé permettant de clore facilement et à peu de frais de vastes espaces. Ils avaient pour but l'internement sans jugement d'opposants politiques, de résidents de pays ennemis, de groupes ethniques ou religieux spécifiques pendant une guerre. L'idée est appliquée pour la première fois par les Espagnols lors de la guerre d'indépendance de Cuba entre 1895 et 1898. Ils rassemblent la population civile pour enlever tout soutien à la rébellion.

Mais la première utilisation du terme est due aux Britanniques qui ouvrent des camps de concentration lors de leur guerre contre les Boers entre 1899 et 1902. Ils étaient destinés à interner les familles des Boers qui avaient perdu leurs fermes détruites par les combats. Plus d'une centaine de camps de tentes furent ainsi construits pour enfermer plus de 120 000 personnes, essentiellement des personnes âgées, des femmes et des enfants. Les conditions de vie étaient particulièrement difficiles, bâtiments insalubres, rations d'eau et de nourriture très réduites.

Rapidement, les maladies se développent, notamment la fièvre typhoïde et la dysenterie. Le manque d'hygiène et de matériel médical augmente le nombre de décès estimés à près de 30 000 dont 22 000 enfants.

Ce mode d'internement sera malheureusement voué à un certain succès au cours du XXe siècle. Dès 1904, les Allemands qui colonisent la Namibie ouvrent des camps pour éliminer le peuple Herero. Des expériences scientifiques et médicales sont même exercées sur les prisonniers. La France en construit à son tour pendant la Première Guerre mondiale pour regrouper les ressortissants allemands ou austro-hongrois sur son territoire. D'autres apparaissent également en 1939, notamment dans le Roussillon, pour regrouper les réfugiés républicains de la guerre civile espagnole. Si les conditions de vie y sont très difficiles, les mauvais traitements ou le travail forcé n'y sont pas systématisés. À l'inverse, par contre, des régimes totalitaires comme le régime soviétique qui multiplie les goulags pour y enfermer ses opposants et ce dès l'avènement des bolcheviks en 1917. Désormais, la guerre n'est plus le cadre qui « légitime » ces structures mises en place, y compris en temps de paix. Staline les développe dans les années trente, époque à laquelle s'ouvrent les camps de concentration nazis dont le premier est Dachau en 1933. Hitler rationalise ce mode d'internement et le fait évoluer vers le camp d'extermination. Une véritable industrialisation de la mort se met alors en place dont l'apogée sera la solution finale.

Olivier Tosseri

Hitler
était un détraqué sexuel

─── **FAUX** ───

À Berchtesgaden, le Führer reçoit ses collaborateurs dans l'intimité feutrée de son nid d'aigle. Il aime jouer avec les enfants et s'adonne à des plaisirs interdits.

La sexualité d'Hitler a nourri de nombreux fantasmes. Tout ou presque a été dit. Il aurait été impuissant, homosexuel refoulé, homosexuel prédateur, pervers, aimant les très jeunes filles et donc presque pédophile, enfin monorchide, n'ayant qu'un seul testicule. En résumé : Hitler aurait été un détraqué sexuel. Beaucoup de rumeurs tournent dès la guerre autour de sa relation entre 1928 et 1931 avec sa demi-nièce de vingt-trois ans, Geli Raubal. Elle est retrouvée morte dans son appartement à Munich. On prétend qu'elle serait devenue la maîtresse d'un professeur de musique ou d'un violoniste juif et qu'Hitler, jaloux et craignant que sa sexualité perverse ne soit mise au grand jour, l'aurait acculée au suicide, voire assassinée. À l'origine de cette théorie, le témoignage d'Otto Strasser, fondateur du Front noir ou « comité du national-socialisme révolutionnaire », dont l'objectivité est mise en doute par le sentiment de rancœur qu'il nourrissait vis-à-vis du Führer. Proche de lui à l'origine et l'aidant lors de la fondation du parti nazi, il finit par prendre ses distances puis s'exiler. Hitler fera assassiner son frère lors de la Nuit des longs couteaux en 1934. S'il est plus que probable que la jeune femme ait été poussée au suicide, rien ne peut confirmer ou infirmer une quelconque perversité sexuelle. Et que dire de ses relations avec Eva Braun. On raconte qu'Hitler prenait plaisir à la voir se déshabiller puis s'allonger vêtue de lingerie de cuir à ses côtés. Elle se suicidera avec lui à Berlin le 30 avril 1945, après être devenue sa femme la veille. Le flou qui entoure la sexualité d'Hitler permet toutes les supputations possibles sans risque d'être contredit. Dans une vision freudienne, la sexualité est donnée comme clef d'interprétation dans sa volonté génocidaire ou son comportement. Cette grille de lecture est appliquée aux Juifs mais également aux homosexuels puisqu'un Hitler homosexuel refoulé aurait masqué ses pulsions en souhaitant leur extermination. Même chose pour son impuissance ou son prétendu monotesticule. L'infirmité qu'il aurait ensuite ressentie aurait fait prendre un tournant à son caractère avec les conséquences que l'on connaît. Elle résulterait d'une blessure reçue à l'abdomen et aux jambes lors de la bataille de la Somme en 1916. Cette théorie ne s'appuie sur aucune preuve formelle, même si Hitler a effectivement été blessé à la cuisse gauche. Elle est au contraire infirmée puisque son médecin de famille, le Dr Eduard Bloch, avait affirmé sans équivoque qu'il avait examiné Hitler pendant son enfance et l'avait trouvé « génitalement normal ». Ses traumatismes, ses frustrations, ses déviances, sa sexualité perverse auraient donc modelé la psychologie du Führer, expliqueraient son comportement, forgeraient sa personnalité et, par là même, son idéologie.

Au-delà de théories qui ne s'appuient sur rien de précis et rempliraient nos sociétés d'Hitler potentiels en série, ces croyances résultent d'une volonté de mise à distance de « l'incarnation du Mal ». En démontrant qu'Hitler n'était pas « normal » sexuellement, on disculpe la nature humaine d'avoir pu produire un tel monstre. Il n'est pas comme nous, nous ne sommes pas comme lui. Le Mal n'est donc pas en nous.

Olivier Tosseri

Les communistes sont des résistants de la première heure

FAUX

Dès juin 1940, les cadres du PCF prennent contact avec le général de Gaulle, réfugié à Londres, pour organiser sur le territoire français la résistance à l'occupant nazi.

Au moment de l'entrée en guerre, Staline est un allié objectif de Hitler. Le 23 août 1939, le pacte de non-agression germano-soviétique a été signé, jetant les communistes français dans le désarroi. Comment concilier leur antifascisme et leur fidélité à Moscou ? Si plusieurs membres du Parti déchirent leur carte et si plus du tiers des députés communistes se désolidarisent du pacte, la ligne de Moscou reste toujours celle qu'il faut suivre.

Dès le 26 août 1939, le président du Conseil Édouard Daladier interdit la presse communiste et le 26 septembre il supprime le PC, qui a pourtant voté les crédits de guerre. Le parti communiste entre dorénavant dans la clandestinité. Son secrétaire général Maurice Thorez, qui a rejoint son régiment, déserte et se rend à Moscou. Une propagande pacifiste est organisée à destination des soldats et certains actes de sabotage sont commis dans des usines d'armement. La débâcle de mai-juin 1940 ne simplifie pas la situation du Parti. L'ancien numéro 3, Marcel Gitton, passe à la collaboration. Au mois de juin, des démarches sont engagées auprès de l'occupant pour négocier la reparution de *L'Humanité*. Elles sont menées par Maurice Tréand et Jacques Duclos. La ligne officielle du Parti émanant de Moscou ne fait pas de la lutte contre les nazis une priorité. Il est donc envisagé de permettre la parution d'une *Humanité* légale, avec un passage préalable au filtre de la censure et l'obligation d'adopter un ton neutre vis-à-vis de l'occupant. On peut lire, ainsi, à l'été 1940 dans *L'Humanité* clandestine le terme de « fraternisation » employé pour les Allemands. En échange, Otto Abetz libère plus de 300 communistes arrêtés à l'automne 1939.

Les autorités de Vichy arrivent cependant à faire échouer la légalisation du PCF qui reste dans la clandestinité. Cette attitude de conciliation est mal acceptée par les militants et vite abandonnée. Un discours anti-impérialiste, antianglais, anti-Pétain, anti-de Gaulle prévaut dès lors jusqu'au basculement de l'année 1941. Le 22 juin, l'Allemagne envahit l'URSS. Staline ordonne aux communistes français de lutter contre les nazis. Dès le 23 août 1941, sur le quai du métro Barbès, Pierre Georges, le futur colonel Fabien, abat un officier de la Kriegsmarine.

C'est le début de la résistance armée dans laquelle les communistes prendront une part essentielle qui leur permettra de se présenter à la Libération comme « le parti des 75 000 fusillés ».

Olivier Tosseri

? De Gaulle était antiaméricain

FAUX

Le général de Gaulle a toujours opposé une résistance sourde aux Américains. En témoigne sa franche hostilité au président Roosevelt qui prouve bien qu'il était antiaméricain.

Certes, pour affirmer l'indépendance de la France, le général de Gaulle s'est opposé à maintes reprises aux États-Unis au cours de la Seconde Guerre mondiale. Ces tensions franco-américaines et, en particulier, l'animosité déclarée entre le président Roosevelt et le Général ont valu à ce dernier la réputation d'être antiaméricain, ce qui est faux. En réalité, ce sont plutôt les Américains qui sont anti-de Gaulle.

Dès l'été 1940, Roosevelt ne cache pas son hostilité face à l'homme du 18 Juin, considéré comme « un général français parmi d'autres », un aventurier doublé d'un apprenti dictateur. De Gaulle se comporte déjà en chef de gouvernement de la France libre, une attitude allant bien au-delà de l'accord signé entre le Premier Ministre britannique, Winston Churchill, et lui-même. Représentant d'un État encore virtuel, il se sait faible face à ses puissants alliés et protecteurs et défend avec d'autant plus d'intransigeance la souveraineté nationale dont il est le gardien. Mais, dès le début de la guerre, il croit à l'entrée, tôt ou tard, des États-Unis dans la guerre et pense pouvoir les utiliser comme contrepoids à l'influence britannique. Le Général envoie donc plusieurs missions aux États-Unis et propose notamment d'accorder aux Américains la libre utilisation des bases navales africaines de la France libre. Washington ne répond pas. Son silence est lié à la politique américaine à l'égard de Vichy. Depuis l'automne 1940, les États-Unis ne ménagent pas leurs efforts pour séduire le vieux Maréchal dans l'espoir de le convaincre de reprendre un jour la lutte depuis l'Afrique du Nord et, pourquoi pas, de se rapprocher des Américains. Même Pearl Harbor ne va pas modifier la politique de conciliation à l'égard de Vichy, engagé dans une collaboration active avec l'occupant. En décembre 1941, les forces navales françaises libres occupent le territoire français de Saint-Pierre-et-Miquelon contre la volonté de Roosevelt. Dès lors, celui-ci va tout faire pour contrecarrer l'action du général de Gaulle. Pour commencer, il exclut la France libre de l'opération Torch, le débarquement américain en Afrique du Nord de novembre 1942, et en accorde le commandement au général Giraud, antigaulliste déclaré. De Gaulle, mis devant le fait accompli, s'incline provisoirement. Mais l'amiral Darland, ancien chef du gouvernement de Vichy retourné par les Américains, prend la direction du gouvernement d'Alger. En décembre, il est assassiné. Soutenu par les Américains, Giraud réapparaît, persuadé de mettre au pas de Gaulle. En mai 1943, celui-ci parvient à gagner la lutte pour le pouvoir suprême en Afrique du Nord. Mais Roosevelt va tenter d'écarter le Comité français pour la libération nationale du général de Gaulle des préparatifs de l'opération Overlord, le débarquement allié prévu en Normandie. Le 23 octobre 1944, les États-Unis et la Grande-Bretagne reconnaissent le gouvernement provisoire de la République française. La France vient d'échapper à l'autorité de l'AMGOT (gouvernement militaire allié pour les territoires occupés) et à un statut de protectorat abolissant toute souveraineté, mais sera exclue de la conférence de Yalta en février 1945.

Véronique Dumas

Le premier débarquement de la Seconde Guerre mondiale en Normandie a eu lieu en juin 1944

FAUX

> Le 6 juin 1944, après une préparation minutieuse, le premier débarquement des Alliés a enfin lieu sur les côtes normandes.

Avant l'opération Overlord du 6 juin 1944, un premier débarquement avait eu lieu en Normandie aux portes du Pas-de-Calais. Le 19 août 1942, plus de six mille soldats anglo-canadiens débarquent à l'aube sur les côtes françaises, aux environs de Dieppe, et se heurtent de plein fouet au mur de l'Atlantique. L'opération Jubilée tourne au désastre. En quelques heures, les Alliés sont rejetés à la mer et subissent de lourdes pertes. Deux mille cinq cents morts et neuf cents prisonniers : tel est le bilan de ce raid, qualifié de suicidaire par les survivants. Pourquoi a-t-il été mené ?

Redoutant un débarquement allié à l'ouest de l'Europe, les Allemands ont construit une série de fortifications destinées à protéger la façade maritime, de la mer du Nord à l'Atlantique. Ce mur, renforcé dans la région de Dieppe, leur permet de concentrer leurs forces sur le front de l'est. Les troupes soviétiques sont submergées. Staline presse les Alliés d'ouvrir un second front à l'ouest. Afin de calmer son impatience, ces derniers vont mettre au point, depuis l'Angleterre, une opération amphibie de faible envergure principalement destinée à tester les défenses allemandes. Cinq mille Canadiens, onze cents Britanniques, cinquante-six Américains et quinze Français sont sur le pied de guerre au cours de l'été 1942. Le but de cette opération militaire n'est pas de remporter une victoire décisive contre les nazis, mais plutôt de collecter des renseignements en vue d'un prochain débarquement. Le 18 août au soir, deux cent cinquante bâtiments de guerre britanniques font route vers les côtes françaises, en direction de Dieppe, protégés par cinquante-huit escadrilles. La zone de débarquement est divisée en cinq secteurs répartis sur dix-sept kilomètres. Tandis que les commandos britanniques attaqueront sur les flancs pour détruire les batteries d'artillerie allemandes, situées au sommet de hautes falaises, la 2e division canadienne, soutenue par les nouveaux tanks Churchill, des monstres de quarante tonnes, doit débarquer juste devant Dieppe. En raison de l'étroitesse des eaux de la Manche, la Royal Navy a décidé de ne pas envoyer ses unités les plus importantes. L'attaque ne sera donc pas précédée de tirs d'artillerie de marine. De plus, aucun soutien aérien n'est prévu avant ni pendant l'assaut. En dépit de l'effet de surprise, la défense allemande est féroce. Les soldats débarqués affrontent un déluge de feu. Les galets des plages de Haute-Normandie gênent leur progression et ralentissent les chars alliés, devenus inefficaces. Sur les flancs ouest et est du secteur d'invasion, les opérations se déroulent comme prévu. Mais en face de Dieppe, en dépit de quelques percées de soldats canadiens, les troupes, bloquées sur la plage, sont prises au piège. Le commandement, constatant les pertes élevées et le manque de communication entre les différentes compagnies sur le terrain, décide d'interrompre l'opération et d'évacuer toutes les unités valides. Les renforts promis ne seront jamais envoyés. À 9 h 30, tout est terminé. Les Alliés tireront les leçons de cet échec. Les informations collectées vont permettre de préparer un débarquement de plus grande envergure. Le sacrifice des soldats de Dieppe, victimes de ces grandes manœuvres grandeur nature, ne sera pas inutile.

Véronique Dumas

Pie XII
était antisémite

FAUX

Lors de la Seconde Guerre mondiale, le pape Pie XII
fait preuve d'une indifférence coupable auprès de la
population juive.

Le Vatican condamne le nazisme en 1937 par
l'encyclique « *Mit brennender Sorge* ». Elle est
rédigée par le plus proche collaborateur de Pie XI,
le cardinal Pacelli, futur Pie XII. Celui-ci y
dénonce la divinisation de la race et le paganisme
au fondement de l'idéologie national-socialiste.
Lue en chaire, cette lettre causera des centaines
d'arrestations de religieux, la déportation de trois
cent quatre prêtres à Dachau et la dissolution des
organisations catholiques. Pacelli devient pape le
2 mars 1939 peu de temps avant que la guerre
n'éclate. Il ne cesse dès lors de dénoncer les persécutions des régimes totalitaires et en particulier
celles exercées par le régime nazi à l'encontre des
Juifs.

Des messages radiodiffusés en sont le principal
relais, dont le plus connu est celui de Noël 1942.
Mais aucune proclamation claire et solennelle ne
sera faite en public, ce qui lui sera reproché. À la
grande diplomatie, il préfère les actions discrètes et
les condamnations envoyées directement aux gouvernements coupables d'opprimer les Juifs. Anticommuniste farouche, il soutient pourtant l'alliance
des États-Unis avec l'URSS. Le Vatican agit égale-

ment en finançant et en organisant, avec l'aide des clergés locaux, des réseaux pour faire échapper les Juifs ou les cacher. Mais la protestation des évêques hollandais en juillet 1942 contre les persécutions nazies se solde par une fouille minutieuse des monastères et des couvents, menant à une rafle des Juifs qui y étaient cachés.

Pie XII se retranche alors dans une prudence et une réserve que beaucoup jugeront excessives. Il pense que « toute parole de notre part à l'autorité compétente, toute allusion publique doivent être sérieusement pesées et mesurées, dans l'intérêt même des victimes, afin de ne pas rendre leur situation plus grave et plus insupportable ». Lorsque l'Italie est occupée, il cache des enfants juifs dans sa résidence d'été de Castel Gandolfo et laisse entrer la communauté juive au Vatican pour la protéger.

Selon l'historien israélien Pinchas Lapide, l'Église catholique aurait ainsi sauvé entre cent cinquante mille et quatre cent mille personnes. Le grand rabbin de Rome pendant la guerre, Israël Zolli, se convertit au christianisme, prenant comme nom de baptême Eugenio, celui du pape, et écrira que « le judaïsme a une grande dette de reconnaissance envers Sa Sainteté Pie XII pour ses appels pressants et répétés, formulés en sa faveur ». L'attitude du pontife ne fait donc pas débat au lendemain du conflit. À sa mort en 1958, Golda Meir, alors ministre des Affaires étrangères d'Israël, souligne dans son message de condoléances que « la voix du pape s'est élevée pour condamner les persécuteurs et invoquer la pitié envers leurs victimes ».

La polémique ne naît qu'en 1963 avec la présentation de la pièce de théâtre *Le Vicaire* du dramaturge

allemand Rolf Hochhuth, dénonçant une germano-
philie de Pie XII et sa passivité alors qu'il aurait pu
faire bien plus dans la lutte contre le nazisme. On
apprit plus tard que cette œuvre avait été inspirée
par Moscou dans le but de discréditer le Vatican,
trop anticommuniste. L'opération a réussi et, si
l'attitude de Pie XII peut être jugée frileuse ou
ambiguë, elle ne peut cependant pas être qualifiée
d'antisémite ou d'inexistante dans l'opposition à la
Shoah.

Olivier Tosseri

Le 8 mai 1945 est la date de l'armistice

La capitulation allemande s'est étendue sur trois jours, du 7 au 9 mai 1945. À la différence du premier conflit mondial qui avait cessé sur un armistice (simple convention entre les belligérants qui suspendent les hostilités en attendant d'établir un traité de paix), la Seconde Guerre mondiale se termine en Europe par la capitulation allemande. L'Allemagne nazie cesse toute résistance et s'en remet sans conditions au bon vouloir de son vainqueur, en l'occurrence les Alliés. L'amiral Donitz, successeur d'Adolf Hitler qui s'est suicidé le 30 avril 1945, envoie le général Jodl au quartier général des forces américaines qui est basé en France, à Reims.

Le 7 mai, vers 2 heures 40 du matin, est signé l'acte de capitulation sans conditions en présence du général Walter Bedell-Smith, chef d'état-major du général Eisenhower qui est le chef suprême des forces alliées, du général soviétique Ivan Souslo-parov et du général français François Sevez, chef d'état-major du général de Gaulle. Ce dernier ne fait que contresigner le document en qualité de simple témoin. Les combats doivent cesser le 8 mai à 23 h 01. Mais, au lendemain de la signature du

7 mai, les journalistes répandent prématurément la nouvelle, obligeant les chefs de gouvernements occidentaux, Harry Truman pour les États-Unis, Winston Churchill pour le Royaume-Uni et Charles de Gaulle pour la France, à l'annoncer officiellement le 8 mai à 15 heures. C'est désormais la date retenue pour commémorer la victoire sur l'Allemagne nazie.

Mais la cérémonie de Reims, concernant le front ouest, ne suffit pas à Staline qui souhaite que la capitulation soit signée à Berlin, capitale du IIIe Reich et occupée par les troupes soviétiques. Une nouvelle réunion se tient dans une école de la banlieue de la ville en ruine. Y sont présents les maréchaux Keitel, Joukov, Tedder envoyé par Eisenhower, le général Saatz et le général de Lattre de Tassigny qui représente la France. En le voyant, Keitel s'écrie : « Les Français aussi ! Il ne manquait plus que cela ! » Et, en effet, ce n'est à nouveau qu'en simple témoin que la France contresigne le document. Un drapeau tricolore n'avait même pas été prévu et c'est dans l'urgence qu'en est confectionné un avec un morceau de « bleu » de mécanicien, un drap blanc et un peu de rouge d'un autre drapeau. La rencontre a lieu dans la nuit du 8 mai au 9 mai et se termine à 0 h 28 exactement. Ainsi l'Union soviétique, et plus tard la Russie, célèbre l'anniversaire de la capitulation allemande le 9 mai. Celle-ci ne signifie pas pour autant la fin de la Seconde Guerre mondiale. Si les opérations militaires cessent sur le théâtre européen (hormis des poches de résistance allemandes qui ne se rendront que plus tard, notamment à Saint-Nazaire), la guerre se poursuit dans le Pacifique. Ce ne sont que les bombes atomiques d'Hiroshima et de Nagasaki les 6 et 9 août 1945 qui obligeront le Japon à capituler à son tour le 2 septembre 1945, mettant un terme au conflit mondial.

Olivier Tosseri

?) Staline invente le stakhanovisme

───── FAUX ─────

Il faut stimuler l'ouvrier. Rien de tel que d'en faire un compétiteur dans son usine ou à la mine. Celui qui produit le plus sera récompensé. Ainsi en a décidé le dictateur.

Cette méthode qui vise à augmenter les rendements industriels, grâce au zèle – intéressé – des ouvriers, est née aux États-Unis, vers 1860, dans les manufactures de cigare de Detroit, avec une nouvelle organisation du travail. Un ouvrier se charge de la préparation des mélanges de tabac ; deux autres du roulage et de l'emballage dans des feuilles pour confectionner le cigare. Les équipes sont rémunérées au nombre d'unités roulées. En dépit des critiques syndicales de l'époque, la méthode rencontre l'approbation des employés. L'augmentation des salaires consécutive à celle des rendements devient une méthode et un modèle de production, que le jeune Henry Ford développe dans son usine de voitures dans les années 1920, en instituant le montage à la chaîne des automobiles.

C'est seulement beaucoup plus tard, durant l'été 1935, que l'URSS s'en empare et fait d'un mineur un héros national. Le 31 août, Alekseï Stakhanov aurait traité 105 tonnes de charbon, en six heures, dans la mine d'Irmino, dans le bassin houiller du Donbass, en Ukraine, alors même que la norme était fixée à 7 tonnes. Ce succès supposé, orchestré par le régime stalinien, a des conséquences concrètes puisqu'il génère une compétition nouvelle entre ouvriers et transforme l'organisation de la chaîne de travail : forage et boisage sont désormais élaborés simultanément et séparément de l'extraction. Le 7 septembre, l'exploit est encore plus fort lorsque Stakhanov réussit à extraire 175 tonnes, alors que son collègue-camarade Izotov parvient à 240 tonnes. De telles performances gagnent les industries de la chaussure, de l'automobile ou du textile.

En comparaison avec les États-Unis, une différence apparaît : les records atteints, résultat d'un groupe se partageant les tâches, sont le produit d'ouvriers confirmés. La société soviétique connaît une industrialisation rapide à partir d'un noyau prolétaire, en parallèle d'un exode rural massif. En faisant valoir leurs compétences, ces ouvriers tentent d'obtenir ainsi de plus fortes rémunérations. Plus que le zèle ouvriériste, ce sont bien les revenus qui guident le stakhanovisme. Loin d'être une méthode scientifique, il relève plus de l'intérêt, largement diffusé dans les économies capitalistes et socialistes. Le stakhanovisme a d'autres utilités pour le régime.

Outre le fait de mettre la pression sur les salariés en termes de performance et d'augmenter les cadences pour une meilleure productivité, il prouve que le tournant industriel voulu par Staline peut se réaliser et qu'un élan nouveau anime le prolétariat. Cette construction idéologique se traduit par une profusion de statues à l'effigie du héros qui – fait inimaginable – se retrouve en couverture du magazine américain *Times* en 1936. Une notoriété récupérée au service de Staline. Le stakhanovisme devient doctrine d'État et entend prouver que les succès des masses priment sur les dirigeants d'entreprise, responsables des échecs du Plan. Il permet au stalinisme de légitimer la première purge contre les « cols blancs ». Une catastrophe économique… mais un succès idéologique. À la mort de Stakhanov, en 1977, la ville de ses exploits, Kadiyivka, prend le nom de son héros.

Matthieu Rey

À Yalta,
s'est fait le partage du monde

FAUX

Réunis autour d'une carte, les Grands vont découper le monde, dessiner les frontières, annexer les territoires, selon leurs intérêts. C'était sur les bords de la mer Noire.

Du 4 au 11 février 1945, le Britannique Churchill, l'Américain Roosevelt et le Soviétique Staline se retrouvent en Crimée pour décider du sort du monde. Mais certainement pas de son partage : cette conférence doit statuer sur les suites à donner au conflit. Elle voit surtout l'Union soviétique s'engager à déclarer la guerre au Japon après la victoire sur l'Allemagne, et l'organisation d'une conférence des Nations unies. Concernant l'Europe, elle entérine un déplacement des frontières reconnaissant les conquêtes soviétiques de 1939 permises par le pacte germano-soviétique, et réaffirme la volonté de rétablir la démocratie en Pologne.

Mais alors quand et comment le monde fut-il « découpé » entre les Grands, vainqueurs des puissances de l'Axe ? Une telle division relève de deux ordres d'actions : diplomatique, lors de rencontres antérieures ; militaire, avec des « prises de position » des troupes libératrices. Sur le plan diplomatique, la première conférence interalliée – réunie à Téhéran, du 28 novembre au 4 décembre

1943 – se décide à de nouvelles avancées concernant la guerre entamée, depuis deux ans, par les États-Unis et l'URSS, depuis quatre ans par la Grande-Bretagne : l'ouverture d'un second front, autrement dit d'une attaque américano-britannique en Europe de l'Ouest pour soulager l'Union soviétique. Déjà, un premier plan de partage de l'Europe se dessine.

Il est véritablement achevé lors d'une rencontre entre Staline et Churchill, le 10 octobre 1944, à Moscou. Carte de l'Europe déployée, les deux hommes renouent avec les pratiques diplomatiques du siècle passé : pour chaque pays, il est établi un pourcentage d'influence, tantôt britannique, tantôt soviétique, amenant à un véritable coloriage de l'Europe en deux blocs. Churchill, conscient que Staline est en position de force, souhaite préserver quelques positions britanniques. Ainsi obtient-il la Grèce, délaissant le reste de l'Europe orientale. Bien plus que tout autre chef de guerre, Churchill sait que le partage de l'Europe résultera du sort des armes. Avec sa contre-offensive à l'Est, Staline s'arroge un avantage déterminant sur le terrain. Alors que l'Armée rouge peut, dès le 19 août 1944, espérer occuper l'Allemagne nazie, étant aux portes de Varsovie Staline décide de « libérer » les États de l'Europe balkanique, prenant ainsi autant de gages pour l'avenir. Aussi lance-t-il ses troupes sur la Roumanie ou la Hongrie. Churchill milite alors auprès de Roosevelt pour un débarquement en Yougoslavie pendant l'année 1944. Finalement, selon les vœux de Staline, le second front est ouvert en Normandie, délaissant l'Europe de l'Est en voie d'occupation par les Soviétiques. Le partage du monde devient une réalité peu après la fin de la guerre. En déclarant le 5 mars 1946 à Fulton (Missouri) qu'un « rideau de fer s'est abattu sur l'Europe », Churchill ne fera que le reconnaître explicitement.

Matthieu Rey

De Gaulle est le père de la bombe atomique

FAUX

À peine de retour au pouvoir, en 1958, le Général s'attelle à la lourde tâche de rattraper le retard de la France sur le plan nucléaire par rapport aux États-Unis. Il est le premier à se mobiliser.

Tout le long du parcours qui conduit la France à l'expérimentation de la bombe atomique, le général de Gaulle, alors éloigné du pouvoir, ne joue aucun rôle. L'idée reçue qui fait de lui le « père » de la bombe A peut néanmoins s'expliquer. Dès l'anéantissement d'Hiroshima, en août 1945, de Gaulle comprend que l'arme atomique est essentielle. Au mois de septembre, il veille à ce que la France puisse reprendre ses recherches atomiques. Il décide de la création du Commissariat à l'énergie atomique (CEA), doté de pouvoirs exceptionnels.

En quelques années, la France, qui construit à Marcoule la première usine d'énergie nucléaire d'Europe occidentale, devient la quatrième puissance nucléaire au monde. Il n'en reste pas moins que ce sont les gouvernements successifs de la IVe République, ce régime tant décrié par le général de Gaulle, qui ont pris les mesures permettant la fabrication de la bombe A française. En 1952, la politique atomique de la France fait, pour la première fois, l'objet d'un débat à l'Assemblée nationale. Il n'est alors question que d'une utilisation pacifique de l'atome. Mais, au sein du CEA, il en est de la bombe comme il en fut en France, dans les années 1900, de l'Alsace et de la Lorraine : on y pense sinon toujours, du moins souvent et on n'en parle jamais… En réalité, dans les instances dirigeantes, la bombe A alimente de vives discussions au cours de l'été 1954. Lorsque la RFA obtient le rétablissement de sa souveraineté et le droit de disposer d'une armée nationale, elle se voit interdire la fabrication et la possession de toute arme « ABC » (atomique, chimique, biologique). Américains et Britanniques, seuls détenteurs de la bombe dans le camp occidental, voudraient bien que la France, à son tour, renonce à cet armement. Une manière d'asseoir leur puissance. Pour le président du Conseil, Pierre Mendès France, il n'est pas tolérable que la France se trouve « ravalée au rang de l'Allemagne ».

Le 26 décembre 1954, lors d'une réunion dans son bureau de l'hôtel Matignon, la décision « qui doit être gardée strictement secrète » est prise, de « lancer les programmes de fabrication d'armes nucléaires et de sous-marins atomiques ». Différentes mesures et attributions de crédit sont arrêtées. À l'automne 1956, le socialiste Guy Mollet, qui préside le Conseil des ministres et qui avait été parmi les adversaires de la bombe A, devient un de ses partisans les plus actifs. Lors de l'affaire de Suez en 1956, l'alliance de Washington et de Moscou, qui oblige la France à mettre fin à son expédition militaire en Égypte, lui fait prendre conscience du fossé qui sépare les puissances, selon qu'elles disposent ou non du feu nucléaire. Le 11 avril 1958, le radical-socialiste Félix Gaillard décide de procéder à l'expérimentation de la bombe atomique française. Les premiers essais ont lieu en 1960, à Reggane en Algérie, sous la présidence du général de Gaulle. En 1966, d'autres expérimentations ont lieu, cette fois-ci, dans le Pacifique, sur l'atoll de Mururoa. En 1996, la France signe le Traité d'interdiction complète des essais nucléaires.

Matthieu Rey

Les époux Rosenberg ne sont pas des espions

FAUX

Accusé d'avoir fourni des renseignements aux Soviétiques, condamné, exécuté en 1953, le couple avait nié. Il était bien innocent.

Coupables d'espionnage au profit de l'Union soviétique, les époux Rosenberg fournirent à Moscou des renseignements techniques et scientifiques. Julius et Ethel Rosenberg étaient un couple de juifs new-yorkais communistes. En juin 1950, ancien mécanicien des usines atomiques de Los Alamos, David Greenglass est arrêté. Il reconnaît avoir touché de l'argent d'un espion, Harry Gold, en échange de la livraison d'informations à l'URSS sur les projets de l'usine pour laquelle il travaillait. Il accuse son beau-frère Julius Rosenberg d'être le cerveau de l'affaire. Le FBI l'arrête le 17 juillet 1950 et, pour faire pression sur lui, emprisonne sa femme un mois plus tard. Ils sont inculpés en mars 1951 pour « conspiration en vue d'espionnage » en pleine période anticommuniste de « chasse aux sorcières » organisée par le sénateur McCarthy.

Le chef d'inculpation, le choix du procureur général Irving Saypol, surnommé la « terreur des rouges », tout concorde pour obtenir une peine lourde à l'encontre des époux Rosenberg. Dans la prison de Sing-Sing, près de New York, ils nient jusqu'au bout leur culpabilité alors que des aveux peuvent les sauver de la chaise électrique. Ils sont condamnés à mort le 29 mars 1951, laissant l'opinion publique indifférente. Mais l'affaire Rosenberg rebondit et prend de l'ampleur en 1952. Les communistes proclament l'innocence du couple et lancent une campagne mondiale pour les sauver, en dénonçant un procès injuste. Moscou entretient et exploite l'affaire, accusant les États-Unis de fascisme et d'antisémitisme ; ce qui permet de détourner l'attention du complot antisémite des « blouses blanches » que Staline est en train de monter en URSS. L'opinion mondiale s'émeut, des comités de soutien transcendant les clivages politiques se montent, notamment en France, où se côtoient aussi bien Maurice Druon et François Mauriac qu'Aragon et Picasso. Le pape Pie XII demande même la clémence.

Rien n'y fait, Julius et Ethel Rosenberg sont exécutés le 19 juin 1953. Ils deviennent dès lors le symbole d'une tragique erreur judiciaire. Mais, en 1995, la CIA annonce la déclassification de messages archivés depuis 1939 et connus sous le nom de projet Venona. Ils prouvent la culpabilité des Rosenberg, qui sont désignés dans ceux-ci sous les noms de code « Antenne » et « Libéral ». Déchiffrés à l'époque, ils n'avaient pas été produits lors du procès pour ne pas compromettre les sources. Inefficaces sur le plan atomique, les Rosenberg transmirent cependant aux Soviétiques des documents importants concernant les radars et les sonars. Les derniers doutes sur leur culpabilité furent levés en 1999 avec la parution des mémoires d'un ancien agent secret soviétique, Alexandre Feklissov. Il confirme avoir reçu des renseignements des époux Rosenberg à la tête d'un « réseau

de première importance dans le domaine de l'élec-
tronique et de l'aviation » lorsqu'ils travaillaient
dans des usines d'armements pendant la guerre.
Espions et coupables, les époux Rosenberg n'en
restent pas moins les victimes les plus spectaculaires du maccarthysme et le symbole d'une erreur
judiciaire à laquelle on a cru pendant plus de quarante ans.

Olivier Tosseri

Israël est reconnu en premier par les États-Unis

—— FAUX ——

Le 14 mai 1948, l'État d'Israël proclame son indépendance. Immédiatement, le président américain Harry Truman reconnaît le nouveau pays.

Les Soviétiques furent les premiers à reconnaître *de jure* Israël, c'est-à-dire une reconnaissance définitive et plénière, alors qu'au même moment les États-Unis ne le reconnaissaient que *de facto*, c'est-à-dire de manière provisoire ou limitée à certains rapports juridiques. Mais derrière ces arguties de droit international se cachent les rapports qu'entretiennent ces deux puissances avec le nouvel État qui proclame son indépendance le 14 mai 1948. L'URSS accueille avec satisfaction cette création. En 1947, lors du débat aux Nations unies qui prévoyait le partage de la Palestine, le représentant soviétique Andrei Gromyko avait prononcé un discours ouvertement sioniste.

Cette alliance improbable, alors que Moscou s'était longtemps opposé aux projets sionistes, s'explique par des facteurs géopolitiques et stratégiques. Staline y voit l'occasion d'évincer la puissance coloniale britannique de la région et de renverser l'équilibre des forces dans le Proche-Orient. Encore isolé sur la scène internationale, il peut trouver un allié dans un pays imprégné par le socialisme à ses débuts. Il ne se contente pas d'une simple reconnaissance juridique. Il aide diplomatiquement, démographiquement et militairement le nouvel État dont le premier ambassadeur à Moscou est Golda Meir. Des centaines de milliers de juifs des pays de l'Est arrivent en Israël.

L'attitude des États-Unis est en comparaison beaucoup plus réservée. La cause sioniste et l'État d'Israël jouissent pourtant d'un très fort sentiment de sympathie dans l'opinion publique et auprès du président Harry Truman. L'administration américaine ne partage cependant pas cet enthousiasme. Elle craint qu'une alliance trop appuyée avec Israël ne nuise à l'influence de Washington auprès des pays arabes. La stratégie d'endiguement du communisme pourrait être mise à mal par des rapprochements entre Moscou et certaines monarchies arabes. Cela explique la très grande mesure dont les États-Unis font preuve et qui permet à la France de devenir l'allié stratégique et militaire d'Israël à ses débuts.

On assiste néanmoins rapidement à un changement de situation. Staline lance en effet dès 1949 une vague de répression antisémite en URSS et dans les pays de l'Est qui aboutira à la veille de sa mort, en 1953, à la rupture des relations diplomatiques avec Tel Aviv. Parallèlement, le Premier ministre israélien David Ben Gourion tente de se rapprocher de Washington qu'il soutient lors de la guerre de Corée en 1950, contribuant un peu plus à tendre les rapports qu'il entretenait avec son ancien allié soviétique. Désormais, si les relations avec les communistes fluctuent au gré des soubresauts de la guerre froide, celles d'Israël avec les États-Unis ne cesseront de se renforcer.

Olivier Tosseri

Che Guevara
était un humaniste

FAUX

Combattre la pauvreté, éradiquer l'analphabétisme, développer l'agriculture, promouvoir l'accès à la médecine, mais, surtout, respecter le peuple et la justice.

Très jeune, Ernesto Che Guevara (1928-1967), par ses lectures marxistes et ses voyages au travers desquels il observe la pauvreté, forge ses opinions. Le seul remède aux inégalités sociales de l'Amérique latine est la révolution par les armes. Mais la figure du Che est plus ambiguë et complexe que celle du révolutionnaire humaniste dont l'effigie orne les tee-shirts. Cherchant à concrétiser ses idées et à s'investir dans un combat dans plusieurs pays d'Amérique du Sud ou centrale, il finit par choisir Cuba. En 1957, Guevara rejoint le mouvement du 26 juillet, un groupe révolutionnaire dirigé par Fidel Castro. Pendant les deux ans que durera la guérilla, le Che sera intransigeant et impitoyable dans la poursuite de la lutte. Il n'hésite pas à faire fusiller devant leur famille des guérilleros accusés de trahison ou exprimant leur opposition à la révolution. Fidel Castro loue même « sa qualité d'agressivité excessive ».

Che Guevara est l'adepte de solutions extrêmes dans la défense de ses idées, et pas seulement en théorie. Il considère « la haine comme facteur de lutte ; la haine intransigeante de l'ennemi, qui pousse au-delà des limites naturelles de l'être humain et

413

en fait une efficace, violente, sélective et froide machine à tuer. Nos soldats doivent être ainsi ; un peuple sans haine ne peut triompher d'un ennemi brutal ». En 1959, le dictateur Fulgencio Batista est renversé. Le *Comandante* est alors nommé procureur suprême de la prison de la forteresse de la Cabaña. Dans les mois qui suivent, il met en place des camps « de travail et de rééducation » pour les opposants et fait exécuter plus d'une centaine de policiers, militaires ou dignitaires du régime précédent. Il décide et supervise les arrestations et les jugements. Les procédures judiciaires ne sont pas respectées, les éléments présentés par le procureur ont statut de preuves irréfutables, des membres des familles de victimes font partie des jurés et Guevara est lui-même président de la cour d'appel. 2 000 Cubains sont ainsi conduits par lui au peloton d'exécution, quelque 10 000 le seront entre 1959 et 1965, et 100 000 personnes doivent s'exiler en 1961. Les libertés individuelles sont restreintes, la presse muselée et censurée, les opposants emprisonnés et le régime devient de plus en plus autoritaire pour mettre en œuvre l'idéal révolutionnaire et humaniste de ses partisans. « Des exécutions, oui, nous avons fusillé, nous fusillons, et nous continuerons à fusiller tant que cela sera nécessaire. Notre lutte est une lutte à mort », déclare-t-il dans un discours à l'ONU en 1964. On ne peut pourtant le réduire à ce seul aspect. Il a également fourni des soins dans les villages isolés, alphabétisé les nouvelles recrues et soigné les blessés, quel que soit leur camp.

Le mythe du révolutionnaire romantique et courageux se forge au lendemain de sa mort survenue à l'âge de trente-neuf ans. Castro en fait un héros

presque surhumain, un grand penseur et un humaniste pour donner une image éternellement jeune à
la révolution et la légitimer. Il a exercé enfin une
fascination sur les intellectuels du monde entier, en
particulier français, qui, tel Sartre, le considèrent
comme « l'homme le plus complet de notre temps ».
Complet jusqu'à se décliner sous la forme d'objets
qui se vendent très bien.

Olivier Tosseri

« Bella Ciao »
est un hymne italien

───── FAUX ─────

Le chant contestataire « Bella Ciao » est l'hymne officiel de la résistance italienne.

C'est à l'origine une ballade yiddish *Dus Zekel Koilen*, « un petit sac de charbon ». Enregistrée à New York en 1919 par Mishka Ziganoff, un musicien juif d'Europe de l'Est. Un immigré italien l'aurait rapportée à son retour en Italie. C'est le début de la longue histoire de cette chanson.

Elle ne devient en effet l'hymne « officiel » de la résistance italienne que vingt ans après la fin de la guerre. Pendant le conflit, elle n'est chantée que par quelques groupes de partisans dans la région de Modène et de Bologne. Le chant le plus répandu était *Fischia il vento*. Mais dans un contexte de guerre froide, au lendemain du second conflit mondial, la référence était trop communiste. Tout d'abord par sa mélodie qui reprenait une chanson soviétique de 1938 et par ses paroles trop explicites. (Le vent siffle/la tempête se déchaîne/les chaussures sont trouées et pourtant il faut y aller/conquérir le printemps rouge/où se lève le soleil de l'avenir). Dans les années 1960, *Bella Ciao* s'impose à sa place comme référence musicale de la résistance italienne. Elle est en effet beaucoup plus politiquement correcte, peut convenir parfaitement tant aux socialistes qu'aux démocrates chrétiens et avec sa référence à « l'invasor » peut également plaire aux forces armées. Toujours au début des années 1960, des chercheurs s'intéressent à un chant populaire piémontais d'avant-guerre qui a exactement la même mélodie mais exprime la contestation des repiqueuses de riz : les *mondine*, ces femmes travaillant dans les rizières d'Italie du Nord, dans de dures conditions pour ramasser le riz dans les plantations. Elles restaient courbées pendant toute la journée, les pieds dans l'eau, sous le regard et les brimades des surveillants fascistes. La consécration pour cette chanson arrive en 1964, à Spolète, au spectacle de chant politique et social appelé cette année-là « Bella Ciao ». La version des repiqueuses de riz ouvre le récital et celle des partisans le referme. La chanteuse Giovanna Daffini lui assure le succès auprès du public en prêtant sa voix. Mais l'histoire ne s'arrête pas là. L'année suivante, l'auteur des paroles de la version des paysannes dévoile son identité dans une lettre envoyée à *L'Unità*, le journal communiste italien. Il révèle les avoir écrites non pas avant la guerre, mais en 1951 pour un concours entre les chœurs des repiqueuses de riz. Si les paroles différaient, la musique existait cependant déjà dans une de leurs chansons à l'époque du fascisme.

Ce chant contestataire traversera la frontière et sera également utilisé comme hymne dans les meetings du Parti socialiste français, plus particulièrement dans les réunions des jeunes du mouvement. Il représente une bonne alternative entre l'*Internationale* trop attachée à l'extrême gauche et au *Chant des partisans* plus triste et morose. D'Europe de l'Est à l'Italie en passant par les États-Unis ; des rizières du Piémont au maquis, *Bella Ciao* a fini son périple et s'entend toujours aujourd'hui dans les manifestations.

Olivier Tosseri

L'anticolonialisme a toujours été de gauche

— FAUX —

Dès la IIIᵉ République, alors que l'empire colonial français s'étend, les hommes de gauche font bande à part. Ils s'insurgent contre la présence européenne en Afrique.

C'est à la IIIᵉ République que l'on doit le second empire colonial français qui remonte à la fin du XIXᵉ siècle. Les Anglais qui développent à partir de 1878 un vaste mouvement d'expansion impérialiste lancent une course coloniale entre les puissances européennes. L'Allemagne de Bismarck, qui vient d'humilier la France lors de la guerre de 1870, voit d'un bon œil et encourage cette entreprise. Elle y voit comme un palliatif à l'honneur national français bafoué et une source de dépenses qui affaiblira sa voisine et la détournera du théâtre européen.

C'est donc à la conquête de l'Afrique noire, du Maghreb et de l'Asie que se lance la France, non sans de vifs débats. L'essor colonial est souhaité et soutenu par la gauche républicaine et socialiste qui y voit des débouchés commerciaux et la possibilité d'acquérir de nombreuses ressources à faible coût. Mais le discours colonialiste est avant tout motivé par la volonté d'apporter le progrès de la civilisation aux « races inférieures ». Un célèbre débat à la chambre des députés en 1885 au sujet de l'expédition militaire au Tonkin permet ainsi à Jules Ferry

419

d'exposer sa pensée : « Il faut dire ouvertement que les races supérieures ont un droit vis-à-vis des races inférieures. Je répète qu'il y a pour les races supérieures un droit parce qu'il y a un devoir pour elles. Elles ont le devoir de civiliser les races inférieures. » Ce à quoi Clemenceau, pourtant dans les rangs de la gauche, lui répond : « Races supérieures, races inférieures, c'est bientôt dit. Pour ma part, j'en rabats singulièrement depuis que j'ai vu des savants allemands démontrer scientifiquement que la France devait être vaincue dans la guerre franco-allemande, parce que le Français est une race inférieure à l'Allemand. Depuis ce temps, je l'avoue, j'y regarde à deux fois avant de me retourner vers un homme et vers une civilisation, et de prononcer "homme ou civilisation inférieurs". » Le combat anticolonialiste est en revanche le cheval de bataille de la droite monarchiste et nationaliste qui ne rêve que d'une chose : prendre la revanche sur l'Allemagne. À quoi bon acquérir des territoires en Afrique et en Asie, investir argent, forces et énergies dans un projet qui nous détourne de la reconquête des provinces perdues et n'a comme résultat que le maintien du statu quo en Europe ? Paul Déroulède, chantre de l'ultra-nationalisme à l'époque, le résume ainsi : « J'ai perdu deux sœurs, l'Alsace et la Lorraine, et vous m'offrez vingt domestiques ! »

Le retournement ne se fera qu'au cours du xxe siècle. En 1925, encore, le socialiste Léon Blum disait à la chambre des députés : « Nous admettons le droit et même le devoir des races supérieures d'attirer à elles celles qui ne sont pas parvenues au même degré de culture et de les appeler aux progrès réalisés grâce aux efforts de la science ou de l'industrie. » La condamnation par Lénine et l'Internationale communiste du colonialisme comme prolongement de l'impérialisme amorcera ce changement de position d'une gauche qui, après avoir été à l'origine de l'empire colonial, prendra la tête de l'anticolonialisme et militera pour les indépendances.

Olivier Tosseri

En 1958, le président de la République est élu au suffrage universel

FAUX

Pour la première fois, la population française va pouvoir élire directement son chef de l'État. Vainqueur : le général de Gaulle.

La première élection du président de la République au suffrage universel direct eut lieu en 1848. La révolution du 24 février précédent a renversé la monarchie de Louis-Philippe et proclamé la IIᵉ République. Celle-ci rétablit le suffrage universel direct masculin et fait élire une assemblée constituante. En juin 1848 à Paris, une émeute socialiste et ouvrière est écrasée par le général Cavaignac qui forme un gouvernement. Il se montre autoritaire et conservateur. L'assemblée constituante poursuit néanmoins ses travaux et élabore une constitution votée le 4 novembre 1848. Elle instaure un régime présidentiel « à l'américaine ». Elle affirme une séparation stricte des pouvoirs et décide l'élection d'un président de la République pour quatre ans, non rééligible immédiatement, au suffrage universel direct. Un vice-président est nommé par l'assemblée nationale sur sa proposition pour le remplacer en cas d'empêchement temporaire. À la fois chef de l'État et chef du gouvernement, il a l'initiative des lois qu'il promulgue et dont il assure l'exécution.

Enfin, ni lui ni son gouvernement ne sont politiquement responsables devant l'Assemblée nationale, l'unique chambre du Parlement qui ne peut être dissoute.

Les dates des 10 et 11 décembre sont décidées pour la tenue de cette première élection présidentielle au suffrage universel. Six candidats sont en lice. Le général Cavaignac, champion des républicains modérés mais haï des ouvriers. L'avocat Ledru-Rollin, ancien ennemi de la monarchie de Juillet, partisan d'une République démocratique et sociale. Le socialiste Raspail se présente comme le candidat socialiste et le général Changarnier comme celui des légitimistes. On trouve aussi le poète Alphonse de Lamartine, membre du gouvernement provisoire de février 1848 mais dont le prestige est terni après les insurrections de juin. Et le prince Louis Napoléon Bonaparte, neveu de l'empereur, dont la participation à la vie politique n'est faite pour l'instant que de coups d'État manqués et d'interventions insignifiantes à l'Assemblée. Il se présente sous l'étiquette de républicain progressiste mais défenseur de l'ordre, de la religion et de la propriété.

La légende, attachée à son nom, et son programme qui rencontre les aspirations de la population le font élire facilement avec 75 % des suffrages. Commence alors une période de tensions entre le Président et l'Assemblée : elle se terminera par le coup d'État du 2 décembre 1851 qui rétablit l'empire. Le souvenir de cet épisode et surtout la crainte qu'il ne se reproduise affaibliront la fonction présidentielle dans les années suivantes. L'élection du président de la République au suffrage universel direct devient suspecte et considérée comme un danger pour la démocratie. Elle ne sera rétablie qu'après un référendum, en 1962, organisé par le général de Gaulle. Trois ans plus tard, le président de la République est élu au suffrage universel.

Olivier Tosseri

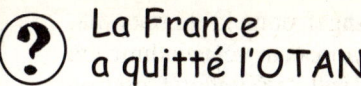

La France a quitté l'OTAN

Dès son retour au pouvoir en juin 1958, le Général s'était attelé au problème de la place de la France dans l'OTAN, place qu'il trouvait insuffisante. En septembre 1958, il fait parvenir un mémorandum au président américain Dwight Eisenhower et au Premier Ministre britannique Harold Macmillan. Il exige une direction tripartite de l'Alliance. Devant la fin de non-recevoir des Anglo-Saxons, la France retire l'année suivante ses forces navales de Méditerranée de l'OTAN. À partir de 1960, les forces aériennes ne sont plus que partiellement mises à sa disposition et en 1964 c'est la flotte française dans son ensemble qui est soustraite du commandement intégré. C'est donc un retrait progressif qui mène à la rupture de 1966.

Intransigeant lorsqu'il est question de souveraineté, il met en place la force de dissuasion et de frappe nucléaire française dont il souhaite qu'elle soit l'expression pleine et entière de l'indépendance nationale. À une intégration militaire, il préfère une solidarité avec l'allié américain, comme il le prouvera à Kennedy lors de la crise de Cuba en 1962. Le général de Gaulle refuse toute constitution d'une force nucléaire multinationale au sein de l'OTAN. L'armement atomique comme l'outil

militaire français ne peuvent dépendre d'un commandement américain. Il faut pourtant nuancer cette
hostilité. Le général de Gaulle rejette l'intégration
militaire induite par l'OTAN, mais ne remet pas en
cause la nécessité de l'Alliance atlantique dans le
contexte de guerre froide. Si la rupture est patente
du point de vue politique et stratégique, elle ne l'est
pas du point de vue militaire. La France reste
membre du Conseil de l'Atlantique Nord, le principal organe de décision de l'OTAN. Elle continue
donc de participer à toutes les décisions prises par
l'organisation ainsi qu'à ses opérations extérieures.
Dès l'automne 1966 se nouent des négociations
entre le chef d'état-major des armées françaises,
le général Charles Ailleret, et le commandant suprême
allié en Europe (SACEUR), le général américain
Lyman Lemnitzer. Les accords Ailleret-Lemnitzer
d'août 1967 fixent le cadre de la coopération militaire entre la France et l'OTAN. Pas d'intégration,
donc, mais une action conjuguée notamment en
Allemagne et en cas d'agression soviétique.

Derrière le coup d'éclat gaullien c'est la voie
pragmatique qui est choisie. Le retentissement
donné à la décision du 7 mars 1966 était nécessaire
des deux côtés. Pour les Américains, il fallait stigmatiser une attitude qu'ils ne voulaient pas voir
adopter par les autres membres de l'Alliance atlantique. Pour le général de Gaulle, il était nécessaire
d'affirmer la contestation de l'hégémonie américaine et de consolider sa politique d'indépendance
entre les deux blocs. Ce mythe fondateur de la politique de grandeur fera consensus dans la vie
politique française, transcendant les clivages et
constituant la pierre angulaire de notre diplomatie
et de notre défense. La position particulière de la

France dans l'OTAN ne cessera de se « norma-
liser » jusqu'à sa réintégration complète dans le
commandement intégré d'une organisation qu'elle
n'avait jamais quittée.

Olivier Tosseri

Pinochet a tué le président Allende

Salvador Allende n'a pas directement été tué par Augusto Pinochet. Il se présente comme candidat unique de l'alliance des gauches, l'Unité populaire, et remporte l'élection présidentielle de 1970. Il met rapidement en place son programme d'« une révolution par voie légale » à base d'expropriations de grands propriétaires terriens et de nationalisations d'entreprises. Mais il fait face à une situation économique critique. Le Chili connaît une inflation galopante et des difficultés d'approvisionnement. Les catégories touchées par le programme d'Allende expriment leur mécontentement par des manifestations et des grèves qui paralysent le pays.

L'opposition se manifeste également au Parlement. Celui-ci, en destituant des ministres, entraîne la constitution de six gouvernements entre 1970 et 1973. Les élections législatives de 1973 confortent cependant l'Union populaire à l'Assemblée. Mais l'opposition ne faiblit pas et souhaite faire destituer le président. En mai 1973, la Cour suprême déclare inconstitutionnelles et illégales de nombreuses dispositions prises par le gouvernement. Le mois suivant, dans un climat social de plus en plus dégradé, un régiment de chars s'en prend à la Moneda, le palais présidentiel. Si le putsch échoue, le général Carlos Prats doit démissionner et céder sa place à Augusto Pinochet. Le 22 août 1973, les élus du parti démocrate-chrétien (centre) et ceux du parti national (droite) adoptent une résolution demandant aux institutions civiles et militaires de mettre fin à ce qu'ils appellent « des violations de la Constitution et de restaurer le droit et l'ordre constitutionnel ». Ils seront entendus. Cette situation est encouragée par Washington. L'administration Nixon est en effet hostile à Allende et à son programme économique. Si elle diminue ses aides au Chili, elle poursuit le programme militaire avec son armée. La CIA soutient également les opposants et finance les mouvements de grèves qui visent à déstabiliser le pouvoir en place.

Si rien ne peut affirmer que les États-Unis ont participé directement au coup d'État du 11 septembre 1973, il est cependant évident qu'ils ne l'ont pas vu d'un mauvais œil et qu'ils ont été à l'origine d'un climat propice à sa réalisation. Il éclate à la veille d'un discours que devait faire Allende à la nation pour présenter un référendum sur ses réformes économiques et sociales. À 9 heures du matin le général Pinochet assiège le palais présidentiel qu'il fait bombarder par l'aviation. Le président s'adresse à la radio aux Chiliens pendant le coup d'État et annonce sa volonté de se battre jusqu'à la mort. Lorsque le palais est envahi à 14 heures, on découvre son corps inanimé. Il s'est suicidé avec son arme automatique. La famille reconnaîtra cette thèse accréditée par le témoignage oculaire d'un de ses médecins. Les rumeurs d'assassinat viennent de Fidel Castro qui accusera les assaillants, et donc Pinochet, d'avoir tué Allende. Certains évoquent même la piste de la CIA. Le coup d'État du 11 septembre 1973 marque néanmoins le début d'une dictature qui fera des milliers de morts et de disparus.

Olivier Tosseri

? La franc-maçonnerie est une société secrète

> **FAUX**
>
> Des rites initiatiques pour être admis au saint des saints, des signes de reconnaissance et des mots de passe. Tout est occulte et se fait dans le plus grand mystère.

La franc-maçonnerie n'a jamais caché son existence ni ses buts. Elle apparaît en Écosse puis en Angleterre au XVIIe siècle et se définit comme un ordre initiatique essentiellement philosophique et philanthropique. Elle cherche par la diffusion d'un enseignement ésotérique, sans dogmes, à faire progresser l'humanité. Ses membres sont encouragés à la bienfaisance et à l'amélioration spirituelle et morale. La franc-maçonnerie, rattachée aux corporations de maçons, s'est donné des origines légendaires et symboliques remontant au temple de Salomon, aux pyramides égyptiennes ou aux bâtisseurs de cathédrales. Assez vite, cependant, les loges, regroupant quelques dizaines de membres, n'ont plus de liens avec le métier de maçon. Elles réunissent des artisans, des petits commerçants et ressemblent plus à des sociétés amicales de bienfaisance et d'entraide. Elles se structurent à Londres en s'organisant en « obédiences » ou en « grandes loges » regroupant plusieurs loges.

C'est la naissance de la maçonnerie spéculative ou philosophique qui se répand en Europe et dans ses colonies. De nombreux bourgeois, philosophes ou écrivains comme Goethe ou Voltaire y adhèrent. La Grande Loge française est créée en 1738. La réputation de société secrète se fonde sur les rites et rituels nombreux qui y sont institués. Ils ne sont ni écrits ni imprimés, comportent des mots de passe et surtout une initiation qui consiste en une série d'épreuves. Devenu frère ou sœur, l'« apprenti » ne devra pas parler pour s'imprégner du savoir des plus anciens. Il essaiera ensuite de devenir « compagnon » pour accéder enfin à la « maîtrise ». Dans le lieu de réunion ou « temple », les membres de la loge présentent à tour de rôle des travaux de réflexion symboliques, philosophiques, sociaux ou d'actualité qui sont discutés.

La franc-maçonnerie rencontre dès sa création une série d'oppositions politiques et religieuses qui n'ont cessé de la stigmatiser et de la discréditer. Bien que de nombreuses loges soient d'inspiration chrétienne, l'Église a considéré que les francs-maçons propageaient le relativisme en matière de religion. Plusieurs bulles papales les menacent même d'excommunication. Politiquement, les monarchies du XVIIIe siècle luttèrent contre ce qu'elles considéraient comme une remise en cause des fondements de leur autorité, avec la réclamation de plus de liberté et d'égalité. Les marxistes condamnèrent un mouvement bourgeois, le PCF demanda même à ses adhérents de quitter leur loge. Les milieux d'extrême droite et antisémites se joignirent également à cette hostilité, fustigeant un complot maçonnique. Le régime de Vichy la considéra comme un ennemi et les nazis déporteront les francs-maçons, tuant entre 80 000 et 200 000 d'entre eux. Aujourd'hui, la franc-maçonnerie est vue comme un vaste réseau social construit dans l'intérêt de ses membres, pouvant entraîner favoritisme, conflits d'intérêt et pratiques douteuses. Cette thèse est accréditée par certains scandales impliquant des loges. Discrète et non secrète, la franc-maçonnerie l'est pourtant de moins en moins puisque des ministres vont jusqu'à révéler publiquement qu'ils en font partie.

Olivier Tosseri

Les Américains ont toujours été contre les Khmers rouges

FAUX

Au Cambodge, les soldats de l'Oncle Sam ont combattu ce mouvement depuis les années 1940.

Ce mouvement communiste cambodgien émerge dans les années quarante dans la lutte anticolonialiste contre les Français. Après leur départ, en 1953, à l'issue de la guerre d'Indochine, le Cambodge devient une monarchie indépendante avec à sa tête le roi Norodom Sihanouk. Il s'oppose aux membres du parti communiste du Kampuchea (CPK), les Khmers rouges, terme qui sera ensuite repris dans le monde entier. Sa police les pourchasse, en exécute plusieurs centaines et les pousse à prendre le maquis au cours des années soixante. À deux reprises, les Américains furent des alliés objectifs puis en sous-main des Khmers rouges.

La guérilla lutte le long de la frontière vietnamienne, principalement afin de soutenir les communistes vietnamiens dans leur guerre contre les États-Unis. Mais l'attitude du roi Sihanouk est ambiguë. Malgré une neutralité officielle, il se rapproche des pays de l'Est, accueille experts soviétiques, soldats nord-vietnamiens et viêt-cong sur son territoire et va même jusqu'à exprimer sa vénération pour Mao Zedong. S'il prétend par là juguler une opposition communiste de plus en plus puissante dans son royaume, cette stratégie correspond plus à une hostilité de fait contre les États-Unis.

Les relations diplomatiques entre les deux pays sont rompues en 1965. Le renversement du roi devient un objectif pour Washington.

Profitant de l'impopularité de la monarchie, le maréchal Lon Nol, chef du gouvernement cambodgien, soutenu par les Américains, organise un coup d'État le 18 mars 1970 et dépose Norodom Sihanouk. Parallèlement, Nixon lance une incursion militaire au Cambodge afin de détruire les refuges viêt-cong. Il devient ainsi un allié objectif des Khmers rouges. La campagne de bombardements, dite de « nettoyage des sanctuaires », largue un demi-million de tonnes de bombes qui font jusqu'à 300 000 victimes. Un grand nombre de personnes rejoignent alors le mouvement khmer dirigé par Pol Pot. Celui-ci, soutenu par les Vietnamiens, s'empare le 17 avril 1975 de Phnom Penh, et prend le pouvoir. Il installe une dictature sanguinaire qui fait de 900 000 à 2 millions de morts dans sa population.

Les relations se tendent avec le Vietnam unifié, soutenu par l'URSS, qui finit par envahir le Cambodge en janvier 1979. Les États-Unis interviennent une nouvelle fois dans les affaires cambodgiennes, poussés par le contexte de guerre froide. D'abord alliés objectifs, puis ennemis, ils deviennent un soutien des Khmers contre l'occupant. Des alliés thaïlandais servent d'intermédiaires et ils continuent de reconnaître le Kampuchéa démocratique comme gouvernement du Cambodge en lui conservant son siège à l'ONU. Ils sont suivis par d'autres gouvernements occidentaux mais, surtout, par la Chine, en conflit avec son voisin soviétique. Il faut attendre les années 1990 pour que cessent les combats et que certains dirigeants, dont Pol Pot, soient arrêtés puis jugés. Ainsi, ces derniers ont rencontré l'aide américaine en deux occasions : pour créer un contexte favorable à leur prise du pouvoir et pour trouver un soutien dans sa conservation.

Olivier Tosseri

La Hollande, pays de la tulipe, dès les origines

Tulipe… une fleur qui nous vient du Kazakhstan et de la province chinoise du Xinjiang. Introduite en Europe au XVIe siècle, elle arrive par Constantinople, où l'Empire ottoman lui voue une véritable passion. Tulipan, puis tulipe, vient du mot turc *tül-bent* qui désigne un couvre-chef turc. Sa ressemblance avec le turban la fit nommer ainsi. C'est à un diplomate flamand, Guislain de Busbecq (1522-1591), que l'on doit son introduction en Europe où le jardinage et l'horticulture connaissent un engouement extraordinaire, particulièrement dans les Provinces-Unies. Elle est signalée à Vienne en 1559, puis vers 1560 à Bruxelles et Anvers. Vingt ans plus tard, 47 variétés différentes sont déjà répertoriées.

Sa culture dans les actuels Pays-Bas débute en 1593, date de la création de l'*hortus academicus* de l'université de Leyde par le botaniste Charles de l'Écluse. Ce dernier fait planter dans son jardin botanique des bulbes de tulipes très résistants provenant de Turquie et qui peuvent supporter les conditions climatiques néerlandaises. Mais ces nouveaux plants vont être à l'origine du premier krach boursier de l'histoire. À l'origine indifférent, le grand public commence à se passionner pour cette fleur qui apparaît sur les marchés. La vogue des tulipes va marquer le xviiᵉ siècle. Des bourgeois fortunés en plantent dans leur jardin, le long des canaux dans les villes… Gagnés par la passion de l'horticulture ils créent de nouvelles variétés, à tel point que des catalogues illustrés, à but commercial, sont édités.

La tulipe devient un article de luxe, signe de richesse et de dépenses somptuaires. On baptise les nombreuses variétés qui voient le jour d'appellations latines ou de noms ronflants auxquels on ajoute « Amiral », « Général ». On va même jusqu'à nommer certaines Alexandre le Grand ou encore Scipion l'Africain. On assiste alors à ce qu'on qualifiera de véritable tulipomanie.

Dès 1634, les cours de la tulipe s'envolent, donnant lieu à une bulle spéculative, la première de l'histoire économique, qui sera à l'origine du premier krach lorsqu'elle éclatera en 1637. Les bulbes s'arrachent à des prix exorbitants. En février 1637, au plus fort de cet engouement, une variété atteint le prix record de 6 700 florins. Le coût d'un seul oignon peut atteindre la valeur de deux maisons, huit fois celui d'un veau gras et quinze fois le salaire annuel d'un artisan. C'est le paroxysme de cette hystérie autour de la tulipe. Les vendeurs ont du mal à trouver des acquéreurs, le marché fléchit puis les prix s'effondrent. Cette folie autour de cette fleur est dénoncée dans des pamphlets, critiquée par l'Église. Elle fait craindre dès son origine une catastrophe économique et est perçue à l'époque comme le symptôme d'une crise éthique et morale.

La tulipe envahit les arts, la littérature et la peinture où on la trouve dans les natures mortes, représentant la vanité, l'ostentation, l'aspect éphémère des choses. On se souviendra ensuite, tout au long du XVIIIe siècle, à chaque problème économique, de ce krach de la tulipe, étudié au XIXe siècle pour devenir l'exemple type du phénomène de la spéculation.

Olivier Tosseri

Le sous-marin est inventé en 1914-1918

FAUX

La Grande Guerre permet aux chercheurs des pays belligérants de mettre à l'eau les tout premiers prototypes.

Le concept d'un bateau sous-marin remonte à l'Antiquité. D'après Aristote, les premières tentatives dateraient de l'époque d'Alexandre le Grand qui cherchait à munir ses armées d'un engin de reconnaissance. Si les dessins de certains inventeurs du XVIᵉ siècle l'évoquent déjà, ce n'est qu'à la fin du XVIIIᵉ siècle que les essais pour la mise en service du premier submersible aboutissent. C'est à l'Américain David Bushnell que l'on doit le « Turtle » ou « Tortue », dont le nom vient de sa forme qui rappelle celle de deux carapaces de tortues accolées. Manœuvré à la main et au pied par un seul homme il est utilisé en 1776 pour une attaque – manquée – d'une frégate anglaise pendant la guerre d'indépendance destinée à rompre le blocus des ports américains.

C'est à nouveau à cause d'un blocus et à nouveau à un Américain que l'on doit les perfectionnements de l'invention du sous-marin. Robert Fulton propose au Directoire puis au premier consul Bonaparte, entre 1796 et 1801, un submersible baptisé *Le Nautilus* afin de forcer le blocus imposé par Londres à la France. Les essais ont lieu dans la Seine. Équipé d'une voile, pour la navigation en surface, et d'une hélice, activée par un matelot, pour la plongée, l*e Nautilus* ne trouve pas grâce aux yeux du gouvernement français. Les recherches continuent pour mettre au point un sous-marin performant. Pendant la guerre de Sécession, les Sudistes mettent en service les *David* destinés à attaquer les navires de blocus de la flotte fédérale. Leur équipage est constitué de neuf hommes chargés de faire tourner une hélice par l'intermédiaire d'une longue manivelle. Après plusieurs échecs, un *David* parvient enfin, le 17 février 1864, à couler une corvette mais ce succès lui est également fatal.

Tant que le moteur n'aura pas remplacé la force musculaire, le submersible ne sera pas un engin de guerre efficace. C'est chose faite avec *Le Plongeur* que la Marine française lance en 1863, équipé d'un moteur à air comprimé. En 1884, l'inventeur polonais Stefan Drzewiecki conçoit un sous-marin électrique. La France reste en pointe dans la recherche, lançant *Le Gymnote,* en 1888, pourvu de batteries au plomb. Il sera suivi par *Le Morse* en 1899, puis la série des quatre *Farfadet* en 1901. Mais l'autonomie, la vitesse et la pression sous l'eau continuent à poser des problèmes. En 1897, l'ingénieur allemand Rudolf Diesel invente le moteur qui porte son nom, à combustion interne. Le périscope parachève à la fin du XIXᵉ siècle le sous-marin moderne. Il est dorénavant performant. D'abord utilisé de façon défensive pour la protection des côtes, il devient une véritable arme offensive qui aura un impact significatif lors des deux conflits mondiaux, notamment dans la Kriegsmarine allemande avec ses célèbres *Uboote*. Le XXᵉ siècle sera pour la marine le siècle du sous-marin.

Olivier Tosseri

L'immigration est un problème nouveau en France

---- **FAUX** ----

Il suffit d'écouter les discours politiques actuels pour se rendre compte que l'immigration est un nouvel enjeu en France.

Les migrations de masse, encouragées par la révolution industrielle et le développement des transports, ont commencé au XIXe siècle. La France est l'une des principales destinations, après le Nouveau Monde. En 1851, un peu plus de quatre cent mille étrangers y sont recensés. En 1891, plus d'un million. Dans les années 1920, le pays est devenu le premier pays d'immigration au monde, par rapport à sa population. Dix ans plus tard, les chiffres ont doublé. En 1931, près de trois millions de personnes répondent aux besoins de l'industrie française, soit 7 % de la population.

Jusqu'en 1914, plus de 90 % des migrants viennent des pays voisins. Les Allemands de la Confédération germanique font figure de pionniers. Dès les premières décennies du XIXe siècle, chassés par la crise agricole allemande, des paysans franchissent la frontière. En 1820, trente mille d'entre eux résident en France. En 1848, leur nombre est multiplié par six et ils sont soixante mille à vivre dans la capitale. Dans les années 1830-1840, ils sont suivis par des opposants politiques, socialistes, libéraux et démocrates, par des artistes, des savants et des intellectuels, ainsi que par des artisans et des compagnons, poussés à l'exil par la politique autoritariste de Metternich et de l'empereur Frédéric-Guillaume de Prusse. L'installation des artisans allemands dans le faubourg Saint-Antoine à Paris et leur participation aux insurrections de 1830 et 1848 vont renforcer la réputation révolutionnaire du quartier. Cette colonie allemande hétéroclite est considérée comme la première immigration de masse de la France contemporaine et la plus exemplaire. En effet, elle porte déjà en elle les caractéristiques des vagues de migrants à venir, formées d'hommes chassés de leurs pays par la faim, leurs opinions politiques ou religieuses. Dès 1876, les juifs d'Europe centrale et orientale, fuyant les inégalités, la misère et les pogroms, émigrent en France et à Paris. À ces arrivées spontanées, s'ajoutent très rapidement des migrations organisées par le biais de filières entre les mines du Nord et la Belgique, entre la Lorraine et l'Italie. Les Français, très attachés à leur terroir, ne répondent pas suffisamment aux énormes besoins de l'industrie française. L'agriculture recrute également : des Piémontais en Provence, des Espagnols dans le Languedoc et le Sud-Ouest. Avant la Première Guerre mondiale, les migrants coloniaux sont peu nombreux. Après 1915, plus de cinq cent mille soldats et deux cent mille travailleurs seront importés d'Afrique et d'Asie. Les survivants seront rapatriés en 1919. La reconstruction commence. Bien qu'importante dans l'entre-deux-guerres, l'immigration italienne est insuffisante. Alors la Société générale d'immigration organise, par convois entiers, le transfert de milliers de Polonais, employés dans les mines et les campagnes. Ils seront renvoyés lorsque la crise de 1929 gagnera la France. Au contraire, le « miracle

compagnons, poussés à l'exil par la politique autoritariste de Metternich et de l'empereur Frédéric-Guillaume de Prusse. L'installation des artisans allemands dans le faubourg Saint-Antoine à Paris et leur participation aux insurrections de 1830 et 1848 vont renforcer la réputation révolutionnaire du quartier. Cette colonie allemande hétéroclite est considérée comme la première immigration de masse de la France contemporaine et la plus exemplaire. En effet, elle porte déjà en elle les caractéristiques des vagues de migrants à venir, formées d'hommes chassés de leurs pays par la faim, leurs opinions politiques ou religieuses. Dès 1876, les juifs d'Europe centrale et orientale, fuyant les inégalités, la misère et les pogroms, émigrent en France et à Paris. À ces arrivées spontanées, s'ajoutent très rapidement des migrations organisées par le biais de filières entre les mines du Nord et la Belgique, entre la Lorraine et l'Italie. Les Français, très attachés à leur terroir, ne répondent pas suffisamment aux énormes besoins de l'industrie française. L'agriculture recrute également : des Piémontais en Provence, des Espagnols dans le Languedoc et le Sud-Ouest. Avant la Première Guerre mondiale, les migrants coloniaux sont peu nombreux. Après 1915, plus de cinq cent mille soldats et deux cent mille travailleurs seront importés d'Afrique et d'Asie. Les survivants seront rapatriés en 1919. La reconstruction commence. Bien qu'importante dans l'entre-deux-guerres, l'immigration italienne est insuffisante. Alors la Société générale d'immigration organise, par convois entiers, le transfert de milliers de Polonais, employés dans les mines et les campagnes. Ils seront renvoyés lorsque la crise de 1929 gagnera la France. Au contraire, le « miracle économique » de l'après-guerre entraînera la venue en masse de travailleurs espagnols, puis portugais et maghrébins. L'histoire récente de l'immigration en France est surtout régie par la conjoncture économique.

Véronique Dumas

Le tennis est né au XXᵉ siècle

FAUX

Tout le monde connaît Roland-Garros, l'un des quatre tournois du Grand Chelem. Les règles de ce jeu, que ce soit sur terre battue ou sur gazon, n'apparaissent qu'en 1919.

Ancêtre direct du tennis, le jeu de paume est inventé au XIIIᵉ siècle en France. Des moines voulant faire un peu d'exercice auraient utilisé le sol, les murs et les poutres de leur cloître pour jouer avec une balle, appelée « l'esteuf ». Pas de raquette, juste la paume de la main, d'où le nom « jeu de paume ». Au fil des siècles, ce sport pratiqué en individuel (un contre un) ou en double, voire même à trois contre trois ou quatre contre quatre, se perfectionne. Les points se comptent comme au tennis (15, 30, 40, jeu) et l'esteuf doit passer au-dessus d'un filet. Les joueurs se munissent de gants en cuir puis, au XVIᵉ siècle, apparaissent les raquettes. D'abord prati-quées en plein air, les parties de jeu de paume se déroulent ensuite dans des salles appelées « tripots » qui ouvrent dès le XIVᵉ siècle. Le succès de ce sport est total et touche toutes les couches de la population à tel point qu'une corporation de paumiers est créée en 1610 pour réglementer sa pratique. La noblesse et les rois de France comme François Iᵉʳ, Henri II ou Charles IX y jouent régulièrement. On comptera même jusqu'à deux cent cinquante salles à Paris en 1596.

C'est une conséquence de la bataille d'Azincourt en 1415 qui introduit le jeu de paume en Angleterre. Fait prisonnier, le duc d'Orléans est emprisonné outre-Manche. À l'occasion de sa captivité à Wingfield dans le Norfolk, le duc continue de pratiquer sa passion, le jeu de paume. Et les Anglais s'y mettent. Cependant, en France, au cours du XVIIᵉ et du XVIIIᵉ siècle, le jeu est de moins en moins pratiqué. Louis XIV le délaisse totalement, mais il fait construire à Versailles une salle de jeu de paume appelée à la postérité pour le serment qui y fut prononcé le 20 juin 1789 par les 577 députés du tiers état, décidés à ne se séparer que lorsqu'ils auraient élaboré une constitution.

La tradition, en revanche, perdure au Royaume-Uni et se développe à partir du XVIᵉ siècle sous le nom de *court tennis*. Le mot vient du terme français « tenez », mal prononcé par les Anglais, et qui était dit au moment de la mise en jeu de la balle. C'est un des descendants du châtelain de Wingfield, Walter Clopton Wingfield, qui, à la fin du XIXᵉ siècle, invente le tennis moderne. Le 23 février 1874, il dépose le brevet du « sphairistike », mot grec signifiant « art de la balle ». Profitant de l'invention du caoutchouc qui permet aux balles de rebondir sur l'herbe, le *lawn tennis* (tennis sur herbe) se développe en Angleterre tandis que le jeu de paume est désigné sous le nom de *real tennis*. Le premier tournoi de tennis moderne se déroule en 1876 et le premier club est fondé en France, à Dinard, en Bretagne en 1878. Le tennis est revenu, six siècles plus tard, dans le pays de ses origines.

Olivier Tosseri

Imprimé en Espagne par
Liberdúplex
à Sant Llorenç d'Hortons (Barcelona)
en octobre 2011

POCKET – 12, avenue d'Italie – 75627 Paris Cedex 13

N° d'impression : 25670
Dépôt légal : juillet 2011
Suite du premier tirage : octobre 2011
S21051/04